U0552633

本书受到云南省哲学社会科学学术著作出版专项经费资助

本书研究受到加拿大国际发展研究中心研究项目"包容性发展与中国在大湄公河次区域直接投资"（107622）经费资助。本书中的观点不代表加拿大国际发展研究中心或其理事会成员观点。

This work was carried out with the aid of a grant (Project 107622 Inclusive Development and Chinese Foreign Direct Investment in the Greater Mekong Subregion) from the International Development Research Centre, Ottawa, Canada. The views expressed herein do not necessarily represent those of IDRC or its Board of Governors.

中国对大湄公河次区域国家直接投资的影响研究

基于包容性发展视角

熊 彬　杨朝均　樊文苑　著

中国社会科学出版社

图书在版编目（CIP）数据

中国对大湄公河次区域国家直接投资的影响研究：基于包容性发展视角/熊彬等著. —北京：中国社会科学出版社，2020.7
ISBN 978-7-5203-1565-4

Ⅰ.①中… Ⅱ.①熊… Ⅲ.①湄公河—流域—国际合作—区域经济合作—研究②对外投资—直接投资—研究—中国 Ⅳ.①F127.74②F125.533③F832.6

中国版本图书馆 CIP 数据核字（2017）第 288891 号

出 版 人	赵剑英
责任编辑	卢小生
责任校对	周晓东
责任印制	王 超
出　　版	中国社会科学出版社
社　　址	北京鼓楼西大街甲 158 号
邮　　编	100720
网　　址	http://www.csspw.cn
发 行 部	010-84083685
门 市 部	010-84029450
经　　销	新华书店及其他书店
印　　刷	北京明恒达印务有限公司
装　　订	廊坊市广阳区广增装订厂
版　　次	2020 年 7 月第 1 版
印　　次	2020 年 7 月第 1 次印刷
开　　本	710×1000　1/16
印　　张	14.25
插　　页	2
字　　数	211 千字
定　　价	78.00 元

凡购买中国社会科学出版社图书，如有质量问题请与本社营销中心联系调换
电话：010-84083683
版权所有　侵权必究

前　言

　　本书旨在评估中国对外直接投资对大湄公河次区域国家柬埔寨和老挝的影响，从经济发展、社会进步和环境改善三个方面对中国直接投资与包容性发展的关系进行了深入探讨。本书所说的"包容性发展"指的是对外投资国与东道国在经济、社会和环境方面实现的互利共赢发展。随着中国已成为柬埔寨和老挝的主要外商直接投资来源国家，研究中国对这两国的直接投资具有较强的代表意义，能反映中国对大湄公河次区域国家投资的主要特征。

　　本书从中国对外直接投资对东道国宏观经济和当地企业的影响进行经济方面的维度的分析。对东道国社会的影响主要反映在当地员工和社区居民收入增加、创造就业、基础设施等方面。环境维度的分析主要是考量中国企业的运营行为对东道国环境的影响。

　　课题研究开展三年来，中国、柬埔寨和老挝三个研究团队对220家中国企业、309家柬埔寨企业、460家老挝企业进行了实地调研，收集了丰富的一手数据。并在此基础上采用多元回归计量模型开展了中国对外直接投资对当地企业溢出效应，以及影响中国投资经营绩效的因素分析。此外，一般均衡模型和投入产出分析是研究中国对外直接投资对东道国经济增长影响的主要方法。在社会和环境维度方面，课题组主要采用了深度案例分析，从七个中国在柬埔寨、老挝投资企业案例评估了中国对外直接投资的社会和环境效应。

　　本书分为七章。前四章为本书研究提供了背景铺垫。第一章介绍研究背景、目的和内容；第二章阐述和本书研究有关的对外投资理论；第三章分析东道国投资政策和环境变化；第四章分析中国对柬埔寨和老挝直接投资的主要动因；第五章从经济维度辨析中国对外直接投资对东道国包容性发展的影响；第六章侧重分析中国对外直接投资对东道国社会和环境的影响；第七章提出了促进中国对柬埔寨和老挝投资包容性发展的政策建议。

目 录

第一章　绪论 ………………………………………………………… 1

　　第一节　研究背景 ……………………………………………… 1
　　第二节　研究意义 ……………………………………………… 5
　　第三节　研究内容 ……………………………………………… 6

**第二章　中国对外直接投资与东道国包容性发展的
　　　　　理论基础和理论关联** ……………………………………… 8

　　第一节　理论基础 ……………………………………………… 8
　　第二节　理论关联 ……………………………………………… 20

第三章　东道国宏观经济环境与投资政策环境分析 ……………… 34

　　第一节　宏观经济环境 ………………………………………… 34
　　第二节　投资政策环境 ………………………………………… 46

第四章　投资动因分析 ……………………………………………… 64

　　第一节　数据收集与分析 ……………………………………… 64
　　第二节　方法与变量 …………………………………………… 70
　　第三节　实证结果 ……………………………………………… 71

**第五章　中国对外直接投资与大湄公河次区域东道国
　　　　　包容性发展：经济维度** …………………………………… 77

　　第一节　中国对外直接投资对东道国经济增长的影响 ……… 78

第二节　中国对外直接投资对大湄公河次区域
　　　　　　东道国企业的溢出效应 ·················· 93
　　第三节　中国对外直接投资企业投资绩效及影响因素
　　　　　　分析 ························· 129

第六章　中国对外直接投资与大湄公河次区域东道国
　　　　包容性发展：社会与环境维度 ·············· 151
　　第一节　中国对外直接投资对大湄公河次区域东道国的
　　　　　　社会影响：实证分析 ·················· 151
　　第二节　中国对外直接投资对大湄公河次区域东道国的
　　　　　　社会与环境影响：案例分析 ·············· 158

第七章　促进中国对大湄公河次区域直接投资包容性
　　　　发展的政策建议 ···················· 184
　　第一节　东道国政府 ························ 184
　　第二节　中国政府层面 ······················ 189
　　第三节　中国企业层面 ······················ 193

附　　录 ································ 197
　　附录一　中国对外直接投资企业到柬埔寨投资动因 ········· 197
　　附录二　中国对外直接投资企业到老挝投资动因 ·········· 199

参考文献 ································ 201

后　　记 ································ 220

第一章 绪论

第一节 研究背景

随着新一轮科技和产业革命能量的不断释放，全球经济格局和治理体系酝酿新的变革。同时，经济全球化遭遇波折，世界经济增长动力不足，保护主义、单边主义上升。2019年4月25—27日，第二届"一带一路"国际合作高峰论坛在北京顺利举办，旗帜鲜明地奏响了构建开放型世界经济主旋律，标志着习近平主席提出的"一带一路"倡议进入新的建设阶段。秉持"共商、共建和共享"原则，共建人类共同体是"一带一路"倡议实现的最高目标。随着"一带一路"倡议的深入推进，中国对外直接投资呈现不断增长的趋势。2017年，中国对外直接投资流量为1582.9亿美元，同比降低19.3%，在全球占比达到11.1%，居第三位，中国对外直接投资累计净额（存量）创下18090.4亿美元的历史新高，在全球占比提升至5.9%，居第二位。其中，发展中国家是中国最重要的对外直接投资目的地。2017年，中国对发展中经济体的直接投资存量为15521.56亿美元，占总投资额的85.8%[①]。

中国—中南半岛经济走廊是"一带一路"倡议框架下六大经济走廊之一。柬埔寨、老挝、越南、泰国等中南半岛国家是重要的"一带

---

① 中华人民共和国商务部、中华人民共和国国家统计局、国家外汇管理局主编：《2016年中国对外直接投资统计公报》，中国统计出版社2017年版。

一路"东南亚沿线国家,通过参与多个国际合作机制和中国建立了良好的经贸合作关系。1992年,亚洲开发银行发起实施"大湄公河次区域经济合作"(Great Mekong Subregion Cooperation,GMS)项目,主要参与国家包括中国、缅甸、老挝、泰国、柬埔寨和越南6个流域内国家,旨在通过加强各成员之间的经济联系,消除贫困,促进次区域的经济和社会发展。2016年,中国发起成立"澜沧江—湄公河合作机制"(以下简称"澜湄合作"),正式宣告了"同饮一江水,命运紧相连"的澜湄六国正式迈向了澜湄命运共同体。澜湄合作以"3+5+x"为合作框架,即坚持政治安全、经济和可持续发展、社会人文三大支柱协调发展,优先在互联互通、产能、跨境经济、水资源、农业和减贫五个领域开展合作,拓展数字经济、环保、卫生等各个领域合作,成为次区域多边合作的新典范。

湄公河五国已经成为中国重要的经贸合作伙伴,也是"一带一路"倡议实施的主轴沿线国家。2017年,中国与湄公河五国的贸易总额为2239.6亿美元,同比增长18%。同期,中越、中老和中柬双边贸易额增长幅度均超过20%,远远超出中国对外贸易的平均增长速度。中国已经成为柬埔寨、缅甸、泰国和越南的第一大贸易伙伴,老挝的第二大贸易伙伴。从对外直接投资来看,2017年中国对湄公河五国的直接投资流量为42.14亿美元,2009—2017年投资流量的年均增长率达20.34%;存量达到279.52亿美元,2009—2017年存量的年均增长率30.74%。

外商直接投资(FDI)能促进区域内资金、技术等高级生产要素流动,并与东道国闲置的土地、自然资源和劳动力等生产要素相结合,或使原来低效使用的要素得以高效使用,从而推动东道国经济增长[①]。而湄公河国家具有丰裕的自然资源禀赋、充足而便宜的劳动力要素,是中国对外直接投资理想的目的地。此外,老挝和柬埔寨两国政府都高度重视同中国的关系,积极促进双边贸易发展,鼓励更多中

---

① 张幼文:《生产要素的国际流动与全球化经济的运行机制》,《国际经济评论》2013年第5期。

国投资者到两国进行投资，为中国对外直接投资创造了良好的外部条件。中国对老挝和柬埔寨的投资总体上呈现逐年增加的趋势，同时也是老挝和柬埔寨的最大投资国。2017年，中国对老挝和柬埔寨的直接投资流量分别为12.20亿美元和7.4亿美元；分别占大湄公河次区域经济合作地区流量总额的29%与18%；存量分别达到66.55亿美元与54.49亿美元，占大湄公河次区域经济合作地区存量的24%与19%（见图1-1）。因此，选择老挝和柬埔寨作为研究样本国，具有一定的代表性。

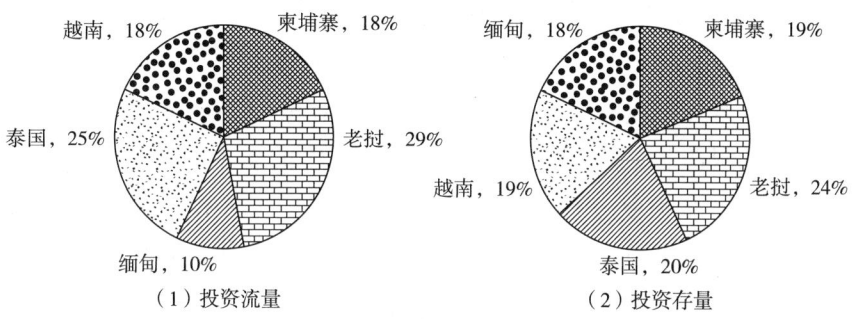

图1-1　2017年中国对湄公河国家直接投资流量和存量

资料来源：《2017年度中国对外直接投资统计公报》。

中国对老挝和柬埔寨的直接投资存在一定的相似性，这主要表现在以下三个方面。

第一，中国对老挝和柬埔寨两国的直接投资较为稳定，均呈现逐年递增趋势。2017年，老挝和柬埔寨分别是中国在大湄公河次区域经济合作地区投资存量的第一大国和第三大国。2009年，中国对老挝直接投资仅为2.03亿美元；到2012年，增长至8.08亿美元，约为2009年投资流量的4倍；到2014年，直接投资流量破十亿美元，高达10.26亿美元，至2017年已增长为12.19亿美元，成为中国在大湄公河次区域经济合作地区直接投资第一大对象国。中国对柬埔寨的直接投资更是从2009年的2.15亿美元，逐步攀升，达到2017年的7.44亿美元，最终柬埔寨成为中国在大湄公河次区域经济合作地区直接投资的第三大对象国。

第二，中国对老挝和柬埔寨两国的直接投资均较为集中，主要投资于水电项目、采矿业与农业等资源型行业领域。截至2017年年底，矿业、水电项目与农业依次是中国对老挝投资最多的三个行业，投资额分别约为27.7亿美元、10.8亿美元与5亿6.1亿美元[①]；2016年中国对柬埔寨的基础设施和服务业、工业和制造业与农业的投资存量分别占总投资额的58.09%、29.5%与12.41%。

第三，投资资金主要来自国有企业。中国国有企业主要投资于水电站建设、基础设施建设等大型项目，投资金额大。民营企业数量众多，但投资金额相对较少，且技术含量较低。

中国对老挝和柬埔寨直接投资的不同之处在于：中国民营企业的投资主要分布在老挝的批发零售业，而在柬埔寨的直接投资则主要分布在制造业，其中投资制衣业的企业数量最多。截至2016年，在柬埔寨中资企业合计546家，约占全柬埔寨制衣、制鞋企业的66%，在目前出口总额占柬埔寨总出口80%的纺织企业中，中国纺织企业越来越趋于龙头地位。但织造和染色企业受水电成本高的影响，到柬埔寨投资的企业较少（柬埔寨中国商务会纺织企业协会，2016）。

综上所述，近十年来，中国对老挝和柬埔寨的直接投资呈现出不断增长的趋势，而且多集中于资源密集型和劳动密集型行业，为老挝和柬埔寨两国带来发展经济所需的物资资本和人力资本，在创造就业、增加居民收入、促进当地企业成长、改善当地基础设施等方面做出了积极的贡献，并为老挝和柬埔寨两国本土企业融入中国企业供应链、参与国际分工创造了条件；而柬埔寨和老挝经济社会的发展以及基础设施等的改善，也有利于中国投资企业在当地更好地发展。

---

① 《"走出去"公共服务平台》，http://fec.mofcom.gov.cn/。

第二节 研究意义

作为世界上较不发达的国家,柬埔寨和老挝经济基础薄弱,外资的进入为两国带来了急需的资金和技术,能够促进老挝和柬埔寨两国经济社会发展及本土企业的成长,加强本土企业与中国对外直接投资企业之间的联系。随着中国对老挝和柬埔寨两国直接投资的逐年增加,越来越多的中国企业带来了资金、先进的技术与管理经验,但劳资纠纷、环境污染,甚至投资失败等事件频出。可见,研究中国对外直接投资对柬埔寨和老挝的影响,对于减少中国企业海外投资经营过程中的信息不对称问题,识别东道国的发展需求,帮助中国企业尽快融入当地,提高投资绩效,有效应对制度异质性,具有重要的现实意义。

此外,本书研究不仅能为到老挝和柬埔寨两国投资的中国企业提供决策参考,也有利于中国制定面向东南亚欠发达国家差异化投资政策,创新对外投资方式,优化区域产业转移空间布局,利用区域产业合作摆脱自身产业发展困境;有利于推动共建"一带一路"高质量发展,实现区域经济包容性发展。本书所说的包容性发展是指对外投资国与东道国在经济、社会和环境方面实现的互利共赢发展,即中国投资者、当地企业和员工、社区人民、投资国和东道国政府等所有利益相关者都能平等地获得发展机会。

从包容性发展的角度研究中国对外直接投资对老挝和柬埔寨两国的影响,有利于东道国政府制定科学合理的招商引资政策,进一步吸引外资,促进当地经济增长;有助于东道国实现对外资的有效引导,进一步释放外资对创造就业、增加收入、拓展和延伸产业链等方面的能力。同时,有助于消除东道国对中国企业投资的疑虑和担忧,加强双方的投资合作。

第三节 研究内容

本书研究的技术路线大致概括如图1-2所示。全书共分为七章,主要内容如下:

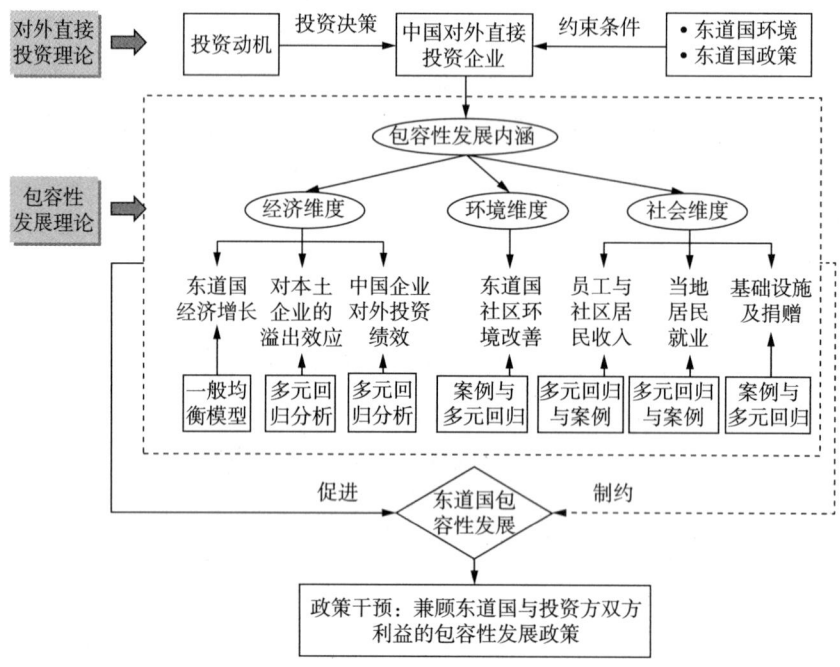

图1-2 本书研究的技术路线

第一章主要阐述本书的研究背景、研究意义和主要研究内容。

第二章研究中国对外直接投资与大湄公河次区域国家包容性发展的理论基础和理论关联。本章系统地梳理了与本书研究密切相关的基础理论,主要是发达国家和发展中国家的对外直接投资、包容性发展和企业社会责任的相关理论。同时,结合现有的国内外研究现状,从经济、社会和环境三个维度阐述学术界目前已有的中国直接投资对东道国影响的相关研究,指出本书研究的不同和创新点。

第三章对东道国宏观经济环境与投资政策环境进行分析。本章重点分析柬埔寨和老挝基于自身发展诉求,不断调整和完善外商直接投资相关法律法规,规范外商投资企业管理,为中国对外投资企业带来了新的挑战。

第四章分析中国对大湄公河次区域国家直接投资的动因。本章以邓宁投资动因理论为依据,根据课题组对220家在柬埔寨和老挝的中国投资企业实地调研数据,结合国别和产业差异,从战略驱动、市场驱动、成本驱动和政策驱动四种投资动因类型深入剖析中国企业的主要投资动因。

第五章从经济维度分析中国直接投资对东道国的影响。本章首先采用投入产出分析和一般均衡模型分析中国直接投资对东道国宏观经济增长的影响。其次采用定量分析和定性案例分析的方法,根据课题组对816家柬埔寨和老挝当地企业的调研数据,研判中国对外直接投资对当地企业的溢出效应,包括竞争效应、示范效应、人力资本培训—流动效应、产业关联效应(前向和后向关联效应)。最后基于中国投资企业的角度,评估中国对外直接企业投资绩效(Enterprise Performance,EP),剖析影响中国企业对外直接投资绩效(EP)的因素。

第六章从社会和环境维度分析中国直接投资对东道国的影响。本章采用多元回归定量分析和重点案例研究相结合的方法,重点考察中国直接投资对东道国员工与社区居民收入水平、就业机会和基础设施建设的影响;同时,运用典型案例分析揭示中国直接投资对东道国环境改善的积极影响。

第七章是对政策建议。本章从中国政府、东道国政府、中国投资企业和本土企业四个角度提出了包容性促进中国对大湄公河次区域直接投资的政策建议。

第二章 中国对外直接投资与东道国包容性发展的理论基础和理论关联

第一节 理论基础

一 对外直接投资

国际货币基金组织（IMF）将对外直接投资（Foreign Direct Investment, FDI）定义为：一个国家的投资者将资本用于他国的生产或经营，并掌握一定经营控制权的投资行为（赵春明等，2012）[1]。或者说，对外直接投资是一个国家或地区的居民实体（对外直接投资者或母公司）在另一个国家或地区的企业（对外直接投资企业、国外分支机构或分支企业）中建立长期关系，享有持久利益并对其进行控制的投资（赵春明等，2012）。这种投资涉及的交易范围很广，既包括两个实体之间最初的交易和后续交易，也包括各种形式的国外分支机构之间的交易。

以往对外直接投资理论的研究对象主要是针对发达国家，产生了垄断优势理论、内部化理论、区位理论、国际生产折中理论、边际产业扩张理论等理论[2]。然而近年来，随着新兴经济体的快速发展，发

---

[1] 赵春明等主编：《跨国公司与国际直接投资》，机械工业出版社2012年版。
[2] 尚丹蕾：《FDI非均衡分布对中国区域经济不平衡增长的影响研究》，硕士学位论文，青岛科技大学，2012年。

展中国家的对外直接投资呈现增长趋势,发展中国家的对外直接投资理论也得到了发展。

(一)发达国家对外直接投资相关理论

发达国家对外直接投资的研究始于20世纪60年代,目前已形成了一套成熟的理论,比较具有代表性的理论有垄断优势理论、内部化理论、区位理论、国际生产折中理论与边际产业扩张理论。这些理论主要研究发达国家的跨国公司进行对外直接投资的决定性因素、动因等问题。

1. 垄断优势理论

垄断优势理论由美国学者海默(S. H. Hymer)在其1960年的博士学位论文中首次提出,后经金德尔伯格(Kindleberger)、约翰逊(H. G. Hohnson)、凯夫斯(R. E. Caves)、沃尔夫(Wolf)等学者补充与扩展而形成完整的理论,是对外直接投资最早的理论解释。

垄断优势理论主要回答一家外国企业的分支机构为什么能够与当地企业进行有效的竞争,并能够长期生存和发展下去(刘则渊等,2004)[①]。海默认为,一个企业之所以要进行对外直接投资,是因为它有比东道国同类企业有利的垄断优势,从而在国外进行生产可以赚取更多的利润。

垄断优势理论从寡占市场的角度分析企业对外直接投资行为的决定性因素,强调规模经济、技术差异、市场阻碍等因素在对外直接投资中的作用。垄断优势理论对寡头型跨国对外直接投资具有较强的解释能力,较好地解释了知识密集型产业进行对外直接投资的动因,并对发达国家之间"相互投资"的现象做出了解释。但是,垄断优势理论也存在缺陷,主要表现在以下四个方面。

第一,该理论对外投资企业行为的分析在于解释企业跨国对外直接投资的初始行为,不能解释对外直接投资企业规模的扩大。

第二,该理论没有全面地解释什么是市场失灵,不能说明企业组

---

① 刘则渊、方玉梅:《国际直接投资理论分析框架探析》,《大连理工大学学报》(社会科学版)2004年第2期。

织如何能够替代不完全市场而提高效率，以及由此产生垄断优势的可能。

第三，该理论无法解释拥有垄断优势的企业一定要进行对外直接投资，而不是通过转让技术许可证或出口来获利的原因，并且无法解释对外直接投资的区位选择问题。

第四，该理论是以静态的方法界定企业的垄断优势，但这种分析方法无法解释不具备垄断优势企业的对外直接投资行为，以及发展中国家向发达国家的直接投资行为。

2. 内部化理论

内部化理论是20世纪70年代英国里丁大学的伯克莱（Peter J. Buckley）和卡森（Mark Casson）教授提出的。内部化理论的主要思想是：由于市场的不完全，若将企业所拥有的科技和营销知识等中间产品通过外部市场来组织交易，则难以保证企业实现利润最大化目标；若企业建立内部市场，则可利用企业管理手段来协调企业内部资源的配置，避免市场不完全对企业经营效率的影响。企业对外直接投资的实质是基于所有权之上的企业管理与控制权的扩张，而不在于资本的转移。其结果是用企业内部的管理机制代替外部市场机制，以便降低交易成本，拥有跨国经营的内部化优势。

威廉姆森（1975）指出，交易成本之所以存在，是由于存在信息的不确定，以及交易参与各方都具有有限理性与机会主义行为特征，这些构成了顺利签订和执行合约的阻力。因此，将资源配置活动置于企业内部将节约交易成本[①]。

内部化理论解释了企业进行跨国经营的动机主要是为了防止技术优势的丧失，降低外部市场交易造成的不确定性，减少交易成本，同时对对外直接投资企业的发展模式进行预测。但内部化理论也存在局限性。它没有解释对外直接投资的方向，不能用于短期的投资分析行为，而且无法解释小规模企业在一个或两个国家进行的对外直接投资

[①] Williamson, O. E., *The Economics of Discretionary Behavior: Managerial Objectives in a Theory of the Firm*, Englewood Cliffs, NJ: Prentice-Hall, 1964.

活动。内部化理论比较适合解释水平式和垂直式一体化对外直接投资，但无法解释资源型与出口导向型的对外直接投资行为，并且无法解释对外直接投资的具体去向和区位选择。

3. 区位理论

区位理论是英国教授邓宁（J. H. Dunning）在1998年《区位和国际企业：一个被忽略的因素》一文中研究美国对英国制造业进行投资时提出的。企业在进行对外直接投资时，所有权是一个必要但不充分的条件，不意味着外商投资企业一定会进行对外直接投资；而内部化优势也只能说明外商投资企业在内部对技术与知识等中间产品加以利用可以获得某种优势，也不能说明企业一定会进行对外直接投资。只有在引入区位优势后，才能解释企业要到海外投资的原因（郭继光，2013）[①]。决定外商直接投资的区位选择因素分为制度因素和非制度因素两类，其中，非制度因素包括劳动力、原材料成本、市场规模等经济因素，基础设施、配套服务等基础因素，以及投资国与东道国的地理距离、社会文化差异等地理因素；而制度因素则包括政治制度、经济制度和企业运行的便利性等。区位优势，即区位的综合资源优势，是指某一地区在发展经济方面客观存在的有利条件或优越地位。其构成因素主要包括自然资源、地理位置，以及社会、经济、科技、管理、政治、文化、教育、旅游等方面。区位优势是一个综合性概念，单项优势往往难以形成区位优势。一个地区的区位优势主要是由自然资源、劳力、工业聚集、地理位置、交通等决定。同时，区位优势也是一个发展的概念，随着有关条件的变化而变化。

4. 国际生产折中理论

邓宁在《贸易经济活动的区位和跨国企业：折中理论方法探索》中正式提出国际生产折中理论，并于1981年对该理论进行进一步补充（张亚非，2013）[②]。该理论认为，对外直接投资行为的产生依赖

[①] 郭继光：《中国企业对老挝的直接投资及其影响》，《东南亚研究》2013年第5期。
[②] 张亚非：《安徽省服务业FDI对其经济增长影响的实证研究》，硕士学位论文，南京航空航天大学，2013年。

于企业自身垄断形成的所有权优势、东道国优势转化形成的区位优势和企业组织形式所具有的内部化优势三种优势。由于国际生产折中理论涉及所有权有势、内部化优势和区位优势三个要素①，因而又被称为 OIL 理论（Ownership, Internalization and Location, OIL）。

所有权优势是指一国企业特有的资产及其所有权形成优势，既包括原材料、产品、规模经济等有形优势，也包括知识、技术、信息、品牌、企业文化、管理经验等无形优势。这些所有权有势（尤其是知识等无形优势）使企业在对外直接投资的过程中能获得一定时期内的相对于东道国企业的垄断优势。

区位优势是指东道国在政策、市场环境等方面所具有的吸引外商直接投资企业进入的优势，如东道国的基础设施水平、生产要素的廉价程度、市场机制完善程度、现实的或潜在的市场需求、引资的优惠政策等。东道国的区位优势越大，外商直接投资企业进入的可能性就越大。此外，区位优势不仅对跨国公司的对外直接投资行为决策具有重要影响，还对外国直接投资企业进入东道国的产业流向等具有重要影响。

内部化优势是指跨国公司通过内部化方式使用其资产和技术所带来的优势。一般来说，企业可以通过内部化使用和外部化使用两种方式来获取企业的所有权有势。但是，由于外部交易成本的存在，企业通过内部化方式获取的所有权有势，要高于直接出口、许可转让等外部化方式所获取的所有权优势。因此，企业将通过对外直接投资的形式将所有权优势内部化。

国际生产折中理论几乎对各种对外直接投资理论都具有高度的兼容性，能够解释不同类型的对外直接投资行为。此后，邓宁在完善该理论时引入了时间变量，进一步提出了投资发展周期理论，能够解释了为什么发展中国家会对发达国家进行直接投资。但是，该理论也有不足，主要表现在以下三个方面：一是区位优势与所有权优势常常是

---

① 任文颖：《江苏服务业 FDI 技术溢出效应的影响因素研究》，硕士学位论文，南京航空航天大学，2014 年。

联系在一起的;二是区位因素通常是不明确的,存在多种解释;三是该理论在解释过程中存在一些方法问题。这些缺陷在一定程度上限制了国际生产折中理论的解释力。

5. 边际产业扩张理论

边际产业扩张理论是 20 世纪 70 年代中期日本教授小岛清(Kojima Kiyoshi)在利用比较优势理论实证研究日本企业对外直接投资行为的过程中提出的。该理论认为,外商直接投资应该选择投资国已经处于或即将处于比较劣势的产业(边际产业)依次进行,而这些边际产业对东道国而言则是具有比较优势的产业。从边际产业开始进行投资,可以使投资国的资金、先进技术、管理经验与东道国廉价的劳动力资源有机结合,充分发挥该产业在东道国的比较优势。边际产业扩张理论从国际分工的角度,较好地解释了日本早期对发展中东道国进行对外直接投资的现象,但它很难解释后期日本偏向对发达国家进行对外直接投资的行为(丁晓强,2015)[①]。该理论还指出,发展中国家或地区的产业升级高度将取决于投资国所投资的产业结构高度,以及转移产业的比较劣势程度。

(二)发展中国家对外直接投资相关理论

1. 小规模技术理论

1983 年,哈佛大学威尔斯(Louis R. Wells)提出了"小规模技术理论"。他认为,虽然发展中国家对外直接投资企业的技术和经营管理水平不够先进,生产规模较小,但是,可以通过迎合特殊需求市场及自身的低成本优势实现对外直接投资。

小规模技术理论将发展中国家对外直接投资企业竞争优势的产生与这些国家自身的市场特点相结合,为经济落后国家如何利用现有技术和自身特征形成比较竞争优势提供了理论依据。一些技术不够先进、生产规模不大的小企业,只要能提供满足国外市场特色化需求的产品或服务,就拥有了进行对外直接投资的机会和动力。

[①] 丁晓强:《不同来源地 FDI 影响我国产业结构升级的差异性分析》,硕士学位论文,安徽财经大学,2015 年。

2. 地方化理论

小规模技术理论不能解决某些发展中国家的跨国投资行为，因此，英国经济学家拉奥（Sanjaya Lall）在1983年出版的《新跨国公司：第三世界企业的发展》一书中对印度跨国公司的研究提出了地方化理论。他认为，印度对外直接投资企业尽管规模小、机器设备不够先进、使用劳动密集型技术，但企业内部的创新活动却包含在这种技术之中（郭续光，2013）[①]。

地方化理论认为，发展中国家对外直接投资的竞争优势来自四个因素：（1）发展中国家知识和技术的本土化，即这种技术是在本国特定经济环境中产生的；（2）发展中国家从发达国家引进技术时不是简单的模仿和复制，而是有所创新，使其生产的产品能更好地满足本地市场需求；（3）发展中国家企业的竞争优势不仅源于产品与当地供需条件的紧密结合，而且还源于创新后的技术能在小规模生产条件下带来更高的经济收益；（4）发展中国家企业往往能根据东道国的市场特征，开发出与发达国家品牌不同的商品，以满足东道国不同层次的消费者需求。可见，发展中国家对外国技术的改进、消化和吸收，赋予引进技术新的活力，给引进技术的企业带来了新的竞争优势。

3. 技术创新产业升级理论

英国的坎特韦尔（John A. Cantwell）和托兰惕诺（Paz Estrella E. Tolentino）针对20世纪80年代中后期发展中国家向发达国家直接投资迅速增长的现象，从技术累积的角度出发，提出了技术创新产业升级（Technology Innovation and Industry Upgrade）理论，将发展中国家对外直接投资的过程动态化、阶段化。他们提出：发展中国家的技术创新具有明显的"学习"特征，它们利用自身的学习经验和组织能力消化吸收、改进现有生产技术，从而促进本国经济发展和产业结构优化升级。该理论从产业分布和区域分布两个方面解释了发展中国家对外直接投资的动态过程。就对外直接投资的产业分布而言，发展中国家首先是以自然资源开发为主的纵向一体化生产活动，其次是以进口

[①] 郭继光：《中国企业对老挝的直接投资及其影响》，《东南亚研究》2013年第5期。

替代和出口导向为主的横向一体化生产活动,最后是从事涵盖高科技领域的开发活动。就外商直接投资的分布而言,发展中国家首先是在周边国家进行直接投资,随着海外投资经验的不断积累,逐渐扩展到其他发展中国家;最后,在投资产业结构优化升级的基础上,发展中国家为获取更为先进技术知识,开始对发达国家直接投资(戎梅等,2014)[①]。

可见,技术创新产业升级理论阐述了发展中国家对外直接投资地理区域和产业分布的发展轨迹,强调了技术创新是发展中国家经济发展和对外直接投资的决定性因素,对发展中国家利用外商直接投资实现技术创新,进而提升产业结构、加强国际竞争力都具有普遍的指导意义。

二 包容性发展

包容性增长(inclusive growth)的概念由亚洲开发银行在2007年首次提出。包容性增长寻求的是社会和经济的协调、可持续发展。与单纯追求经济增长相对立,包容性增长倡导机会平等的增长,最基本的含义是公平合理地分享经济增长(周佰成等,2011)[②]。

包容性发展涉及经济、社会和制度等多个方面,既关注经济增长速度也关注经济结构,既关注短期政策也关注长期战略,是一个内涵丰富的概念。针对包容性发展的定义,不同学者给出了不同的看法。联合国(2007)强调包容性发展是实现低不平等与减少不平等的发展,也是贫困人口积极参与经济和政治并平等地分享成果的发展。Ali和Son(2007)[③]将包容性发展概括为接受医疗和教育等社会机会的亲贫困改进,以及这些机会在不同收入、性别和民族间的分配。Femando(2008)提出了包容性发展的六个基本方面,即:①是否能促进贫困人口的有效就业并且提升他们的生活水平;②能够提升贫困个体在把握机会上的能力;③能让贫困个体获得更多的健康服务;④拥有专

[①] 戎梅、文照明:《国际直接投资(FDI)动因的理论综述》,《中国井冈山干部学院学报》2014年第2期。

[②] 周佰成、朱斯索、秦江波:《包容性增长:社会经济发展的新范式》,《当代经济研究》2011年第4期。

[③] Son, I. A. H., "Defining and Measuring Inclusive Growth: Application to the Philippines", 2007.

门为弱势群体打造的培训项目以提升他们参与竞争、参与生产的能力；⑤拥有良好的管理治理能力；⑥为弱势群体提供有效的安全保障①。世界银行（2008）将包容性发展定义为促进就业和提高生产性就业的发展，即不仅关注就业量的增长，而且更关注生产率的提高。中国国家领导人在2011博鳌亚洲论坛提出包容性发展战略，认为包容性发展是一种让全民平等发展、共享成果的模式；是包容各种文明共同发展、人与社会环境和谐相处的发展。

关于包容性增长的测算，Ali和Son（2007）在其对包容性增长定义的基础上沿用社会机会函数，从人均经济机会和经济机会的共享程度两个方面进行了测度。他们认为，越穷的人获取的机会越多，经济增长就越具有包容性。麦金利（McKinley，2010）从经济、公平、能力和社会网络四个具体维度对包容性增长进行了测度②。任保平（2011）认为，包容性增长是可持续、共享性增长，是全面、广泛基础上的安全增长和平等增长，应从经济增长的条件、过程、后果以及广泛的社会因素几个方面实现合理包容，由此可以认为，包容性增长应该包括增长条件的包容、增长过程的包容和增长结果的包容三个理论维度，并以此为基础采取模糊综合评价的方法来建立包容性增长的指标体系③。黄君洁（2013）从经济发展和社会发展两个方面构建指标评价包容性增长④。

综上所述，已有的包容性发展研究为本书研究提供了相关理论基础和测度方法。本书中的包容性发展是指对外直接投资国与东道国在经济、社会与环境等方面实现的互利共赢发展。在测度和评估方面，本书结合研究目的，拟从经济、社会和环境三个维度，全面评估中国

---

① 邹鲁清：《在"包容性发展"中全面提高"社会质量"》，《企业家天地》（下旬刊）2012年第8期。

② McKinley, T., "Inclusive Growth Criteria and Indicators: An Inclusive Growth Index for Diagnosis of Country Progress", Paper delivered to Asian Development Bank, 2010.

③ 魏婕、任保平：《中国经济增长包容性的测度：1978—2009》，《中国工业经济》2011年第12期。

④ 黄君洁：《评价包容性增长指标体系的构建》，《上海行政学院学报》2013年第3期。

对外直接投资与东道国包容性发展的现状。

三 企业社会责任

企业社会责任是指企业在其商业运作中对其利害关系人应付的责任。企业社会责任的概念是基于商业运作必须符合可持续发展的想法，认为企业除考虑自身的财政和经营状况外，也要加入其对社会和自然环境所造成的影响的考量。但不同学者对企业社会责任（corporate social responsibility，CSR）的看法不同，尚未形成统一的观点。伯克和洛格斯顿（Burke and Logsdon，1966）提出了"战略性企业社会责任"的概念，他们认为，企业社会责任能够为企业带来大量商业利益，战略性企业社会责任可以通过提升客户忠诚度、提高生产效率、促进新产品开发等目标的实现，为企业带来显而易见的经济收益[1]。在他们的观点基础上，赫斯特和阿伦（Husted and Allen，2007）将战略性企业社会责任理解为为企业的资源和资产组合设置一致目标的能力、确保企业创造的价值增值为企业所独占的能力、先于竞争对手获得战略性要素的能力和通过客户对企业行为的感知来建立声誉优势的能力四种能力[2]。弗拉默（Flammer，2012）认为，积极的社会责任可以提高企业的声誉，作为企业的可持续竞争优势提升企业的绩效。

企业社会责任的内容涉及企业内外部的各个方面。从企业内部来看，企业社会责任要求企业保障员工的尊严和福利待遇；从外部来看，企业社会责任则要求要发挥企业在社会环境中的良好作用。总的来说，企业社会责任可分为经济责任、文化责任、教育责任、环境责任等几个方面。就经济责任来说，企业主要为社会创造财富，提供物质产品，改善人民的生活水平；就文化责任和教育责任等方面来说，企业要为员工提供符合人权的劳动环境，教育职工在行为上符合社会公德，在生产方式上符合环保要求。

跨国公司因其在全球范围内配置资源，面临不同政治以及文化背

---

[1] Burke, L. and Logsdon, J. M., "How Corporate Social Responsibility Pays off", *Long Range Planning*, Vol. 29, No. 4, 1996, pp. 495–502.

[2] Husted, B. W. and Allen, D. B., "Strategic Corporate Social Responsibility and Value Creation among Large Firms", *Long Range Planning*, Vol. 40, No. 7, 2007, pp. 594–610.

景等导致的更为复杂的经营环境，这也使跨国公司的社会责任更应该包括对东道国环境、员工、社区级及国际供应链上下游企业的责任等。跨国公司在东道国的社会责任涉及经济领域、技术领域、政治领域、社会文化领域和自然领域五个关键领域，政府间国际组织、国际民间社会和跨国公司自身规范提升了跨国公司在东道国的社会责任行为（葛顺奇、李诚邦，2003）[1]。在经济全球化与企业管理现代化的今天，企业履行对其利益相关者的社会责任已不再是企业的被动责任，而更多的是企业寻求长期可持续发展的主观意愿（田虹，2006）[2]。企业主动承担社会责任为自身创造了更为广阔的生存空间，企业履行社会责任有利于树立企业形象，产生广告效应，企业承担社会责任是企业可持续发展与社会、经济、生态可持续发展统一的关键（胡孝权，2004；周祖城，2005）[3][4]。

李东红（2016）等学者认为，海外企业的社会责任是多层次的，提出了从事海外运营的企业中存在的三种并行制度逻辑即国家逻辑、企业逻辑和社区逻辑[5]。王全景（2018）从股东责任（SH），员工责任（EM），供应商、客户和消费者权益责任（SCC），环境责任（ENV）和社会责任（SOC）五个方面对海外企业责任进行了研究，他认为，海外企业不仅要承担起作为企业本身要承担的社会责任、员工责任，还要承担国家层面的责任以及环境方面的责任[6]。

四 投资绩效

海外企业投资绩效考核指标分为财务指标和非财务指标两大类。财务指标主要有总资产净利润率（ROA）、净资产收益率（ROE）

---

[1] 葛顺奇、李诚邦：《社会责任：跨国公司必须跨越的一道门槛》，《国际经济合作》2003年第9期。

[2] 田虹：《从利益相关者视角看企业社会责任》，《管理现代化》2006年第1期。

[3] 胡孝权：《企业可持续发展与企业社会责任》，《重庆邮电学院学报》（社会科学版）2004年第2期。

[4] 周祖城：《企业社会责任：视角、形式与内涵》，《理论学刊》2005年第2期。

[5] 李东红、王文龙、金占明、汤玲玲：《多重制度逻辑下企业社会责任对海外运营的支撑效应——以聚龙公司在印尼的实践为例》，《国际经济合作》2016年第12期。

[6] 王全景：《海外投资提升了企业社会责任——基于动态性视角的实证检验》，《国际贸易问题》2018年第8期。

(张爱美，2019)[①]、固定资产增长率、资产报酬率、销售利润率、资产周转率、流动资产周转率、固定资产利用率（王书杰，2016）[②]；非财务指标主要包括国内生产总值、进出口总额、专利授权量、就业人数、固定资产投资和税收等。

影响海外投资绩效的因素主要分为宏观因素和微观企业因素。斯塔克（Marie M. Stack，2017）[③]从宏观层面考虑了对外投资绩效，尤其是对效率的影响因素，包括投资来源国的交易成本、东道国的交易成本、投资成本、劳动力成本、经济稳定性、政治稳定性、税收、基建都会影响到对外投资的效率[④]。雷瑞（2017）主要考察了制度距离对于中国企业在老挝和缅甸的投资绩效影响情况，他认为，特定的制度缺失会对投资绩效造成负面影响[⑤]。在微观企业方面，张晶晶（2015）认为，企业的政治关联对于企业对外投资有正向促进作用[⑥]；Jing（2017）从微观层面分析了企业海外扩张速度和企业绩效之间的关系，认为海外投资扩张速度为中慢速时，企业投资绩效较好[⑦]。文宁（2014）认为，融资约束、信息获取成本、国内审批机制、企业自身的规范程度、海外市场知名度都会影响海外企业的投资效率[⑧]。

[①] 张爱美、郭静思、吴卫：《融资约束、对外直接投资与企业绩效》，《工业技术经济》2019年第1期。

[②] 王书杰：《中国企业海外直接投资的绩效研究》，博士学位论文，中共中央党校，2016年。

[③] Stack, Marie M., "Geetha Ravishankar and Eric Pentecost, Foreign Direct Investment in the Eastern European Countries: Determinants and Performance", *Structural Change and Economic Dynamics*, Vol. 41, 2017, pp. 86–97.

[④] Stack, Marie M., "Geetha Ravishankar and Eric Pentecost, Foreign Direct Investment in the Eastern European Countries: Determinants and Performance", *Structural Change and Economic Dynamics*, Vol. 41, 2017, pp. 86–97.

[⑤] 雷瑞：《中国与东南亚国家制度距离对农业投资模式及绩效影响研究》，博士学位论文，云南大学，2017年。

[⑥] 张晶晶：《政治关联对中国企业海外并购绩效影响的研究》，博士学位论文，浙江大学，2015年。

[⑦] Jing Yu Yang, Jane Lu and Ruihua Jiang, "Too Slow or Too Fast? Speed of FDI Expansions, Industry Globalization, and Firm Performance", *Long Range Planning*, Vol. 50, No. 1, 2017, pp. 74–92.

[⑧] 文宁：《我国中小企业对外直接投资绩效评价指标体系研究》，博士学位论文，辽宁大学，2014年。

第二节　理论关联

鉴于本书说的包容性发展是指对外投资国与东道国在经济和社会环境方面实现的互利共赢发展，本节将从经济、社会和环境三个方面分析中国对外直接投资与东道国包容性发展的理论关联。

一　中国对外直接投资对东道国经济的影响

作为要素流动的直接载体，国际直接投资对世界经济发展的影响，体现在伴随外商直接投资而展开的生产要素的国际流动，促进了东道国的技术进步，扩大了贸易，增加了要素总投入，进而促进了世界经济增长与发展[1]。本部分将从宏观和微观两个层面分析外商直接投资对东道国经济发展产生的影响，宏观层面就是外商直接投资对东道国经济增长的影响，微观层面是指从企业层面分析外商直接投资的技术溢出效应。

（一）外商直接投资对东道国经济增长的影响

学术界对外商直接投资与东道国经济增长之间关系的研究结论并不一致，主要可分为以下三类。

第一种观点认为，外商直接投资对东道国经济增长产生促进作用。Husian 和 Jun（1992）对 1970—1988 年除中国外的东亚国家和地区的数据进行回归分析，得出外商直接投资对经济增长有显著促进作用的结论[2]。Athukorrala 和 Menon（1995）对马来西亚 20 年的经济数据分析发现，外商直接投资对其出口导向型经济有积极的影响[3]。Jansen（1995）的研究表明，外商直接投资促进了泰国的经济增长，

---

[1] 张幼文等：《要素流动——全球化经济学原理》，人民出版社 2013 年版，第 45—46 页。

[2] Husian, I. and Jun, K. W., "Capital Flows to South Asian and ASEAN Countries: Trend, Determinants and Policy Implications", *Policy Research Working Paper Series*, 1992.

[3] Athukorala, P. and Menon, J., "Developing with Foreign Investment: Malaysia", *The Australian Economic Review*, 1995, pp. 9 – 12.

第二章 中国对外直接投资与东道国包容性发展的理论基础和理论关联 / 21

并带来了先进的技术流入①。De Gregorio（1999）利用 1951—1985 年间 12 个拉美国家的面板数据进行实证分析，研究结果表明，外商直接投资能促进经济增长，并能增加家庭收入和税收②。Baharumshah（2006）研究了包括中国在内的东亚国家各类资本流动过程，基于动态面板数据的实证检验结果表明，无论是短期来看还是长期来看，外商直接投资都对经济增长有影响③。此外，Balasubramanyam 和 Salisu（1996），S. Jordan、G Tian 和 F. Sun（1999），Cheng（2002）等的研究也表明，外商直接投资对东道国经济增长具有积极作用。李美金（LY KIM MY，2014）利用 1991—2012 年时间序列数据分析越南对外贸易、外商直接投资与经济效应的关系，研究结果表明，对外贸易与外商直接投资对越南经济增长具有明显的推动作用④。龚洪（2016）采用 1988—2012 年中国对泰国的直接投资数据进行实证研究，研究结果表明，中国对泰国的直接投资显著地促进了泰国 GDP 的增长，但存在明显的滞后效应。另外，中国对外直接投资提高了泰国人力资本存量和其国际贸易水平，同时也在技术创新和经济体制方面发挥了巨大的作用⑤。卓凡超（2017）指出，中国对外直接投资的流入在一定程度上促进了东盟国家的经济增长，并与东盟国家固定资产投资和外贸出口间存在"互补效应"⑥。

第二种观点认为，外商直接投资对东道国经济增长产生抑制作用。King 和 Bvaradi（2002）对匈牙利的 59 家公司数据分析得出结论

---

① Jansen, K., "The Macroeconomic Effects of Direct Foreign Investment: The Case of Thailand", *World Development*, Vol. 23, No. 2, 1995, pp. 193 – 210.

② De Gregorio, "Economic Growth in Latin Americ", *Journal of Development Economic*, Vol. 2, 1999.

③ Balasubramanyam, V. N., Salisu, M. and Sapsford, D., "Foreign Direct Investment and Growth in EP and IS Countries", *The Economic Journal*, Vol. 106, No. 434, 1996, pp. 92 – 105.

④ ［越南］李美金：《越南对外贸易、外商直接投资与经济增长实证研究》，硕士学位论文，重庆交通大学，2014 年。

⑤ 龚洪：《中国 FDI 对泰国经济增长的影响研究》，硕士学位论文，山东大学，2014 年。

⑥ 卓凡超：《东盟国家引进中国 FDI 与其经济增长关系的实证研究》，硕士学位论文，云南师范大学，2017 年。

认为，外商直接投资在短期内对经济增长有促进作用，但是，从长期来看，可能会阻碍经济增长[1]；Lessmann 和 Christian（2012）以中国为例，认为外商直接投资是经济增长的重要决定因素，但是可能会加剧区域间的不平等[2]。阮氏薇二（2013）通过对越南胡志明市的实证研究发现，外商直接投资对胡志明市经济社会发展等方面存在积极效应，但也存在如环境污染、对国内企业的挤出效应、国际贸易欺诈和逃税等现象的不良影响[3]。随洪光（2013）认为，外商直接投资的大量流入也给东道国的生态环境带来了不利因素，不利于经济的可持续性增长[4]。布盖欧（2013）运用老挝及其周边国家的 GDP、外商直接投资存量、生产力等数据进行实证研究发现，外商直接投资的引入会带动老挝本地投资的增加，从而带动该国生产潜力。但外资的涌入也会使老挝货币升值，从而降低其出口竞争力，对经济产生不良影响[5]。

第三种观点认为，外商直接投资与东道国经济增长的关系并不明显。金素、陆凯旋（2008）通过对江苏省 1985—2006 年经济数据实证分析，得出结论认为，外商直接投资与江苏省经济增长间不存在稳定关系[6]。尉一冰（2018）通过对印度的实证研究发现，外商直接投资的增加对印度经济增长只存在有限作用。印度基础设施建设落后、投资政策不完善、营商环境水平与劳动力整体素质过低都对外商直接投资的利用产生一定的制约，使外商直接投资促进经济的作用不能得

---

[1] King, L. P. and Varadi, B., "Beyond Manichean Economics: Foreign Direct Investment and Growth in the Transition From Socialism", *Communist and Post - Communist Studies*, Vol. 35, 2002, pp. 1 - 21.

[2] Lessmann and Christian, "Foreign Direct Investment and Regional Inequality: A Panel Data Analysis", *China Economic Review*, No. 24, 2012, pp. 129 - 149.

[3] ［越南］阮氏薇二：《FDI 对越南胡志明市经济发展影响研究》，硕士学位论文，广西大学，2013 年。

[4] 随洪光：《FDI 对东道国经济增长可持续性的作用路径分析》，《理论学刊》2013 年第 6 期。

[5] 布盖欧：《邻国经济、外国企业 FDI 与老挝经济发展》，博士学位论文，华东师范大学，2013 年。

[6] 金素、陆凯旋：《江苏 FDI 与经济增长的关系分析——基于 1985—2006 年数据的实证研究》，《南京审计学院学报》，2008 年第 2 期。

到完全发挥①。

（二）外商直接投资的技术外溢效应

从经济学的角度来看，所谓外商直接投资，应该理解为向接受投资的国家传播资本、经营能力、技术知识的"经营资源"综合体（小岛清，1997）②。外商直接投资的实质与意义在于生产要素的国际流动，而生产技术、制造诀窍及管理经验等是高流动性的生产要素。跨国公司在对外直接投资过程中，除了将技术直接转移给国外的子公司或者分支机构，还会对东道国企业产生溢出效应。根据外商直接投资影响东道国本土企业的不同方式，可以将外商直接投资技术溢出效应分为同一行业内的水平溢出效应和行业间的垂直溢出效应。这两种溢出效应的溢出渠道各不相同。

1. 水平溢出效应

水平溢出是指跨国公司子公司与同行业的本土企业之间在相互合作和竞争中产生的技术溢出，这种溢出效应主要通过以下三种渠道发生：一是竞争效应，即外商直接投资企业带来的竞争压力促进了本土企业的技术进步；二是示范—模仿效应，本土企业通过对外商直接投资先进技术的模仿和复制，促进了自身技术水平的提高；三是人力资本的培训—流动效应，人力资本由外商直接投资企业向东道国企业的流动，由此带来的先进生产和管理技术能够提高当地企业的生产水平（陈立龙，2014）③。

（1）竞争效应。竞争效应，一是指外商直接投资的进入打破了东道国的垄断市场结构，促进了东道国社会福利水平的提高；二是指跨国公司的出现增加了东道国本土企业的竞争程度，增强了东道国本土企业的危机感和竞争意识。东道国本土企业被迫更加有效地利用现有资源，或采纳新技术，提高劳动生产率。这一效应既有正向作用，也

---

① 尉一冰：《印度利用 FDI 对经济增长影响的实证分析》，硕士学位论文，云南财经大学，2018 年。

② ［日］小岛清、邵鸣：《亚洲的直接投资主导型经济增长》，《南洋资料译丛》1997 年第 2 期。

③ 陈立龙：《FDI 技术溢出机理及影响因素探析》，《物流科技》2014 年第 2 期。

有负向作用。

有关正向影响的研究认为，外商直接投资的进入加剧了东道国国内市场的竞争程度，迫使本土企业加大研发投入，加速生产技术和生产设备的更新升级，改善经营管理以保持其市场份额[1]。同时，外商直接投资企业的进入有助于打破东道国的市场垄断，为本土企业的发展创造机会。负向影响则是指"挤出效应"，有时候也被形象地称为"市场窃取效应"，即外商直接投资流入对国内投资存在"挤出效应"，表现为外商直接投资企业凭借技术优势挤占本土企业市场份额，抑制了竞争（Kokko，1992；Aitken and Harrison，1999）[2][3]。因此，关于竞争效应对外商直接投资技术溢出的影响是不确定的，溢出效应的大小取决于正向影响与负向影响的总体效果。

（2）示范效应。示范效应代表了外商直接投资对东道国本土企业的一种主要影响。外商直接投资的进入，给东道国本土企业带来了先进的技术，对东道国本土企业能起到了良好的示范效应。本土企业可以通过"看中学"和"干中学"的方式，向外商直接投资企业进行新技术、新产品、生产流程、管理经验和营销策略等的模仿和学习，从而提高自身的技术和管理水平。然而，示范效应的存在仅仅为本土企业的学习和模仿树立了标杆，并不必然导致溢出效应的发生；成功的技术溢出有赖于本土企业的消化吸收能力（陈西，2010）[4]。

（3）人力资本的培训—流动效应。一般来说，外商直接投资企业进入东道国后，会组织当地员工进行生产操作或管理方面的各种培训。当受过外商直接投资企业培训的当地员工跳槽到本土企业或者建立了自己的企业时，他们必然运用所学到的先进技术和管理方式，从

---

[1] 毕先玲：《FDI与民营资本的技术溢出效应研究》，《数学的实践与认识》2013年第17期。

[2] Kokko, A., "Foreign Direct Investment, Host Country Characteristics, and Spillovers", Doctoral Dissertation, Stockholm School of Economics, 1992.

[3] Aitken, B. and Harrison, A., "Do Domestic Firms Benefit from Foreign Direct Investment? Evidence from Venezuela", *American Economic Review*, No. 89, 1999, pp. 605 – 618.

[4] 陈西：《FDI技术溢出效应及其影响因素分析》，硕士学位论文，中国海洋大学，2010年。

而引发了技术的间接转移,这就是人力资本的培训—流动效应。此外,受外商直接投资企业竞争压力的驱动,本土企业为提高技术或管理水平而对员工进行的培训,也是培训—流动效应。

2. 垂直溢出效应

垂直溢出效应也称为产业关联效应或链接效应,是一种产业间的溢出效应。Blomstrom 和 Kokko (1998) 指出,本土企业可通过与外商直接投资企业的前向关联和后向关联提高劳动生产率。前向关联和后向关联是根据本地企业与外资企业在投入产出关系中所处的位置来定义的外商直接投资与东道国本土企业间的关联效应。

后向关联效应主要是指外商直接投资企业向本地原料、零部件供应商等上游企业采购商品和劳务。为了保证产品质量和公司信誉,外商直接投资企业会向供应商等提供各种技术支持和人员培训。外商直接投资企业的技术越复杂,产业链越长,关联度越高,则溢出效应会越大。前向关联效应是指外商直接投资企业为东道国本土企业提供更高质量的中间投入品或设备,帮助本土企业改进自身的生产工艺,提高产品质量,从而推动相关产业的技术升级。为了确保产品或设备的正确使用,外商直接投资企业会对采购的本土企业员工进行培训,这也促进了溢出效应的发生 (Altenburg, 2000)①。

关于水平溢出、后向溢出以及前向溢出之间的关系如图 2-1 所示。

图 2-1 描述了外商直接投资通过产品链发生溢出效应的一般过程。在图中,A 表示外资部门,B、C、D、E、F、G 分别表示内资部门;左图的边由下向上的箭头表示有输入品到成品的转化过程。

内资部门 D 和 E 表示有产品输入到外资部门 A,因此,内资部门 D 和 E 是外资部门的供应商,溢出效应则从外资部门 A 分别流入内资部门 D 和 E,因此,内资部门 D 和 E 分别与外资部门 A 存在后向溢出

---

① Altenburg, T., "Linkages and Spillovers between Transnational Corpoorations and Small and Nedium - sized Enterprises in Developing Countries: Opportunities and Policies", Paper delivered to the UNTED Special Round Table YNC_ SME Linkages for Development, Bangkok, February, 2000.

效应。内资部门 B 和 C 与外资部门 A 没有直接的产品流相联系，主要通过竞争、示范—模仿以及人力资本的培训—流动机制而从外资部门 A 获得水平溢出效应。外资部门 A 有产品分别输入内资部门 F 和内资部门 G，因此 F 和 G 是外资部门的消费商，溢出效应则从 A 部门分别流入内资部门 F 和 G，因此，内资部门 F 和 G 分别与外资部门 A 存在前向溢出效应。从图中可以看出，水平溢出不涉及产品流，后向溢出中产品流与溢出流的方向刚好相反，而前向溢出中产品流与溢出流的方向相同。

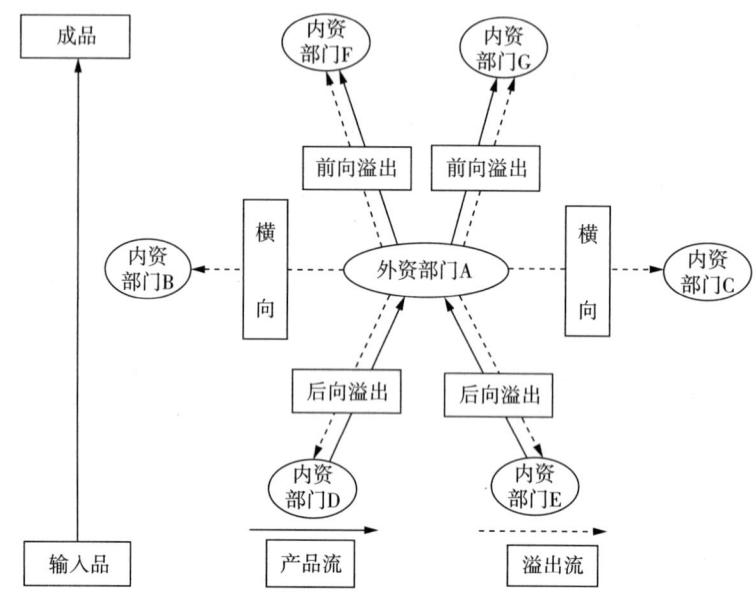

图 2-1　外商直接投资通过产品链发生溢出效应示意

资料来源：李成刚：《FDI 对我国技术创新的溢出效应研究》，浙江大学出版社 2008 年版。

二　外商直接投资对东道国社会的影响

本书主要从就业、收入和社会福利三个方面探讨外商直接投资对东道国社会发展的影响。

（一）就业

在对就业的影响方面，研究表明，外商直接投资对一个国家的就业会产生正面的促进效应与负面的替代效应。Lipsey 和 Sjobolm（2001）对印度尼西亚的研究、Xiaodong Wu（2000）对中国的研究，都表明外商直接投资扩大了东道国的熟练劳动力需求，提高了东道国的平均工资水平。同样，对特定行业的研究表明，外商直接投资对东道国就业数量以及质量有不同的积极作用（马帅帅，2009；毛日昇，2009）[1][2]。徐磊（2006）的实证研究发现，无论在长期还是短期，外商直接投资都积极地促进了中国就业的增长；中国外商直接投资流入量对中国就业存在正向的拉动效应，提高了就业水平[3]。方珏（2014）认为，华东地区外商直接投资对其就业的综合效应存有负面作用，即说明外商直接投资对华东地区就业的负效应大于正效应，但存在行业差异[4]。韩新（2015）采用我国 38 个工业行业 2002—2011 年的面板数据进行实证研究，结果表明，外商直接投资对我国全行业的就业水平起到了显著的促进作用，且外商直接投资通过就业变迁效应对外向型行业就业的正向作用最大[5]。

但是，也有研究认为，外商直接投资对东道国就业产生了不利的影响。厄内斯特（Ernst，2005）以拉美国家为案例的研究表明，外商直接投资以私有化或并购的形式进入东道国时，会导致劳动力失业[6]。余永定（2004）认为，外商直接投资企业在给东道国增加就业机会的同时，由于与国内企业竞争的作用也反向减少了之前内资企业

---

[1] 马帅帅：《我国汽车制造业 FDI 的就业效应研究》，硕士学位论文，江苏大学，2009 年。
[2] 毛日昇：《出口、外商直接投资与中国制造业就业》，《经济研究》2009 年第 11 期。
[3] 徐磊：《中国就业与中国 FDI 流入量的协整分析》，《内蒙古财经学院学报》2006 年第 1 期。
[4] 方珏：《FDI 对华东地区就业的影响研究》，硕士学位论文，南京财经大学，2015 年。
[5] 韩新：《外商直接投资对我国就业的影响研究》，硕士学位论文，东华大学，2015 年。
[6] Ernst, C., "The FDI-employment Link in a Globalization World: The Case of Argentina, Brazil and Mexico", *Employment Strategy Paper*, Vol. 17, 2005, pp. 1–45.

原本的就业量，因此，外商直接投资对东道国就业的效应处于中和状态[①]。谭熙熙（2012）的研究也得到了相同的结论[②]。

就中国对东南亚国家直接投资而言，已有文献认为，中国直接投资企业为东道国创造了大量的就业机会。中国企业对柬埔寨的直接投资主要集中在劳动密集型的制衣业，雇用了大量本土劳动力，在一定程度上为本土居民提供了就业，增加了收入（Kubny and Voss, 2014）[③]。蓝虹（2013）发现，中国的海外直接投资企业给东道国创造了大量就业机会，但其所提供的就业结构仍有改善空间[④]。阮氏薇二（2013）利用1990—2011年间胡志明市实际利用外资金额和就业数量进行实证分析，结果表明，外商直接投资对胡志明市的就业数量有促进作用，即胡志明市的外商直接投资与就业之间存在互补效应[⑤]。布盖欧（2013）用老挝及其周边国家的GDP、外商直接投资存量、生产力等数据进行实证研究，认为外商直接投资对老挝就业市场可能存在挤出效应；外商直接投资能增加老挝高技术工人的需求，提高东道国的技术水平，并通过在职培训及教育有效地提升了老挝的人力资本素质[⑥]。

（二）收入

部分学者研究了外商直接投资对东道国不同地区、不同阶层收入差距的影响。Aitken、Harrison和Lipsey（1996）分别研究了墨西哥、委内瑞拉、美国外商直接投资与各国工资水平之间的关系，研究结果显示，尽管三国的经济发展水平相差较远，但外商直接投资作用于工资水

[①] 余永定：《FDI对中国经济的影响》，《国际经济评论》2004年第2期。
[②] 谭熙熙：《出口、外商直接投资在中国的就业效应分析》，《财经界》（学术版）2012年第6期。
[③] Julia Kubny and Hinrich Voss, "Benefitting from Chinese FDI? An Assessment of Vertical Linkages with Vietnamese Manufacturing Firms", *International Business Review*, Vol. 23, 2014, pp. 731 – 740.
[④] 蓝虹：《中国海外投资对东道国环境和社会的影响》，《中央财经大学学报》2013年第7期。
[⑤] ［越南］阮氏薇二：《FDI对越南胡志明市经济发展影响研究》，硕士学位论文，广西大学，2013年。
[⑥] ［老挝］布盖欧：《邻国经济、外国企业FDI与老挝经济发展》，博士学位论文，华东师范大学，2013年。

平的效应是相同的,即较高的外商直接投资额带来了较高的工资水平[①]。Lipsey 和 Sjsholm(2004)发现,外商直接投资并购企业工人的工资水平在并购的当年及其后的两年,工资水平都会出现大幅上涨,超出内资同类企业工资水平的50%左右[②]。Driffield 和 Girma(2003)用联立方程模型分析了外商直接投资对英国电子行业工资的溢出效应,认为外商直接投资企业工人的高工资水平会刺激内资企业工资水平上涨,但这种效应主要发生在外商直接投资区域[③]。罗茜(2008)基于我国收入分配不均等现状分析,认为外商直接投资流入在区域集聚效应作用下拉大了我国东部、中部、西部地区之间的收入差距[④]。

部分学者开始关注中国对外直接投资对东南亚国家居民收入的影响。Onphanhdala 和 Suruga(2013)对中国对老挝农业投资的研究表明,中国直接投资对老挝尤其是北部的减贫与促进公平产生了巨大的贡献,但并不是所有家庭与村镇都受益。Ouch(2011)等用案例分析法研究了中国直接投资是否有助于柬埔寨减轻贫困。他们对300名制衣工人进行了调查,其中有一半工人在中国工厂工作[⑤]。尽管该研究在方法、分析手段上存在局限性,但研究表明,中国直接投资有助于增加工人收入和提供就业机会,特别是农村妇女的就业。然而,由于中国对外直接投资集中于劳动密集型、低技能和低附加值行业,对东道国的技术溢出效应并不显著。

(三)福利

在外商直接投资对福利水平的影响方面,李锦等(2007)通过几何分析方法,论证在存在多种扭曲的情况下东道国引入外资前后的福

[①] Aitken, B., Harrison, A. and Lipsey, R., "Wages and Foreign Ownership: A Comparative Study of Mexico, Venezuela, and the United States", *Journal of International Economics*, Vol. 40, 1996, pp. 345 – 371.

[②] Lipsey, R. E. and Sjöholm, F., "Foreign Direct Investment, Education and Wages in Indonesian Manufacturing", *Journal of Development Economics*, Vol. 73, No. 1, 2004.

[③] Griffith, R. and Simpson, H., "Characteristics of Foreign – owned Firms in British Manufacturing", *Nber Chapters*, 2004, pp. 147 – 180.

[④] 罗茜:《FDI 与收入分配》,《经济与管理研究》2008 年第12 期。

[⑤] Ouch, C. and Saing, C., "Assessing China's Impact on Poverty Reduction in the Greater Mekong Sub – region: The Case of Cambodia", Papar delivered to Phnom Penh: CDRI, 2011.

利变化，认为对外贸易所获得的利益会因为外商直接投资的进入而流出，甚至造成东道国福利的直接损失①。曹华（2007）在拓展了贸易条件的基础上，以委托—代理理论为依托，通过构造我国综合福利指数和"外商直接投资福利条件"，提出了外资政策制定应该以外商直接投资对本国福利的影响为出发点，设计合理选资政策的建议②。黄继越（2007）、唐维维（2009）也有着相同的观点。Jiyun Cao、Arijit Mukherjee（2018）研究认为，外商直接投资减少了消费者盈余和外国福利，如果跨国公司在技术上充分优于国内公司，则其还会减少国内福利；同时，外商直接投资还会使国内公司和外国公司情况变得更糟，但会使国内公司情况好转③。

三 外商直接投资对东道国环境的影响

已有国内外关于外商直接投资对东道国环境影响的研究，其结论存在较大差异，大致可以分为以下三类。

第一类观点认为，外商直接投资对东道国环境产生负面影响。Main 和 Wheeler（1999）检验了1960—1995年间经济合作与发展组织国家、亚洲（不包括日本）和拉丁美洲国家的污染与非污染产业的产出比率④，发现经济合作与发展组织国家的污染与非污染产业产出比率持续下降，污染产业的进口相对于出口的比率在增长。与此同时，拉丁美洲和亚洲国家污染产业的产出比率总体上在增长，而污染产业产品的进口在下降。这一结果充分说明，污染产业转移是事实存在⑤。Low 和 Yeats（1992）运用显示性比较优势对肮脏产业向发展中国家转移进行了定量分析，发现相对于非污染产业，污染密集型产业

---

① 李锦、扈献文：《国内扭曲、外商直接投资与福利恶化》，《山东工商学院学报》2007年第4期。

② 刘渝琳、曹华：《防范"贫困化增长"的 FDI 甄别机制与评价指数的构建——论我国引资政策的合理设计》，《数量经济技术经济研究》2007年第5期。

③ Jiyun Cao and Arijit Mukherjee, "Foreign Direct Investment, Unionised Labour Markets and Welfare", *International Review of Economics and Finance*, Vol. 58, 2018, pp. 330 – 339.

④ 产出比率 = 总产值/总污染排放值。

⑤ Mani, M. and Wheeler, D., "In Search of Pollution Havens? Dirty Industries In the World Economy, 1965 – 1995", *Journal of Environment & Development*, Vol. 7, No. 3, 1998, pp. 215 – 247, 1999.

显性比较优势具有很强的倾向性,存在污染转移的现象①。部分学者以二氧化碳排放量作为环境影响的指标进行研究,实证结果发现,外商直接投资总体上增加了中国的二氧化碳排放量(周杰琦、汪同三,2014;郭沛、张曙霄,2012)②③。王红明(2015)研究了1990—2012年老挝外商直接投资与经济发展的关系,发现老挝吸引外商直接投资会对本国经济发展产生一定的促进作用,但是,外商直接投资在带来资本、技术和劳动力等生产要素的同时也会造成生态破坏和环境污染④。聂飞和刘海云(2015)研究表明,外商直接投资企业的进入具备"污染光环"特征,城市较低的环境标准则会引导外商直接投资进入高污染加工制造业,而高排放制造业在促进城市经济增长的同时,也会加剧城市生态环境的恶化⑤。

第二类观点认为,外商直接投资对东道国环境产生正面影响。Blackman和Wu(1998)对在中国电力工业的外商直接投资企业环境业绩的研究发现,外商直接投资提高了中国电力工业企业的能源利用效率,降低了废弃物排放量。原因是外商直接投资企业拥有先进的发电技术和环境管理,同时,中国本国企业与外商直接投资企业之间存在良性竞争⑥。同样,Birdsall和Wheeler(1993)认为,贸易与外商直接投资为发展中国家提供了采用先进技术的动机和机遇,促使其实现清洁生产或绿色生产,进而提高全球环境质量和地区可持续发展能力⑦。

---

① Low, P. and Yeats, A., "Do 'Dirty' Industries Migrate? in International Trade Division", The World Bank, 1992, pp. 89 – 103.

② 周杰琦、汪同三:《外商直接投资、经济增长和 CO_2 排放——基于中国省际数据的实证研究》,《北京理工大学学报》(社会科学版)2014年第3期。

③ 郭沛、张曙霄:《中国碳排放量与外商直接投资的互动机制——基于1994—2009年数据的实证研究》,《国际经贸探索》2012年第5期。

④ 王红明:《老挝FDI的效应研究》,硕士学位论文,广西大学,2016年。

⑤ 聂飞、刘海云:《FDI、环境污染与经济增长的相关性研究——基于动态联立方程模型的实证检验》,《国际贸易问题》2015年第2期。

⑥ Blackman, A. and Wu, X., "Foreign Direct Investment in China's Power Sector: Trends, Benefits and Barriers", Energy Policy, 1999, Vol. 27, No. 12, 1999, pp. 695 – 711.

⑦ Birdsall, N. and Wheeler, D., "Trade Policy and Industrial Pollution in Latin America: Where are the Pollution Havens?", The Journal of Environment & Development, Vol. 2, No. 1, 1993, pp. 137 – 149.

盛斌、吕越（2012）在 Copeland—Taylor 模型基础上引入技术因素，将外商直接投资对东道国的环境影响分解为规模效应、结构效应和技术效应三种机制，结果表明，外商直接投资无论是在总体上还是分行业看都有利于减少我国工业的污染排放，其主要原因在于外商直接投资通过技术引进与扩散带来的正向技术效应超过了负向的规模效应与结构效应①。Huiming Zhu 等（2016）调查了包括印度尼西亚、马来西亚、菲律宾、新加坡和泰国五国的外商直接投资、经济增长和能源消耗对碳排放的影响。其实证结果表明，外商直接投资对碳排放的影响是负向的，即外商直接投资增加，碳排放会减少②。刘叶（2016）利用 2003—2013 年中国地级以上城市面板数据进行实证研究，发现外国直接投资的进入对中国环境污染产生了积极的减排效应。外商直接投资带来的先进技术和国际化环保理念，是使其能够对环境污染起到缓解作用的重要原因③。张雨薇（2017）以 2003—2013 年全球 83 个国家（地区）为样本，对其环境质量的变化与中国对外直接投资之间的关系进行了实证检验，结果表明，东道国环境破坏并未受到中国对外直接投资的推动，提高东道国的经济开放度可以显著地增强中国对外直接投资对东道国环境的正向贡献。对东道国而言，在控制了其他因素之后，中国在该国家（地区）承包工程有效地推动了当地环境质量的改善④。

第三类观点认为，外商直接投资对东道国环境的影响存在收入门槛效应和人力资本门槛效应。收入门槛是指在高收入和低收入阶段外资对环境产生了较为显著的正面影响，而在中等收入阶段外商直接投资则带来了环境质量的恶化；人力资本门槛是指在高人力资本阶段外

---

① 盛斌、吕越：《外国直接投资对中国环境的影响——来自工业行业面板数据的实证研究》，《中国社会科》2012 年第 5 期。

② Huiming Zhu, Lijun Duan, Yawei Guo and Keming Yu, "The Effects of FDI, Economic Growth and Energy Consumption on Carbon Emissions in ASEAN – 5: Evidence from Panel Quantile Regression", *Economic Modelling*, No. 58, 2016, pp. 237 – 248.

③ 刘叶：《FDI、环境污染与环境规制》，博士学位论文，中央财经大学，2016 年。

④ 张雨薇：《中国对外直接投资与承包工程的东道国环境效应研究》，博士学位论文，西北大学，2017 年。

商直接投资能够显著地降低环境污染，而低人力资本阶段则相反。李子豪等（2012）[1]、杨杰等（2014）[2] 利用门槛面板回归方法，分别从收入门槛和人力资本门槛两个角度检验了外商直接投资对环境影响的门槛效应。结果表明，外商直接投资对中国环境的影响存在显著的门槛效应；受到大部分城市收入和人力资本水平限制，外商直接投资将给中国带来较大的环境压力。杨博琼和陈建国（2011）利用省际面板数据建立联立方程的研究表明，如果不考虑国内引致投资[3]，外商直接投资降低了我国污染物的排放；如果考虑到对国内资本的带动作用，外商直接投资的进入增加了我国污染物的排放[4]。Shahbaz（2015）利用1975—2012年间99个国家的数据，将这些国家分为低收入组、中等收入组和高收入组三组，考察了外商直接投资对二氧化碳排放的影响。结果表明，外商直接投资与二氧化碳排放量在总体上和中等收入组别中呈倒"U"形关系；在高收入组别中呈显著负相关关系；在低收入组别中，外商直接投资的增加导致环境质量的下降[5]。

---

[1] 李子豪、刘辉煌：《FDI对环境的影响存在门槛效应吗？——基于中国220个城市的检验》，《财贸经济》2012年第9期。

[2] 杨杰、卢进勇：《外商直接投资对环境影响的门槛效应分析——基于中国247个城市的面板数据研究》，《世界经济研究》2014年第8期。

[3] 引致投资是与自发投资相对而言的，是指由经济中的内生变量引起的投资，即为适应某些现有产品或整个经济的开支的实际或预期增加而发生的投资。

[4] 杨博琼、陈建国：《FDI对东道国环境污染影响的实证研究——基于我国省际面板数据的分析》，《国际贸易问题》2011年第3期。

[5] Shahbaz, M., Samia Nasreen, Faisal Abbas and Omri Anis, "Does Foreign Direct Investment Impede Environmental Quality in High -, Midddle -, and Low - income Countries?", *Energy Economics*, No. 51, 2015, pp. 275 - 287.

第三章 东道国宏观经济环境与投资政策环境分析

第一节 宏观经济环境

湄公河国家虽然自然禀赋相似，但是，各国的经济发展特征各不相同。具体而言，既具有产业单一等共同的外部异质性，又同时具有工业化程度差异大、生产要素优势各不相同等内部异质性。因此，各国吸引外商直接投资的相关政策也有差异。就本书研究的对象柬埔寨和老挝来说，两国虽然处于工业化同一阶段，但是，老挝更注重保护自然环境和资源，而柬埔寨则更关注外商直接投资带来的创造就业和收入增长效应。

一 柬埔寨

柬埔寨位于东南亚中南半岛南部，与越南、老挝和泰国接壤，目前拥有人口约1500多万，其中华人、华侨约60万。柬埔寨是一个传统农业国，是世界上最不发达的国家之一。近年来，柬埔寨的宏观经济环境不断出现新的变化。一方面，经济保持高速增长，外商直接投资不断进入农业、建筑业、制衣业与旅游业四大支柱产业，同时柬埔寨政府加大了对国内基础设施建设、人力资本等的投入，努力改善投资环境；另一方面，由于选举、工人涨薪而引发的罢工使外商直接投资企业的生产经营受损，对柬埔寨的投资环境产生负面影响。2015

年,柬埔寨保持了相对稳定的政治环境,深化实施《四角战略》[1]第三阶段既定方针,深化改革,加大对外交往力度,积极融入区域一体化和东盟一体化建设,以农业、制衣制鞋业和建筑业为主导的工业、旅游业为主导的服务业以及外商直接投资四大经济支柱继续稳步拉动宏观经济前行,保持了宏观经济的稳定增长。柬埔寨政府制定的工业发展目标是:到2025年,使柬埔寨工业由劳动密集型向技术密集型转变,优先发展高附加值、创新性的新兴工业和制造业[2]。此外,柬埔寨政府还出台了《2017—2025年职业技能和技术培训国家政策》,旨在为提升劳动力技能和技术水平创造良好条件,满足国内外劳动市场需求。具体而言,柬埔寨的宏观经济环境主要具有以下九个方面的特点。

(一)经济持续增长,但仍处于落后水平

2003—2017年,柬埔寨实际GDP总量呈现上升趋势,平均年增长率达到7.70%,但是,增长率波动幅度较大。2009年受国际金融危机影响,柬埔寨的GDP增长率降至最低点0.09%;2010年回升至5.96%,随后小幅度平稳上升;2014年后又呈缓慢下降趋势。柬埔寨人均GDP也呈逐年增长趋势。2017年,柬埔寨的人均GDP为1135.15美元,比上一年增长5.19%,但是,在东盟国家中仍然处于落后水平。2017年,柬埔寨的GDP在东盟十国中排在倒数第三位,仅高于老挝和文莱;人均GDP排名倒数第二位,仅高于缅甸。

图3-1反映了2003—2017年柬埔寨GDP和GDP增长率变化情况。

(二)工业基础薄弱,制衣业是工业的支柱产业

1993—2017年,柬埔寨三次产业结构逐步从"一三二"状态调整为"三一二"状态,再到目前的"三二一"状态。1993—2000年,三次产业结构保持"一三二"状态,但是,随着服务业占比不断上升,

---

[1] 《四角战略》是2003年柬埔寨王国成功实施《三角战略》政策的延续,充分反映了柬政府的施政纲领。《四角战略》中四个角的作用分别是提高农业生产力;发展私人经济和增加就业;恢复与重建基础设施;培训人才与发展人力资源。

[2] 中华人民共和国驻柬埔寨王国大使馆经济商务参赞处:《洪森宣布10年工业发展计划我产能转移可与之对接》,http://cb.mofcom.gov.cn/article/ddgk/zwjingji/201508/20150801093392.shtml,2019年12月30日。

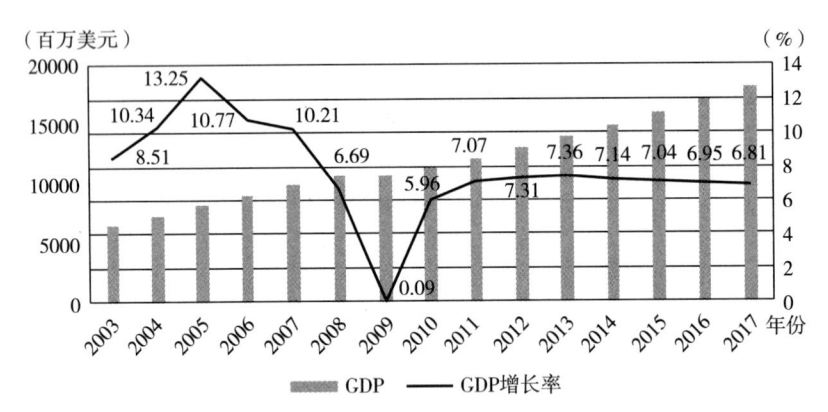

图 3-1 2003—2017 年柬埔寨 GDP 和 GDP 增长率变化情况
（以 2010 年不变美元计算）

资料来源：世界银行。

2000 年服务业占比反超农业，成为占 GDP 比重最大的产业。2000—2014 年，三次产业结构一直保持为"三一二"状态，总体上趋于平衡。其中，服务业所占比重一直维持在 40% 以上，占 GDP 的比重最大。旅游业是带动柬埔寨服务业发展的动力。2015 年，柬埔寨的旅游营业收入达到 30 亿美元，同比增长 15.4%。直到 2015 年，柬埔寨第二产业首次超过第一产业，三次产业结构开始变为"三二一"状态并一直持续到现在。其中纺织业、旅游业分别是第一、第三产业的主导产业。

图 3-2 反映了 2003—2017 年柬埔寨农业、工业和服务业结构变化趋势情况。

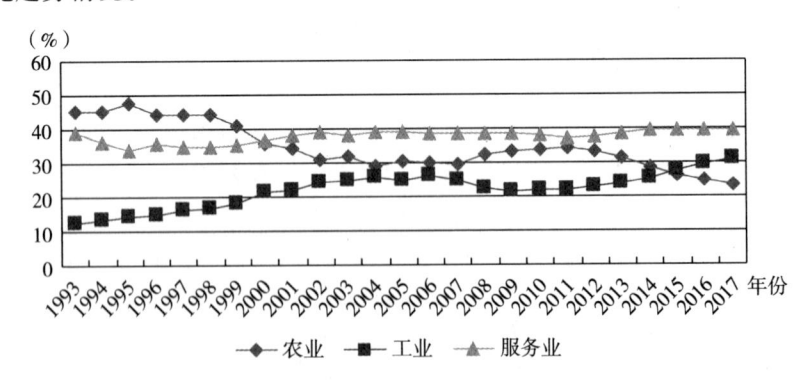

图 3-2 2003—2017 年柬埔寨农业、工业和服务业结构变化趋势

资料来源：世界银行。

(三) 外商直接投资逐年增加,推动柬埔寨经济发展

柬埔寨不实行外汇管制,允许外汇资金自由出入,美元在市场上可以自由流通,大部分行业都对外国投资者开放,是世界上经济自由度最高的国家之一。同时,柬埔寨政府鼓励外商直接投资,出台了一系列法规,并同投资商建立了定期磋商和对话机制。图3-3表明,2003—2017年柬埔寨的外商直接投资流量总体上呈现上升趋势,外商直接投资主要集中于制衣业、建筑业、旅游业与农业等柬埔寨的支柱产业。2017年,柬埔寨前五大外商直接投资来源国分别为中国大陆、中国香港、日本、新加坡和韩国,投资额分别为6.18亿美元、3.47亿美元、2.27亿美元、1.78亿美元和1.77亿美元,分别占柬埔寨吸引外商直接投资总额的22.62%、12.71%、8.29%、6.52%和6.48%。

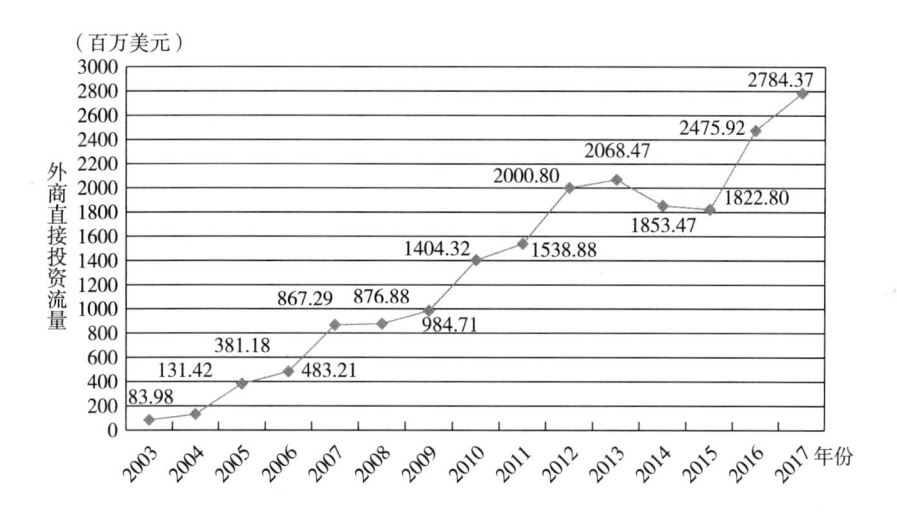

图3-3 2003—2017年柬埔寨外商直接投资流量

资料来源:UNCTAD数据库。

图3-4表明,近六年来,中国对柬埔寨的直接投资总体上呈高速增长态势,年均增长率达41.2%。2018年,中国对柬埔寨的直接投资主要集中于基础设施和工业制造业方面,分别占当年中国对柬埔寨外商直接投资额总量的59.84%和30.41%(柬埔寨发展理事会,

2019)。外商直接投资为柬埔寨特定区域（如首都金边和港口城市西哈努克城）带来了就业岗位，增加了居民收入，有力地推动了柬埔寨经济的发展。

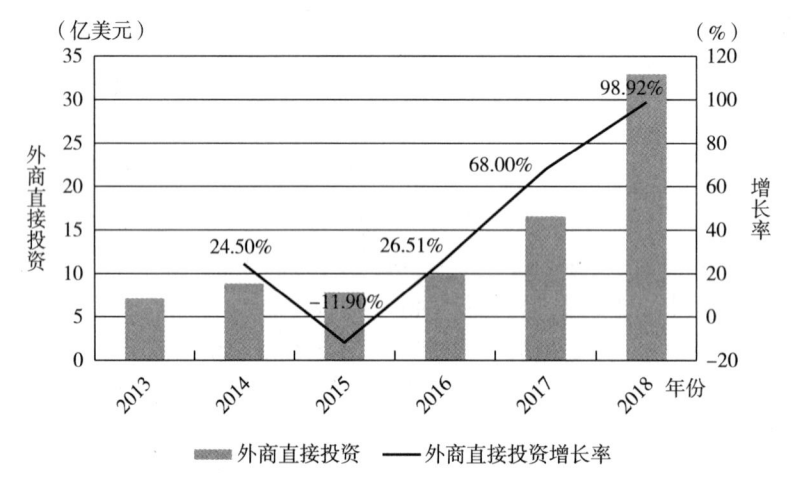

图 3-4　2013—2018 年中国对柬埔寨直接投资额及增长率

资料来源：柬埔寨发展理事会（the Council for the Development of Cambodia，CDC）

（四）推动实施《四角战略》第三阶段，关注社会发展①

近年来，柬埔寨重视社会发展，积极发展农业，推动人力资源队伍建设。2013 年，柬埔寨政府按照既定的发展方针，继续维持稳定的社会秩序，营造宽松与可持续发展环境，高度重视发展《四角战略》第三阶段确定的四个优先发展领域，即发展人力资源、投资基础设施和建设协调商业机制、发展农业、良好管理和提高国家机构效率。此外，柬埔寨政府还提出了《2014—2018 年国家战略发展计划》来支持《四角战略》第三阶段的实施，该计划详细阐述了柬埔寨各部门、机构针对《四角战略》提出的发展目标需要开展的行动、方案和项目等，以更好地实现柬埔寨可持续性发展和减贫的主要目标。

2014 年 11 月 28 日，柬埔寨国会召开全体会议，审议通过《2015 年国家财政预算案》，该预算案旨在推动《四角战略》第三阶段政策

---

① 笔者注：2019 年柬埔寨开始实施《四国战略》第四阶段，考虑到本书调研和实证研究发生在《四国战略》第三阶段，故本部分政策分析以第三阶段为主。

的实施。预算案总共15万6995亿2900万瑞尔（约为39.2亿美元），占国内生产总值的21.09%，比2014年增长10.8%。政府将加大对人才培训、社会福利、卫生、农业、农村发展、灾后重建、国防等领域的投入。

（五）基础设施条件落后，但正逐步改善

柬埔寨电力、交通、通信等基础设施条件差，存在交通不便、运输成本高昂、电力能源供应不足等问题，对外商直接投资企业的生产经营影响较大。以电力为例，虽然目前中国投资的大部分水电站已进入运营阶段，雨季供电充足且有剩余，但旱季供电仍然不足，加上柬埔寨电网落后，因此间歇性停电、电价高等问题仍然存在。

但柬埔寨正在加快国内基础设施建设，为外商投资创造更好的环境。柬埔寨政府计划在未来三年内投入52.43亿美元，推行500个基础设施项目，其中60%资金用于投资农村发展。在电力方面，2014年，工业矿产能源部向财政部提出申请，投资2.5亿美元，为多省建设高压输电线路，并开展高压配电网升级项目，以提高电力传输能力。根据柬埔寨电力规划，计划在全国范围内建设三大主电网，以降低供电成本，完成"2020年将电力覆盖全国，2030年使全国70%的家庭有电用"的目标[1]。同时，计划逐步降低电价，从2015年起，柬埔寨电力局向企业提供的电力从每千瓦时0.23美元降为0.21美元，2018年进一步降为0.153美元，这在一定程度上降低了外商直接投资成本。在交通方面，积极开展路桥维修与铁路建设，减少运输费用，积极推动综合型港口建设，深度开发包括港口物流、配套出口等港口产业。

（六）工会力量强大，罢工活动频繁

柬埔寨工会数量众多。截至2017年，柬埔寨劳工部注册的合法工会达3469个，工会联盟18个，另有3598个技术职业组织和8个雇主协会。在企业内部，成立工会的门槛较低，3人就能成立工会。对中国在柬埔寨直接投资企业调研表明，中小型制衣企业内工会的数量最多高达十余个，且任意工会可随意进入企业内部。柬埔寨工人罢

---

[1] 柬埔寨：《2014—2018年国家战略发展计划》。

工频繁，罢工原因主要为提高最低工资、增加福利、改善工作条件等。根据柬埔寨国家警察总署报告，仅2017年12月就发生工人示威、罢工和集会抗议活动109起。虽然多数示威、罢工活动是在非暴力情况下举行，但仍有部分工会组织恶意煽动工人对工厂设施设备进行打砸破坏，甚至威胁到投资者的人身安全，而柬埔寨政府也没有采取有效措施制止这些非法活动。罢工对柬埔寨支柱产业制衣业的影响尤其严重。由于罢工导致许多企业无法按时完成订单，不仅企业需要赔偿订购商的损失费，也影响了欧盟与美国订购商的购买信心，进而导致订单减少，生产企业的利润严重下滑。由于订单减少、成本上升等原因，越来越多的工厂倒闭或者撤资。据统计，2017年共有54家工厂关闭，而新开工厂仅15家。

（七）劳动力成本增加迅速

2012—2018年，柬埔寨制衣制鞋业的最低工资先后经历了多次增长，从2012年的61美元上涨至2018年的170美元，年均上涨18.6%。同时企业每月需要向工人支付交通和住宿费（7美元）、超时伙食费（0.5美元/次）、工龄奖（2—11美元）、勤工奖（10美元）等强制性津贴和分红，而且如果工人工作超过8小时，需要支付1.5—2倍不等的加班工资。经计算，普通员工最低工资（不加班）每月可达到182—210美元。截至2018年，柬埔寨制衣制鞋业的最低工资已经超过越南（175美元）、老挝（130美元）、孟加拉国（103美元）、缅甸（85美元）等制衣制鞋出口国家，2019年，制衣制鞋业工人的最低工作将达到182美元。而柬埔寨劳动力素质和效率整体较低，在产量不变的情况下，劳动力成本大幅上升导致企业的利润大幅缩减，严重影响制衣制鞋企业的生存能力，特别是小规模或订单不稳定的企业。

（八）腐败严重，对国内经济发展产生负面影响

柬埔寨官员腐败现象严重，"钱大于法"的现象比较普遍。腐败已成为柬埔寨国家经济发展与消除贫困的主要障碍之一。国际透明组织[①]（Transparency International）发布的《2017清廉指数报告》显示，

---

① 国际透明组织网站：www.transparency.org。

柬埔寨的清廉指数在 180 个国家和地区中排名第 161 位。虽然柬埔寨在 2010 年颁布了《反腐败法》,但是,由于执法不严,腐败现象并没有得到明显改善。2014 年 3 月,国际劳工组织估计,柬埔寨 GDP 的 10% 因为腐败而流失,相当于每年 170 万美元 GDP 被腐败稀释。从企业注册审批到办理各项手续企业都要缴纳"非正式费用",这大幅增加了外商投资经营的隐性成本①。

(九) 法律法规更新不够及时。

柬埔寨部分法律由发达国家帮助拟订,使这些法律与本国国情不符,无法使用,而柬埔寨政府又没有对其进行及时更新。如柬埔寨《劳工法》,其中关于外国人在柬埔寨就业的规定,并不符合柬埔寨的国情。由于法案是法国人起草的,针对的是劳动力输入国,对外来劳工的限制非常严格。但是,柬埔寨对外国投资与援助依赖较大,而这些项目需要外国工人,因此,这些规定对柬埔寨并不适用,无法执行。2018 年通过的《劳工法》修正案也仅对涉及工人工资的相关条款进行修订,上述问题仍然存在。此外,柬埔寨的商业、贸易等法律法规尚不完善。如《商标法》《版权法》等知识产权方面的法律均为 2002—2003 年期间制定的,但并没有根据社会经济的发展变化而进行修订,知识产权的保护工作仍局限于商业部打击假冒伪劣商品的部门对盗版光碟的没收和销毁,且无明确的处罚细则。

二 老挝

老挝地处东南亚北部,与中国、越南和柬埔寨接壤,国土面积 23.68 万平方千米,2017 年,统计人口为 691.64 万,人口密度较低,土地和森林资源丰富。但是,经济发展基础薄弱,仍然属于世界上最不发达的国家之一。然而,近年来,随着东盟一体化进程的加快以及老挝自身经济的发展,越来越多的外商直接投资企业进入老挝,在一定程度上推动了老挝政治、经济、社会各方面的发展。

2013 年是老挝加入世界贸易组织的开局之年,也是老挝实施

---

① 广西大学东盟研究院:《柬埔寨:腐败、民主与经济发展》,http://cari.gxu.edu.cn/info/1087/1781.htm,2019 年 12 月 10 日。

"七五"计划的第四个年头,GDP首次突破百亿美元,进出口贸易持续增长,社会、文教、卫生等各项事业有了新的发展,但经济社会面临的挑战与困难增多。一方面,老挝吸引外商直接投资有所回落;另一方面,财政遇到困难,赤字大幅增加。这种机遇与挑战并存的形势,对中国企业在老挝的投资经营合作也产生了一定的影响。

2017年是老挝"八五计划"实施的第二年,水电、制造业、旅游业成为推动老挝经济发展的新动力,老挝人均GDP达到了1730.40美元,但GDP增长速度有所放缓。中国对老挝直接投资已超过了越南,成为老挝最大的外商直接投资来源国,两国产业结构良好互补性为中老两国产能合作的坚实基础。

(一)经济增长明显,但在东盟国家中仍处于落后水平

2003—2017年,老挝GDP总量呈现上升趋势,平均年增长率达到7.53%。2015年,老挝的GDP首次突破千亿美元门槛,增长率为7.26%。与此同时,人均GDP也呈现上升趋势,2017年的人均GDP达到1730.40美元,比上一年增长5.32%。尽管经济增长明显,但在东盟国家中仍处于倒数第四位。

图3-5反映了2003—2017年老挝的GDP和GDP增长率情况。

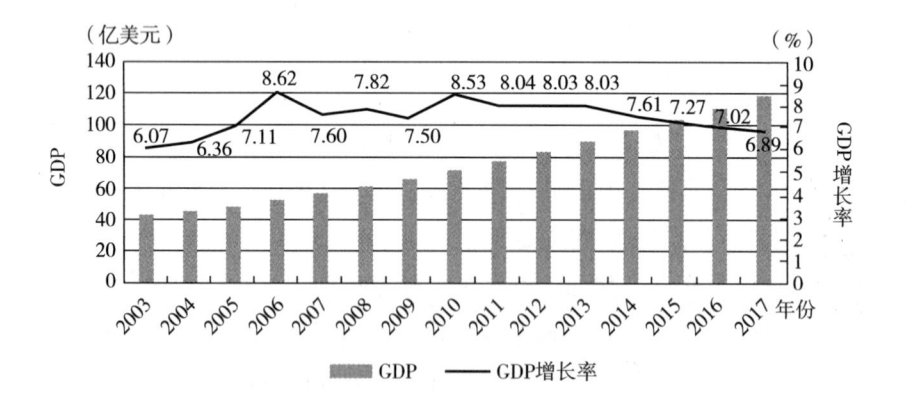

图3-5 2003—2017年老挝的GDP与GDP增长率情况

资料来源:世界银行。

(二) 产业结构不断调整，三次产业比例趋于平衡

1993—2017年，从三个产业各自发展的情况来看，老挝农业比重在不断下降，从1993年的42.58%一直下降到2017年的18.28%，服务业比重持续稳定在40%—45%的区间，工业平稳发展，工业比重从1993年的17.11%不断攀升至2017年的34.87%。从产业结构的变化来看，1996年，服务业比重首次超过农业，产业结构从"一三二"状态转变为"三一二"状态。2006—2008年，随着工业稳定发展，最终于2008年，工业所占比重达到了28.3%，首次超过农业，产业结构由"三一二"状态转变为了"三二一"状态，且维持至今。这说明老挝正在从一个落后的农业国发展成为具有一定工业基础的发展中国家。

图3-6反映了1993—2017年老挝农业、工业和服务业结构变化趋势情况。

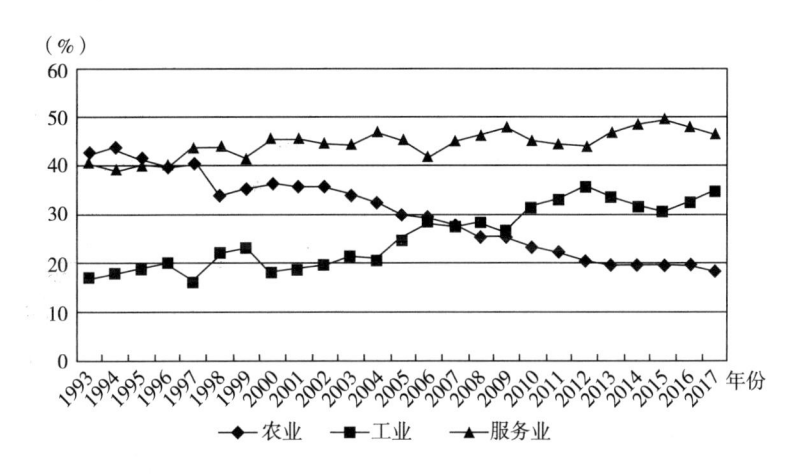

图3-6 1993—2017年老挝农业、工业和服务业结构变化趋势情况

(三) 外商直接投资逐年增加，中国成老挝最大投资国

图3-7表明，2003—2017年老挝吸引外商直接投资呈现总体上升趋势，尤其是2012—2015年增长幅度较大，2016年开始放缓调整。得益于稳定的政治环境、良好的社会秩序、丰富的自然资源，以及一

系列鼓励外商直接投资的法律法规与政策，老挝在吸引外商直接投资方面仍表现良好且增长迅速。2017年，老挝吸引外资累计金额达248.62亿美元，项目6035个。其中，主要投资领域有：水电项目50个，投资额54.18亿美元；矿产项目315个，投资额47.36亿美元；服务业项目678个，投资额36.76亿美元；农业项目989个，投资额23.48亿美元；工业和手工业项目932个，投资额约13.69美元。

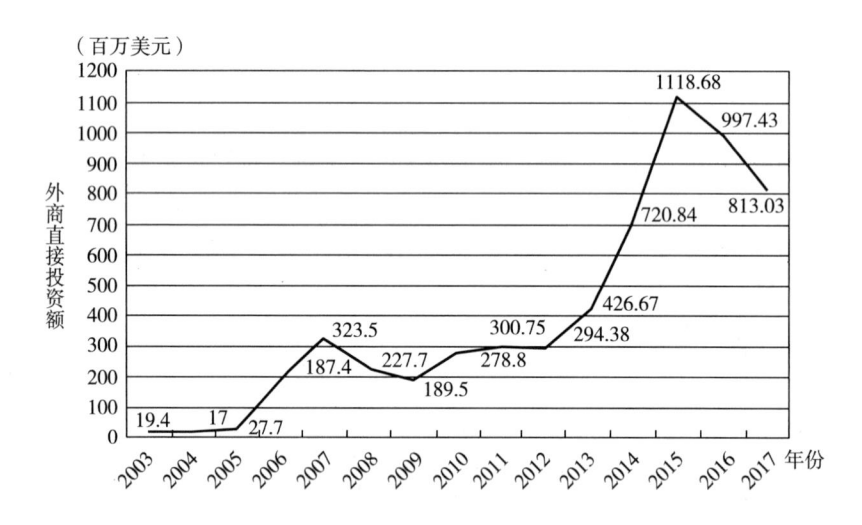

图 3-7　2003—2017 年老挝外商直接投资流量

资料来源：UNCTAD 数据库。

2017年，老挝的主要投资国家主要有中国、越南、泰国、马来西亚和韩国（见图3-8）。其中，中国投资额82.03亿美元，投资项目837个；越南投资额39.15亿美元，投资项目417个；泰国投资额39.78亿美元，投资项目752个；马来西亚投资额7.94亿美元，投资项目99个；韩国投资额7.51亿美元，投资项目291个。相比于2013年，累计投资额前五位排名有所变化，越南超过了泰国，成为老挝第二大外资来源国；马来西亚后来居上，超过了法国和韩国，成为老挝第四大外资来源国。总体来看，虽然中国、越南、泰国投资额占老挝累计吸引外资金额的67.87%，相比2013年的78%有所下滑，但仍然是老挝最主要的外资来源国。

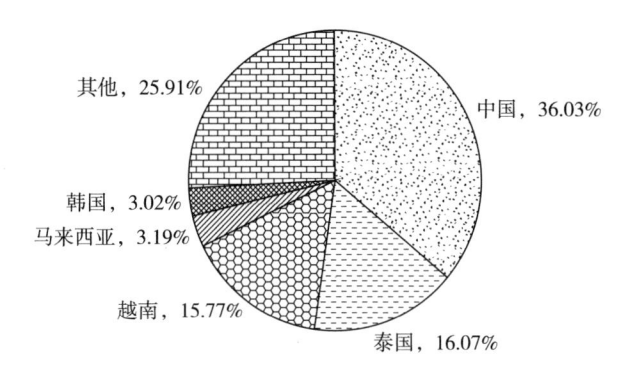

图 3－8　2017 年老挝主要投资来源国及其比重

资料来源：老挝国家统计局。

2017 年，中国对老挝直接投资集中在采矿业、服务业、手工业等行业（见图 3－9）。其中，采矿业项目 8 个，投资额 0.91 亿美元；服务业项目 2 个，投资额 0.72 亿美元；手工业项目 1 个，0.36 亿美元；农业项目 1 个，0.04 亿美元。与 2012 年相比，中国对老挝直接投资总额下降了 3.6 亿美元，投资主要行业和比重均有所变化。水电投资缺乏新的优质大项目，是总投资额下降的主要原因；采矿业保持传统投资优势并跃升为第一大投资产业；服务业方兴未艾，是第二大投资产业；手工业具有老挝传统产业优势，投资占比不断提升；另有少量投资在农业领域。

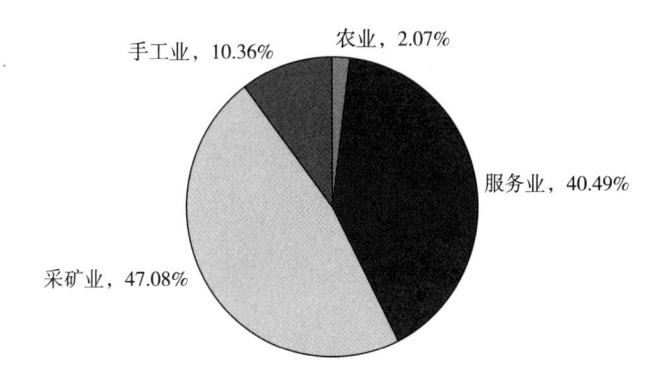

图 3－9　2017 年中国在老挝投资主要行业

资料来源：老挝国家统计局。

（四）老挝仍然处于不发达经济阶段，基础设施建设落后

按照钱纳里（1975）提出的经济结构转变过程的阶段划分，2017年，老挝实际人均GDP为1730.40美元，处于工业化初级阶段[①]。这种工业初级化产业结构，要求老挝大力引进资金、技术及人才，帮助发展工业，促进产业升级和结构优化，尽快向工业化中、高级阶段转变。虽然老挝在2011年工业总产值超过了农业总产值，但是，经济还很不发达。这主要体现为基础设施落后。基础设施建设行业市场需求巨大，由此会产生大量对建材（如水泥）、机械、电力、钢铁、电信、纺织品等的需求。此外，农业是老挝的传统产业，在推动农业机械化过程中，农用机械和先进农业技术的需求也不断增加。近几年来，老挝的对外贸易商品结构也反映了上述需求。老挝大量进口机械、车辆、电子电气设备、钢铁等资本密集型产品，出口矿物燃料、木材及制品、矿砂等初级产品。因此，整体来说，老挝进口商品多为包括重工业产品和精密仪器等高科技产品在内的工业制成品，出口商品则多为农业产品、轻工业产品和工业原材料等初级产品。

第二节　投资政策环境

一　柬埔寨

（一）授权机构和投资激励

柬埔寨发展理事会（CDC）是政府授权机构，负责审查5000万美元以下的投资项目。如果投资项目符合所有条件和要求，柬埔寨发展理事会就会颁发合格投资项目许可证（QIP）。如果项目投资价值超过5000万美元，柬埔寨发展理事会则需要在发放许可证之前向部长

[①] 钱纳里将经济发展阶段划分为六个阶段，以2000年为基期，人均GDP在550—1240美元的国家处于初级产品生产阶段，人均GDP在1240—2480美元的国家处于工业化初级阶段，人均GDP在2480—4960美元的国家处于工业化中级阶段，人均GDP在4960—9300美元的国家处于工业化高级阶段，人均GDP在9300—17200美元的国家处于发达经济初级阶段，人均GDP在17200—15900美元的国家处于发达经济高级阶段。

理事会（COM）报批。同样，涉及自然资源的开发利用的敏感投资项目可能对环境产生负面影响，那么必须在获得部长理事会批准后才能立项。另外，省政府也可以在管辖区域内审查 200 万美元以下的投资项目，并颁发许可证。

投资者要获得合格投资项目许可证，必须到柬埔寨发展理事会登记投资项目，完成法律程序相关步骤（见图 3 – 10）。

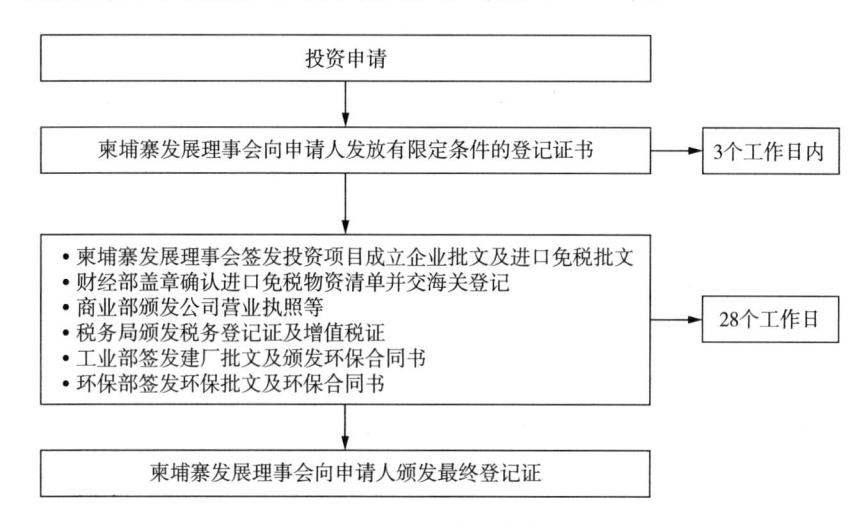

```
┌─────────────────────┐
│      投资申请        │
└──────────┬──────────┘
           ↓
┌─────────────────────────────────────┐       ┌──────────┐
│ 柬埔寨发展理事会向申请人发放有限定   │──────→│3个工作日内│
│ 条件的登记证书                       │       └──────────┘
└──────────┬──────────────────────────┘
           ↓
┌─────────────────────────────────────┐       ┌──────────┐
│• 柬埔寨发展理事会签发投资项目成立企 │       │          │
│  业批文及进口免税批文                │       │          │
│• 财经部盖章确认进口免税物资清单并交 │       │          │
│  海关登记                            │──────→│28个工作日│
│• 商业部颁发公司营业执照等            │       │          │
│• 税务局颁发税务登记证及增值税证      │       │          │
│• 工业部签发建厂批文及颁发环保合同书  │       │          │
│• 环保部签发环保批文及环保合同书      │       │          │
└──────────┬──────────────────────────┘       └──────────┘
           ↓
┌─────────────────────────────────────┐
│ 柬埔寨发展理事会向申请人颁发最终登记证│
└─────────────────────────────────────┘
```

图 3 – 10　投资申请步骤

资料来源：柬埔寨发展理事会。

首先，投资者要递交投资申请，提供相关信息。如果该项目符合所有要求和条件，柬埔寨发展理事会将在 3 个工作日内发放有限定条件的登记证书（CRC）。

其次，在登记证书签发的 28 个工作日内，所有相关部门、政府机构将签发登记证书上所列的相关执照、许可证或登记证，包括由商务部（MOC）颁发的企业登记证，由工业矿业能源部（MIME）颁发的相关执照，由当地政府、土地管理和城市规划建设部（MOUC）的建设规划审批、由环境部（MOE）批示的初步环境影响评估以及由财经部签发（MEF）的税务部门登记。

最后，当申请人递交了所需的所有法律文件后，柬埔寨发展理事会将在 28 个工作日内向申请人颁发最终登记证（FRC）。

基于 2003 年的《柬埔寨王国投资法修正法》及 2005 年的《柬埔寨王国投资法修正法实施细则》，合格投资项目（QIP）可以获得多项优惠措施。目前，柬埔寨企业所得税为 20%，略高于文莱的 18.5%，是东盟成员国中税率较低的国家（见图 3-11），而政府鼓励的投资企业可以享受 9% 的优惠税率。第二项优惠是利润税免税期，包括"启动期"+ 3 年 + 优先期，最长达 9 年。

启动期：始于最终登记证发放之日，结束于以下纳税年度的最后一天：（1）合格投资项目盈利的，第一次取得盈利的纳税年度；（2）合格投资项目自销售投资活动产品或服务取得收益的，第一次取得该收益的纳税年度后第三个纳税年度。

优先期：由《财政管理法》做最终决定，最长达 3 年，由项目类型和投资资本决定。轻工业投资额低于 500 万美元的不能享受优先期，投资在 500 万—2000 万美元的享有 1 年优先期，投资超过 2000 万美元的享有 2 年优先期。

此外，投资者还可以享受生产设备、建筑材料等的进口免税、生产加工过程中有形财产价值 40% 的特殊折旧补贴以及 100% 的出口税豁免。

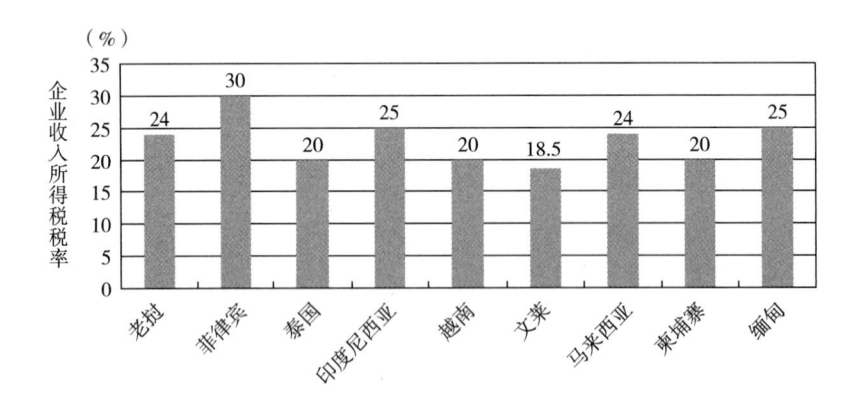

图 3-11 东盟国家企业收入所得税税率（2017）

资料来源：全球经济指标数据库（https://zh.tradingeconomics.com/country-list/corporate-tax-rate? continent = asia）。

此外,《投资法》和子法令中包含诸多重要的投资者保护条例。法律规定,对待所有投资者一律平等,且没有强制一定要有地方股权参与。对于有许可证的投资者,法律没有产品或服务价格方面的管制,也没有对外汇兑换的限制。柬埔寨国家银行(NBC)允许居民和投资者自由持有外币进行交易。最后,《投资法》和子法令进一步保证,为履行与投资有关的财务责任,外币可通过授权银行自由汇到国外。

(二)来自发达国家的关税优惠政策

柬埔寨于2004年加入世界贸易组织,作为世界上最不发达国家之一,柬埔寨尚未遭遇发达国家"双反"等贸易壁垒阻碍,且可享受发达国家给予的特殊贸易优惠政策及额外的关税减免优惠。目前,在柬埔寨投资可以享受美国、欧盟、日本等28个国家和地区给予的普惠制待遇(GSP)[①]。尤其是柬埔寨出口的服装、纺织产品,美国给予较宽松的配额和减免进口关税,欧盟不设限,加拿大给予免征进口关税等优惠措施。而随着发达国家不断收紧普惠制,从2015年起,中国、泰国等国已不再享受来自欧盟的普惠制。因此,与其他亚洲国家相比,柬埔寨获得欧盟、美国等发达国家优惠政策较多,吸引了众多的外资制衣企业到柬埔寨投资。

作为东盟成员国,柬埔寨已加入了十个国家近6亿人口的市场。2002年11月,中国和东盟签署《中国—东盟全面经济合作框架协议》,2010年年初全面建成中国—东盟自由贸易区,并给予柬埔寨、老挝和缅甸三国的"早期收获"减免税计划,其中,给予柬埔寨418种商品(主要是农、林、牧、渔产品)进口零关税的优惠待遇。此外,由东盟发起,邀请中国、日本、韩国、澳大利亚、新西兰、印度共同参加的区域全面经济伙伴关系(Regional Comprehensive Economic Partnership,RCEP)拟于2020年正式签署协议,建立统一市场的自由贸易区。东盟经济一体化进程和自由贸易区建设将为柬埔寨享受更

---

① 中国人民共和国商务部,《对外投资合作国别(地区)指南——柬埔寨(2017年版)》,http://www.mofcom.gov.cn/dl/gbdqzn/upload/jianpuzhai.pdf,2019-01-20。资料显示,2017年欧盟正在启动撤销柬埔寨和缅甸的EBA优惠关税待遇(除武器外)的程序。

多的关税优惠政策带来了便利。

（三）外商直接投资门槛低，政府加大吸引外资力度

从表3-1柬埔寨指导外商直接投资行业规定可以看出，柬埔寨没有禁止外资进入的行业，大部分行业全面向外资开放，且外商持股可达100%。柬埔寨实行自由外汇制度，不采取外汇管制，允许美元在其国内自由流通，经济自由度相对较高，为外商直接投资创造了有利条件。在柬埔寨国内，居民个人所得税与企业经营整体税负都相对较低，有利于降低经营成本。

表3-1　柬埔寨指导外商直接投资行业规定

鼓励外商投资的行业	外商有条件进入的行业	禁止国内与外商从事生产经营的行业
创新和高科技产业 创造就业机会 出口导向型 旅游业 农业及加工业 基础设施及能源 各省及农村发展 环境保护 在依法设立的特别开发区投资	药品制造 电影、出版事业	神经及麻醉物质生产及加工 国际规则或世界卫生组织禁止使用、影响公众健康及环境的化学物质生产有毒化学品、农药、杀虫剂及其他产品 使用外国进口废料加工发电 森林法禁止的森林开发业务 法律禁止的其他投资活动

备注：允许外商直接进入的行业包括：农业、畜牧业、水产业；食品加工业及其有关业；纺织业；制衣业；家具和房屋内固定装饰品；造纸业；化学及有关产品业；橡胶、塑料及其制品业；皮革及其制品业；金属制品业；电器及电子制品业；机器和工业设备；生产用具；交通运输工具、零件业；基础设施建设；能源；旅游业

资料来源：中国驻柬埔寨大使馆经济事务参赞处。

2013年柬埔寨政府发布的《四角战略》第三阶段确定了2013—2018年四大优先发展领域：一是发展人力资源；二是继续投资基础设施和建设商业协调机制；三是继续发展农业和提高农业附加值；四是提高公共服务质量和效率[①]。柬埔寨总理府发布《2017—2025年职业

---

① 中华人民共和国驻柬埔寨王国大使馆经济商务参赞处：《柬埔寨颁布实施〈2016—2025年金融业发展战略〉》，http://cb.mofcom.gov.cn/article/ddgk/zwjingji/201706/20170602595015.shtml，2017年6月19日。

技能和技术培训国家政策》，旨在完善职业技能和技术培训系统，满足国内外劳工市场需求，提高劳动力素质①。近年来，柬埔寨政府一直把交通基础设施建设作为优先发展领域，其中公路、桥梁是重中之重。农业是柬埔寨的支柱产业，农业基础设施建设和农业品加工业是吸引外资的重点。而柬埔寨《2015—2025年工业发展计划》表明，柬埔寨高附加值新型工业、制造业、医药业、建材业、包装业、家具制造业、制衣业上下游配套产业、信息技术产业、电力工业等均为重点发展领域②。

（四）逐步健全相关法律法规

为改善投资环境，柬埔寨政府正不断健全完善各项法律法规政策。这具体表现在以下八个方面。

1. 修改已有法律、增补新法律

近年来，为改善投资环境，增加税收收入，柬埔寨政府对与外商投资有关的多部法律法规进行了修订。如2014年开始修订的《投资法》（2005年版）将进一步简化投资审批手续；2016年4月12日，《工会法》草案获得表决通过③，旨在保障劳资双方利益，吸引更多的外资来柬埔寨投资；修订《矿物营业管理法》，以提高行业准入标准，加强外资企业管理；为了适应迅速发展的新兴行业需求，规范外商投资行为，柬埔寨政府还制定了《保险法》（草案）、《油气管理法》与《油气税收法》；2018年《最低工资法》（草案）和《劳工法》（修订草案）获得国会审议通过④。

---

① 中华人民共和国驻柬埔寨王国大使馆经济商务参赞处：《柬埔寨发布〈2017—2025年职业技能和技术培训国家政策〉》，http：//cb. mofcom. gov. cn/article/ddgk/zwjingji/201706/20170602595016. shtml，2017年6月19日。

② 《对外投资合作国别（地区）指南——柬埔寨（2019年版）》，http：//www. mofcom. gov. cn/dl/gbdqzn/upload/jianpuzhai. pdf。

③ 《柬参议院表决通过工会法草案》，http：//cb. mofcom. gov. cn/article/ddgk/zwdili/201605/20160501311740. shtml，2016年6月5日。

④ 柬埔寨国会通过《最低工资法》及《劳工法》，https：//www. sohu. com/a/234839351_ 99993224，2018年6月9日。

2. 加强对在柬外籍劳工的管理

为规范柬埔寨劳动力市场，2014年7月16日①，柬埔寨内政部长和劳动与职业培训部长共同签署了《加强在柬埔寨外国劳工管理的通令》，要求各公司、企业所聘请的外国职工和技术人员必须办理劳工证、劳工登记册和有效期限护照签证等合法手续。2014年10月②，内政部和劳动与职业培训部成立了联合工作组，对在柬埔寨企业的外籍员工用工情况开展调查，主要包括雇用外籍员工的相关审批文件、企业外籍员工的比例、企业与外籍劳工的劳动合同和外籍员工的签证有效期等。2015年1月，劳动与职业培训部就企业申请外国人工作许可发布操作指南，对非法雇用外国人的企业给予最高180美元/人的罚款。2016年3月，柬埔寨内政部与劳动与职业培训部发布《关于加强审查在柬埔寨外国劳工的联合通告》，对在柬埔寨投资的外国企业的劳工审查工作进行了进一步规范。

3. 规范矿产开采和出口

2016年6月，柬埔寨政府出台《矿产勘探和工业开采执照管理条例》，明确矿产勘探与开采执照的批准部门、执照有效期等，旨在建立规范、有序的采矿秩序③。2017年，为加强对矿产品出口的有效监管，柬埔寨能源部和财经部发布联合公告，明确矿产品出口法律程序和手续④。

4. 加强税务审计清查力度

从2014年起，柬埔寨政府不断加强对在柬埔寨投资、经商的企业进行税务审计清查力度，凡被发现偷税、漏税及拒不向税务部门主动申报、纳税的企业将会面临法律制裁和罚款。

5. 规范管理、简化外商直接投资办事程序

近年来，柬埔寨政府正在进一步规范外商投资管理，优化投资环

---

① 2014年7月16日，内政部与劳工部联合发布《加强在柬外国劳工管理》通令。
② 中华人民共和国驻柬埔寨王国大使馆经济商务参赞处网站：《在柬埔寨投资、经商的中资企业务必高度重视外籍员工的劳工证办理》，http://cb.mofcom.gov.cn/article/ddfg/laogong/201412/20141200834929.shtml，2014年12月16日。
③ 《国别投资报告》，云南省海外投资有限公司，2018年。
④ 《柬矿产能源部和财经部发布联合公告，明确矿产品出口程序》，http://cb.mofcom.gov.cn/article/ddgk/zwjingji/201708/20170802618983.shtml，2017年8月1日。

境。柬埔寨发展理事会是唯一负责重建、发展和投资监管事务的"一站式"服务机构，但是，对于具有特定条件的投资项目，需要提交内阁办公厅批准[①]。

此外，柬埔寨政府在简化办事程序、提高投资便利度方面采取了诸多措施。这主要体现在以下三个方面：①简化海关程序，推行海关"一站式"服务系统，并在西哈努克港安装自动海关数据系统终端。②完善"单一窗口"制度。过去，企业注册正式程序包括：在商业部法律处登记、到金边税务总局进行税务登记、劳动与职业培训部进行劳务登记三个阶段。公司申请注册需要跑三个部门以上，耗时30天，全部费用约为1250美元。实施"单一窗口"制度后，企业仅需在商业部"窗口"办理注册，大大降低了时间和人力成本。截至2018年7月，柬埔寨全国共开设了46家"单一窗口"办事处，进一步提高了政府行政效率和透明度。③实施网上注册。2014年，柬埔寨政府全面推行通过电脑系统进行公司注册申请，以节省投资者时间[②]。

6. 鼓励建立特别经济区

近年来，经济特区逐渐成为外商直接投资的焦点和柬埔寨经济新的增长点。截至2017年5月，柬埔寨政府共批准45个特别经济区，共吸引了280家企业入驻，创造了8.6万个就业岗位。柬埔寨政府鼓励在依法设立的特别经济区投资，为开发商和区内投资企业提供多项优惠政策，包括最长达9年的开发商利润税免税期、出口企业免征增值税等。同时，经济特区为投资企业提供多项便利化服务，包括"一站式"行政服务窗口，为入区企业提供投资申请、登记注册、报关、商检、核发原产地证明等服务；协助企业进行招工，推荐具有语言特长的管理人才及员工；建设培训中心，为企业员工提供技能及语言培训服务等。

---

① 需提交内阁办公厅批准的投资项目为：①投资额超过5000万美元；②涉及政治敏感问题；③矿产及自然资源的勘探与开发；④可能对环境产生不利影响；⑤基础设施项目，包括BOT、BOOT、BOO和BLT项目；⑥长期开发战略。

② Cambodiasky：《柬埔寨修改〈投资法〉吸引外资》，http://www.cambodiasky.com/news/tzhj/470.html，2014年5月20日。

7. 提高行政机构效率，加大力度治理腐败

（1）提高公共行政机构效率。"良好的管理和提高国家机构效率"是《四角战略》第三阶段四大优先领域之一。为实现这一目标，柬埔寨政府采取了以下措施：①继续推行法律改革和建立司法体系，提高透明度；②继续推行公共行政改革与权力下放改革，提高基层的民主和权力的平衡；③继续推行公共财政改革，提高公共财政的管理和使用效率；④通过减少投资障碍、商业障碍和降低成本，创造优越和可信的投资环境，吸引更多投资。

（2）提高企业注册透明度。近年来，柬埔寨政府积极采取措施，减少、杜绝腐败现象，主要表现在以下两个方面：①为减少企业注册服务上的腐败现象，柬埔寨工业与手工业部启动网上注册服务，中小企业可以在网上进行注册。这可以让更多的中小型企业合法化，提高企业注册透明度，杜绝企业登记注册时缴纳的"非正式费用"。②实施"单一窗口"制度，向社会公开行政业务流程和收费标准等信息，杜绝收费不透明问题，充分发挥民众监督作用。

8. 对中国直接投资企业的影响

（1）企业成本不断增加。第一，柬埔寨水电资源开发不足，配套基础设施建设落后，导致供应短缺，水、电、气成本较高。2017年，电、自来水、煤气的平均价格分别为0.124美元/千瓦时、0.19美元/立方米、20美元/15千克装每桶。第二，劳动力成本不断增加。柬埔寨制衣制鞋业工人2018年的最低工资为170美元，而2019年将达到182美元，同时企业还需向工人支付交通食宿补贴、工龄奖、勤工奖等强制性津贴和分红。制衣业属于劳动密集型产业，规模较小企业的员工人数为200—300人，规模较大的企业则需雇用上千人，工人薪资上升导致企业成本上涨；且柬埔寨工人的工作效率很低，在产量不变的情况下，企业的利润大幅下降。第三，行政成本上升。柬埔寨工资发放均为现金，且从2019年起，凡在柬埔寨商务部注册的企业，必须实行半月薪制，这不仅会增加企业的行政工作量，还会进一步增加企业的现金流负担。

（2）投资纠纷频繁发生。一方面，部分到柬埔寨投资的中国企

为加快办事程序，盲目寻找柬埔寨方合作伙伴，由于这些合作伙伴信誉不良，导致企业上当受骗；另一方面，柬埔寨存在民众抢占中国企业合法开发土地的情况，尤其在近期中国对外直接投资企业遭遇投资、土地产权纠纷等呈急剧上升趋势，建材、通信、经济特许地开发、综合开发等多个领域均有企业遭受重大经济损失。而柬埔寨的投资纠纷解决机制并不完善，存在投诉无门的问题。因此，到柬埔寨投资企业应当遵守当地法律，谨慎选择合作伙伴，厘清法律权责关系，与当地相关管理部门保持沟通；尤其涉及土地租赁、转让等，需要详尽了解土地权属及相关债权债务关系，严格履行法律程序，防范潜在风险。

（3）安全风险日益突出。近年来，柬埔寨针对中国公民和企业的抢劫与盗窃案件呈上升趋势。同时，不法分子借助罢工活动进入企业，恶意煽动工人对工厂设施设备进行打杂破坏，甚至威胁到投资者的人身安全。因此，在柬埔寨投资的中国企业需要提升安全防范意识，坚持守法经营、融入当地社会，加强企业管理，重视与员工、工会、政府、媒体及相关组织的联系和沟通，并制订应急安全防范预案。

（4）柬埔寨政府加大执法力度督促外商规范经营。近年来，柬埔寨政府在审查特许经营地、外籍劳工管理、税务审计方面越来越规范、严格，这为已经适应柬埔寨原来治理风格的中国对外直接投资企业带来了一定的影响，也对中国企业进一步规范经营行为提出了更高的要求。

二 老挝

（一）老挝的外商直接投资政策概况

老挝于1986年开始摆脱中央计划经济，引入新的经济机制（NEM），改革刺激了私有经济的发展。立法的重点改革项目包括：(1) 价格自由化；(2) 税制改革（金融改革）；(3) 国有企业私有化（SOEs），包括农业部门的集体企业；(4) 银行改革；(5) 开放政策。这些变化释放了私有经济的巨大潜力，特别是国际贸易方面的潜力。

《老挝第八个五年经济与社会发展计划（2016—2020）》（老挝规划和投资部，2016年）明确指出，确保持续和包容性的经济增长是老挝"八五计划"的一个重要的发展目标。机械设备加工、服装制衣、电子产品等工业加工、手工业、能源、采矿业、基础设施建设是老挝拟优先重点发展的部门。同时，《老挝第八个五年经济与社会发展计划（2016—2020)》提出，要进一步提高吸引外商直接投资法律法规制定和执行的透明度，进一步加大引资力度。

要促进多种所有制并存，需要鼓励私有制和国有企业私有化，尤其要鼓励私有土地使用权及私营经济，包括外商直接投资。老挝于1988年制定了《外商直接投资法》。该法共进行了四次修订，修订时间分别为1994年、2004年、2009年和2016年。新修订的《外商直接投资法》有以下八个方面的新特点：（1）将国内投资法和外商直接投资法合并，为国内外投资者创造一个"公平竞争平台"；（2）减少新业务开展步骤；（3）对要大力开展的活动，投资不设定限制条款；（4）对教育和医疗等重要领域加大投资激励手段；（5）外国人可以获得地方财政来源；（6）外商直接投资企业可以拥有土地，用于建设办公室或住宅（一定条件下适用）；（7）外国人可以投资房地产行业；（8）促进经济特区和工业园区的建设。

（二）法律法规不断健全规范，但仍需进一步完善

近年来，老挝政府加大立法力度，制定修改了一批法律法规，不断调整完善现行法律法规，这主要体现在以下三个方面。

（1）增补新法律。近年来，老挝政府通过增补新法律，逐步完善本国法律体系。2013年，老挝国家主席朱马里·赛雅颂签署主席令，公布了新修订的《国有资产法》《环境保护法》和新制定的《电子交易法》，这三部法律的颁布有助于老挝在2020年实现依法治国的目标。2016年，老挝第八届议会二次会议讨论和通过了多项关系国计民生的规划文件和法律法规，其中法律法规有15部，包括新颁布法律两部，即《化学物质管控法》《信息技术法》，修改法律12部，即《公路法》《律师法》《养殖及兽医法》《植物预防和检验检疫法》《投资促进法》《大众传媒法》《政府法》《上访处理法》《国家及省级议会监管法》《国家监察法》等，试行法律一部，即《刑法典法》。同时，老挝国会希望制定更完善的法律和标准以管理3G、4G网络服务并禁止进口电子垃圾。

（2）规范投资注册。最新的《投资促进法》对外国一般投资和特许投资的实际到位资金作出明确要求：对于在老挝登记注册的外资企业，在获得投资许可证之日起90天内，一般投资的实际到位资金应不低于注册资本总额的30%；特许投资注册资本金在1000万美元以内的企业实际到位资金不低于注册资本总额的3%，注册资本在1000万—5亿美元的企业实际到位资金不低于注册资本总额的2%，注册资本超过10亿美元的企业实际到位资金不低于注册资本总额的1%，剩余资金应在两年内全部到位。这在一定程度上抑制了部分外资企业在资金不足的情况下申报项目的情况。

（3）加强行业管理。近年来，老挝政府采取一系列措施，加强对一些投资行业的管理。如2016年修订的《投资促进法》将特许经营项目的最长投资期限由原来的99年减少至50年，同时加大对已审批特许地的审核，2017年仅甘蒙省就撤销了19项涉及土地和投资的特许协议[1]；2017年6月，为规范直销行业，老挝工贸部暂停发放直销牌照，并着手对有关法规进行修订[2]；2017年11月，老挝政府计划暂停小型水电项目开发并将这些项目开展合规性、工程质量和建设方式等全方位审核[3]。

尽管老挝政府正加大力度不断调整完善本国各项法律法规，但是，老挝现有的投资法律体系仍不完备、不健全。这主要体现在以下三个方面。

（1）法律法规不明。老挝《投资促进法》虽然已颁布多年，期间也做了多次修订，但与其配套的法规仍不完善和具体。主要体现在农业、通信、电力等行业至今缺乏行之有效的关于鼓励外国投资的具体法规，《税法》《劳动法》《公司法》《土地法》等与外商投资关系

---

[1] 《老挝甘蒙省取缔未按期实施的特许项目》，http：//la.mofcom.gov.cn/article/ddfg/201709/20170902653316.shtml，2017年9月29日。

[2] 《老挝工贸部暂停发放直销牌照》，http：//la.mofcom.gov.cn/article/ddfg/201706/20170602585699.shtml，2017年6月2日。

[3] 《老挝宣布暂停小型水电项目开发》，http：//la.mofcom.gov.cn/article/ddfg/201711/20171102674335.shtml，2017年11月22日。

密切的法律也没有根据实际情况的变化进行修订完善。老挝部分法律法规定义不统一，甚至互相矛盾。例如，《投资促进法》中关于对外国投资者进行税收免征和降低进口关税的规定并没有反映在税法中；《投资促进法》规定土地不能买卖，但《土地法》又规定土地可以作价入股；最新版的《投资促进法》没有明确外资最低注册资金，仅要求企业按照《公司法》的规定执行，但《公司法》中并没有关于最低注册资金的条款。政策的随意性和行政干预动摇了外商的投资决心，也给一些不法分子偷税漏税、虚投资、高控股、炒卖项目提供了便利。

（2）法律法规缺乏官方译本。老挝不少法律法规没有官方翻译的英文版本，更没有中文版本，这使投资者对所面对的投资环境感到不确定和模糊。而对于大量以总理令形式公布的法案修改，更没有任何官方翻译。这就要求企业专门收集信息，雇用翻译人员，但翻译人员的工资普遍较高，每人每月至少需要1000美元左右[①]，这在一定程度上也增加了企业的运营成本。

（3）执法不严。这主要体现在两个方面：首先，隐性投资现象突出。不少外国商人找到老挝合伙人，以老挝人的名义买地、到外资不能进入的行业投资创办企业，表面上公司和土地的所有人是老挝人，但实际上是外商在经营管理。且由于老挝政府监管不严，这样的企业普遍存在。其次，老挝收受"非官方支付"现象严重，使执法力度大打折扣。同时，老挝目前没有反对商业贿赂的法律，大部分情况下企业都能通过贿赂政府官员来解决问题。加上老挝各级政府收费项目名目繁多，包括各类赞助费、调研费等。直接提高了企业的运营成本，尤其加大了中小型企业的负担。

（三）继续鼓励外资进入，逐步简化审批手续

2016年11月，老挝第八届国会二次会议批准了新修订的《投资促进法》，新修订的《投资促进法》使国内外投资者更加方便、快捷、合规地参与地区和国际经济活动，得到更多的效益和政府保障。

2016年新修订的《投资促进法》进一步明确了老挝政府鼓励外

---

① 课题组2015年对在老挝企业调研获取的信息。

国投资的行业，包括：（1）高科技产业，科学研究，创新性、环境友好型、高效利用自然资源和能源的产业；（2）农业、环境友好型的农产品加工；（3）环境保护、减贫；（4）环保旅游业；（5）教育和培训中心；（6）现代医疗机构和医疗器具；（7）公共基础设施建设；（8）金融；（9）现代商业中心，工业、手工业和农产品交易会。

同时，根据不同地区的实际情况给予相应的投资税收优惠：经济基础薄弱地区（一类地区）的免征10年利润税，投资政府鼓励产业的免征15年利润税；有部分经济基础设施地区（二类地区），免征4年利润税，投资政府鼓励产业的免征7年利润税；经济特区（三类地区），遵循各地区的具体规定。

2016年新修订的《投资促进法》对鼓励投资地区的税收减免政策也作了新的规定，企业除享受利润税减免外，还可获得如下税收优惠：（1）作为公司固定资产和直接用于生产而进口的老挝不能生产或供应的材料、设备和车辆，免征关税和增值税；（2）进口生产中使用的原材料、设备和零部件免征关税和增值税；（3）使用国内原材料生产用于出口的成品或半成品免征增值税；（4）通过增加业务活动或扩大业务规模而扩大投资的，根据新投资的净利润部分，在下一会计年度免征利润税。

（四）加大对本土企业的保护力度

近年来，老挝政府加大力度保证本土企业的生存与发展。为保护老挝当地传统行业，并为进入老挝的外商提供行业指导，老挝工贸部于2013年8月26日正式出台规定①，以文件的形式明确了只能由本国公民从事的行业、外资可以进入但有限制条件的行业以及禁止国内外投资者从事行业的名单。其中，禁止外资进入的行业为35个老挝当地传统行业；允许外资进入的行业为19个，但是，规定了企业进入的最低注册资本与投资者的持股比例，如药品、药用化学品及植物药材的

---

① 2013年8月23日，工贸部第1590/MOIC.DERM号令，颁布只能由老挝公民从事行业的名单；1591/MOIC.DERM号令，颁布外资有条件进入行业的名单；1592/MOIC.DERM号令，颁布禁止国内外投资者从事行业的名单。

制造业要求最低注册资本不得少于10亿基普（约合121984美元），投资者的持股比例为49%；其他陆路客运的最低注册资本不得少于50亿基普（约合61万美元），投资者的持股比例可以达到100%。

表3-2列出了老挝指导外商直接投资行业的规定。

表3-2　　　　　老挝指导外商直接投资行业的规定

禁止投资的行业（7类）	政府专控的行业（16类）	专为老挝公民保留的职业（10类）
①各种武器的生产和销售 ②各种毒品的种植、加工及销售 ③兴奋剂的生产及销售（由卫生部专门规定） ④生产及销售腐蚀、破坏良好民族风俗习惯的文化用品 ⑤生产及销售对人类和环境有危害的化学品和工业废料 ⑥色情服务 ⑦为外国人提供导游	①石油 ②能源 ③自来水 ④邮电和交通 ⑤原木及木材制品 ⑥矿藏及矿产 ⑦化学品 ⑧粮食 ⑨药品 ⑩食用酒 ⑪烟草 ⑫建材 ⑬交通工具 ⑭文化制品 ⑮贵重金属 ⑯教育	①工业手工业部门：制陶；金、银、铜及其制品的打制；手工织布和编纺刺绣；工厂的织布、缝纫工作；竹篾、藤凉席的制作；佛象、木雕制作；玩具的制作；棉或木棉服装和被褥的制作；铁匠；电焊工 ②金融部门：金、银、铜及其有价物品的销售 ③商业部门：流动和固定零售；成品油零售 ④财政部门：财务监督或提供财务服务工作 ⑤教育部门：为外国人教授老挝语 ⑥文化部门：老挝传统乐器制作；手工字母排版；各种广告牌的设计和制作；各种场所的装修 ⑦旅游部门：导游和导游的分配 ⑧交通、运输、邮电和建设部门：各种运输车辆的驾驶；建筑行业的各种载重车（推土机、自卸车等）的驾驶，铲土机、平地机、打夯机、挖土机的操作；各种信件、报纸、文件的发送；密码工作；汽车美容 ⑨劳动和社会服务部门：普通工人、清洁工、保安；为外国人提供家政服务；美容、烫发和理发；文书和秘书工作 ⑩食品部门：米线制品的生产

注：老挝对国产水泥、钢筋、洗洁净、PVC管、镀锌瓦、水泥瓦实行保护政策。

资料来源：工贸部第1590/MOIC. DERM号令、1591/MOIC. DERM号令、1592/MOIC. DERM号令《老挝指南》。

（五）重视环境保护，力争实现可持续发展

老挝政府非常重视对当地生态环境的保护，主要体现在环境保护法律法规完整，对企业的环境评估认证工作要求严格。立项前要举办由中央政府自然与环境资源部、省自然与环境资源厅、县政府、村代表和申报企业共同参加的自上而下的听证会，对不符合标准的申报书要求整改。对于已经获批的企业，每年开展多次有中央、省、县各级政府人员参加的跟踪调查。

2012年5月，老挝政府暂停全国的橡胶种植、桉树种植、矿产开采的土地特许经营权审批，必须等待政府进行全面的土地勘察后再次开放。在矿产方面，停止颁发河流沙金开采许可证；橡胶、桉树种植等需要大面积土地的项目，原则上暂停审批投资，直至完成农业土地调查及划分[①]。

2013年3月，老挝颁布了新修订的《环境保护法》。《环境保护法》规定，个人或组织在实施项目中必须负责预防和控制水、土地、空气、垃圾、有毒化学物品、辐射性物品、振动、声音、光线、颜色和气味等污染；禁止随意向沟渠、水源等倾倒、排放超标污水和废水；禁止排放超出空气质量指标的烟雾、气体、气味、有毒性化学品和尘土；生产、进口、使用、运输、储藏和处理有毒化学物品或辐射性物品必须按照相关规定执行；禁止随意倒放垃圾，必须在扔弃、燃烧、埋藏或销毁前进行划定或区分垃圾倒放区域；禁止进口、运输、移动危险物品通过老挝水源区、境内或领空。个人或组织违反环保法的，情节较轻者处以教育、罚金；情节重者，可按相关民事法律和刑事法律进行处罚。

2014年2月，老挝政府出台了在全国范围内，不允许任何企业向百姓收购珍贵木材，防止破坏林木；不许原木、方木、锯材、树根、树瘤、木材半成品及观赏植物等未成品出口等加强木材管理的政策[②]。

[①] 云南省商务厅、云南驻万象商务（企业）代表处：《对外投资手册——老挝（2013年版）》。

[②] ASEAN：《老挝加强对木材出口管理》，http://www.asean168.com/a/20140714/6185.html，2014年7月14日。

2014年4月，老挝能矿部与相关部委和地方政府加强合作，取缔位于丰沙里、华潘、川圹、万象、色贡、阿速坡等省河流沿岸的非法金矿，非法开采者使用化学物质分离金矿和土层，对当地环境和水资源造成严重污染，同时颁布法规，对开采者进行严厉处罚[①]。

2016年11月，老挝政府总理通伦·西苏里向正在召开的老挝国会会议表示，由于香蕉种植大量使用化肥，对北部省份环境造成严重影响，政府已颁布命令禁止新增大面积香蕉种植，同时要求各省严格执行。

（六）对中国对外直接投资企业的影响

对在老挝的中国直接投资企业来说，中国企业已基本适应老挝的投资环境。老挝政府革新开放的力度和鼓励外资进入政策的持续性，为在老挝的中国直接投资企业顺利成长提供了保障。另外，在老挝的中资企业也适应了老挝政府有法不依、执法不严、支付小费等非官方支付就能加快办事流程的操作模式。目前，在老挝的中国对外直接投资企业主要面临以下挑战。

1. 老挝政府法律修改程序不规范与执法不严为企业经营带来困扰

近年来，老挝政府在不断完善各项法律法规，同时致力于规范办事程序。加上老挝政府相关政策调整频繁，力图分享更多革新开放带来的红利。然而，老挝政府通常以签发总理令的方式对法律法规进行修改，且仅仅在报纸上刊登修改后的条例，修改程序不规范，且变动频繁。如近年来老挝政府对多项税收政策进行修改，但都是以报纸刊登总理令的方式进行公布。这就要求中国对外直接投资企业需要密切关注近年来老挝相关法律法规和政策的变化情况，扩展信息收集渠道，及时掌握各类最新政策、法律和法规。同时，企业在与老挝政府签订投资协议中，对老方承诺的优惠政策应找到相应的法律依据，否则在执行中可能出现争议。

2. 老挝政府政策不透明与相关部门执法不严导致企业负担加重

老挝政府在制定相关税费、手续费标准时，存在不注明相关预算

---

① 云南省对外投资合作网站：《老挝将取缔非法金矿项目》，http：//www.ynoiec.gov.cn/htmlswt/nobody/2014/0722/news_5_245981.html，2014年7月22日。

费用途、费用不明确等问题,从而导致乱收费、乱摊派的现象。老挝政府部门工作效率较低,虽然为改善投资环境设立"窗口"式服务,但投资项目审批程序依旧烦琐,企业在办理各项审批手续的过程中要耽误很长时间,使企业的正常生产经营造成损失;外国投资者虽然可以汇出利润,但在实际操作中必须得到老挝国家银行的批准,而这一审批过程等待时间长,不透明和不确定性都很高。

3. 对在老挝生产经营过程中的环境保护问题重视不够

老挝政府非常重视资源型投资和环境保护问题,对这些项目的审批与审查非常严格,部分企业由于没有严格按照老挝政府相关规定进行审批和申报,走了不少弯路。同时,在项目审批通过后,也要严格按照老挝的《环境保护法》与其他相关法规进行生产经营。中国企业要高度重视老挝的环境保护问题,不能照搬国内经验,更不能抱着侥幸心理,以减少不必要的成本。

第四章　投资动因分析

外商直接投资是在特定的国际环境下、在东道国引资目标及跨国公司投资目标基本协调的前提下开展的跨国流动。随着大湄公河次区域国家的宏观经济环境、投资环境的不断变化，各国更加注重引资质量，加强外资审核和管理，为中国企业投资带来了压力和挑战。促进中国企业对大湄公河次区域投资的包容性发展，既要关注中国企业的投资目标及战略，又要重视东道国的条件约束和利益诉求。而识别中国对外直接投资企业的投资动因，研判中国企业的利益诉求，是促进中国对大湄公河次区域投资健康持续发展的第一步。本章通过对在老挝和柬埔寨的220多家中国对外直接投资企业进行问卷调查，收集并分析相关数据，以识别中国企业对大湄公河次区域的投资动因，研判中国对外直接投资企业的利益诉求。

第一节　数据收集与分析

本章的数据来源于2014年和2015年课题组对老挝（万象市、甘蒙省、丰沙里省、乌多姆塞省、琅勃拉邦市）、柬埔寨［金边市及周边地区、西哈努克省（经济特区）］和270多家中资企业的问卷调查，通过面访形式进行，主要内容包括：（1）企业的基本信息，包括企业名称、行业、年龄、投资规模和经营情况、技术人员比例和本地员工比例等；（2）企业投资动因，包括战略驱动型、成本驱动型、市场驱动型和政策驱动型投资；（3）东道国的政策和环境因素对企业绩效的影响评估，每个政策因素的评估项包含若干个子项，如税收政策包括关税、增值税、营业税、利润税、资源税、土地使用税、企业所得税、税率、税收优惠规定等；(4) 中国对外直接投资企业对当地做出的贡献以及与本土企业的联系。

研究团队在正式调研前进行了预调研，并根据东道国的投资环境和专家意见对问卷进行了修改，使问卷的设计更加符合东道国的实际情况。通过对在柬埔寨和老挝的中国对外直接投资企业的正式调研，共收回有效问卷220份，其中包括在柬埔寨的中资企业问卷117份和在老挝的中资企业问卷103份。

一 受访者特征

（一）柬埔寨

通过对在柬埔寨中资企业的实地调研，共收回有效问卷117份。在受访者背景方面，从性别来看，男性占86.32%；年龄分布在20—60岁之间，其中，41—50岁的占44.44%，31—40岁的占29.91%。从受访者的职位来看，90%以上的受访者在企业为中高层管理者，对企业的整体情况比较了解。其中，总经理占总数的54.7%；副总经理占总数的7.69%，厂长占总数的6.84%。这保证了调查数据的权威性、代表性与全面性。受访者中具有高等教育以上学历者占60.68%左右，37.61%接受过中等教育，这保证了受访者对问卷问题的准确理解以及相关数据的可靠性。

（二）老挝

在老挝的调研共收回有效问卷89份。在受访者背景方面，从性别来看，以男性为主，男性占86.87%；年龄分布在24—60岁之间，其中，41—50岁的占37.08%，31—40岁的占32.58%。从受访者的职位来看，90%以上的受访者在企业为中高层管理者，其中，总经理占总数的80.82%，经理占企业总数的6.19%，董事长占总数的5.15%。这保证了调查数据的权威性、代表性与全面性。受访者中具有高等教育以上学历者占68.54%，具有中等教育学历者占30.34%。

表4-1为受访者背景描述性统计。

表4-1　　　　　　　　　受访者背景描述性统计

国家		柬埔寨		老挝	
项目	分组	频数	比例（%）	频数	比例（%）
性别	男	101	86.32	77	86.87
	女	16	13.68	12	13.13
	样本数	117	100	89	100
年龄	21—30岁	18	15.38	15	16.86
	31—40岁	35	29.91	29	32.58
	41—50岁	52	44.45	33	37.08
	51—60岁	12	10.26	12	13.48
职位	高层管理者	90	76.92	72	80.90
	中层管理者	17	14.53	11	12.36
	其他	10	8.55	6	6.74
学历	高等教育	71	60.68	61	68.54
	中等教育	44	37.61	27	30.34
	初等教育	2	1.71	1	1.12

二　企业特征

（一）柬埔寨

从企业背景来看，中国在柬埔寨直接投资企业最早注册时间为1997年，最晚为2014年，其中，2011—2014年注册的企业占52.14%，2006—2010年注册的企业占31.62%。受访企业所属产业以第二产业为主，占70.09%，第三产业占23.93%，第一产业占5.98%。所涉及的具体行业为种植业、服装业、纺织业、贸易业、塑料制品业、建筑业及卫生服务业等23个行业，比重最大的为服装制造业（Garment）29家，占总数的24.79%；其次为纺织业，占总数的8.55%，批发和零售贸易业，占总数的8.55%；企业类型以个人独资和有限责任公司为主，分别占52.99%和19.66%。从股权构成来看，中国国有资本企业占7.69%，中国个人资本和中国法人资本企业分别占46.15%和33.33%，外资企业占11.97%。受访企业主要以分公司（47.01%）和柬埔寨独立公司（40.17%）的形式存在。企业规模多为小型企业（49.57%）和中型企业（31.62%）。

就具体行业分析，柬埔寨受访中资企业多投资于第二产业，尤其以服装和纺织业（39%）居多。能源行业投资规模最大，其投资额占所有企业总投资额的63%，服装业（2.14%）、建筑业（1.47%）和纺织业（1.05%）紧随其后；第三产业中被调研的中国对外直接投资企业以批发和零售贸易业（8.55%）、交通和通信业（3.42%）、房地产业（2.56%）、金融业及社会服务业（1.71%）为主。从投资规模来看，交通仓储通信行业投资额最大，投资额占所有受访企业总投资额的15.86%，房地产业（6%）次之。第一产业则以种植业为主。

（二）老挝

从企业背景来看，中国在老挝直接投资企业最早的注册时间为1992年，最晚的注册时间为2014年，其中，2006—2010年注册的企业占42.16%，2011—2014年注册的企业占39.22%。受访中资企业以第二产业为主，占49.51%；第三产业占38.83%，第一产业占11.65%。共涉及采矿、种植业、贸易业、建筑业、酒店和餐饮业等23个行业，比重最大的行业为采矿业12家，占11.65%，贸易业占10.68%，种植业占9.71%，酒店和餐饮业占8.74%。企业类型以个人独资企业和有限责任公司为主，分别占32.67%和19.80%。从股权构成来看，中国国有资本14.71%，中国个人资本和中国法人资本分别占39.22%和19.61%，外资企业占24.51%。主要以子公司（46.60%）和老挝独立公司（34.95%）的形式存在。企业规模主要以小型（58.25%）和微型（21.36%）企业为主。

在老挝调研的中资企业也以第二产业居多，第二产业企业的投资规模占比高达78%。其中，采矿业、建筑业和非金属制品行业企业数量最多，而建筑业的投资额最大，占所有调研中国对外直接投资企业投资额比重为52.3%。第三产业中批发和零售贸易业及酒店和餐饮业的调研企业数量最多，占调研企业总量的10.7%，其中房地产业的投资规模最大，占13%。与柬埔寨相似，中国对外直接投资企业在老挝第一产业的投资以种植业居多。

总的来说，在柬埔寨和老挝两国受访中国对外直接投资企业中，中国在柬埔寨和老挝的投资主要分布在第二产业，柬埔寨以服装业和纺织业（33%）企业数量最多，老挝则以采矿业居多，建筑业投资规模最大。企业规模在柬埔寨和老挝两国均以小型企业居多，中小企业占比在柬埔寨（82%）略大于老挝（77%），子公司数量均接近半数，股权构成上，在柬埔寨和老挝两国的中国对外直接投资企业都主要为中国个人资本，柬埔寨中国法人资本企业数量比老挝多，老挝更多的为其他合资形式企业。

由于受访企业以中小企业为主，本书中基于该样本数据的研究更多反映的是中国中小企业对柬埔寨和老挝的直接投资特征。样本企业所涉及的行业范围较广，柬埔寨调研企业所涉及的行业主要包括服装业和纺织业、能源工业、建筑业和种植业等。服装业和纺织业是柬埔寨的优势行业，低劳动力成本优势为这两个行业吸引了大量外资，而丰富的自然资源也促使能源和种植行业成为柬埔寨吸引外资的主要行业。老挝调研企业主要集中在种植业、采矿业、建筑业、酒店和餐饮业及房地产业等。老挝丰富的矿产和自然资源同样是外商直接投资的重要吸引力，酒店和餐饮业及房地产业也均为老挝鼓励外资进入的行业。这说明样本企业所分布的行业涵盖了中国与柬埔寨和老挝两国合作的重点领域，对于反映中国企业在柬埔寨和老挝直接投资的总体情况具有一定的代表性。

三 投资及经营状况特征

调研表明，中国在柬埔寨和老挝直接投资受访企业直接投资规模、经营状况参差不齐。

（一）柬埔寨

中国在柬埔寨直接投资受访企业中近80%的企业有盈利，但也有6.48%的企业出现亏损，主要是一些制衣业企业。实际投资额最大，达到13亿美元，平均实际投资为2950.59万美元，投资额500万美元以下的占54.73%；平均资产规模为3053.65万美元，100万—500万美元投资规模的占41.67%，小于100万美元的占26.85%。其中，第二产业企业的平均利润率略低于投资于第一产业和第三产业的企业。

分行业来看，在柬埔寨投资受访企业平均利润率为12.8%。第一产业主要为种植业，其利润率为18.6%，超过所有行业平均水平，对就业也具有一定的贡献作用。第二产业中的建筑业、第三产业中的批发和零售贸易业、交通和通信业、房地产业及卫生或社会服务业的利润率均高于平均水平。其中，交通仓储运输业的利润率最高，为28.7%，其平均投资额在所有行业也是最大的。金融中介行业的利润率最低，仅为4.5%。第二产业中的服装业和纺织业的利润率分别为9%和11%，低于平均水平，但在创造就业方面贡献显著。此外，建筑业、皮草及其制品业也创造了大量就业岗位。可见，受访中资企业中第三产业企业的利润率和营业收入相对较高，而第二产业企业则对促进就业发挥了重要作用；种植业、服装业和纺织业、皮草及其制品业是主要出口行业。

（二）老挝

中国在老挝投资受访企业中近75%企业有盈利，有13.04%的企业出现亏损，以矿产开发企业为主。实际投资额最大，达到15亿美元，平均实际投资为3279.29万美元，中国在老挝直接投资受访企业平均资产规模为2561.81万美元，分布较均匀，投资额在100万—500万美元的占33.68%，1000万美元以上的占33.69%，营业额在500万美元以下的占70%左右。分产业来看，投资于第二产业、第三产业企业的平均利润率明显高于投资于第一产业的企业，而且投资于第二业、第三产业的企业投资规模、资产规模也明显大于投资于第一产业的企业。

分行业来看，在老挝种植业受访中资企业的利润率低于同行业的在柬埔寨中资企业，约为18%。此外，种植业为东道国提供了大量的就业机会。第二产业中的建筑业、橡胶及其制品业在老挝中资企业利润率高于在柬埔寨中资企业。第二产业的建筑业和橡胶及其制品业、第三产业中的房地产业利润率均高于平均水平。从就业人数来看，建筑业、房地产业及酒店和餐饮业对促进就业的贡献最大。

可见，受访中国对外直接投资企业中，第二产业企业的利润率和营业收入相对较高，而第三产业则对促进就业发挥了重要作用，种植业和采矿业是主要出口行业。

第二节 方法与变量

一 研究方法

本部分采用 Zanxin Wang 等（2010）提出的非参数估计方法来计算企业的投资动因评估指数。由于各类投资动因变量均包含若干子项，根据调研结果，选取问卷中较为显著的指标，在5分李克特量表[①]问卷调查数据的基础上，通过评估指数（I_{ij}）来识别重要的影响因素。变量的评估指数计算公式为：

$$I_{ij} = 10 \times \frac{1}{n} \sum_{i=1}^{n} \frac{v_{ij} - v_{\min}}{v_{\max} - v_{\min}} \tag{4.1}$$

式中，V_{ij}为公司 i 对项目 j 的评估分数；n 为公司数量；$V_{\max}$和$V_{\min}$为李克特量表中项目 j 的最大值和最小值。乘数 10 的作用是对指数进行放大。I_{ij}指数越大，该影响因素越重要。

二 指标选取

本书根据相关文献和中国对柬埔寨、老挝投资的实际情况，提出中国对柬埔寨和老挝投资的动因类型以及具体指标。传统对外投资理论提出了四种基本的跨国投资动因类型，即资源驱动型、市场驱动型、效率驱动型和战略驱动型。资源驱动型和市场驱动型是两种外商直接投资的最初投资动机，而效率驱动型和战略驱动型投资则以实施全球战略和促进区域经济一体化为主要目的（Dunning, 1993, 1998）。近年来，关于中国对外直接投资的研究大致将中国对外直接投资企业的对外投资动因分为以下四种类型。

1. 成本驱动型投资

该类投资动因型企业主要考虑国内外企业生产成本的差异，或者

[①] 李克特量表的优点在于可以用来测量其他一些量表所不能测量的某些多维度的复杂概念或态度，五种答案形式使回答者能够很方便地标出自己的位置；而其缺点在于李克特量表是一个项目加总得分代表一个人的赞成程度，但无法进一步描述他们的态度结构差异。

基于降低行政许可成本或贸易成本的考量（Ariffin, T. and Abdullah, H., 2010）。成本驱动型投资的主要衡量指标包括劳动力便宜、土地租金低、节约运输成本和为海外子公司供货等（Chen, K. M. et al., 2006；刘阳春，2008）。

2. 市场驱动型投资

该类投资动因型企业受海外市场潜力驱动，主要投资目的是开拓海外市场，满足海外消费者的需求（高贵现，2015；崔家玉，2010）；市场驱动型投资的主要衡量指标包括市场潜力大、开拓海外市场、建立出口或生产基地等（文宁，2014；Chiara Franco，2013；Amighini et al.，2013）；

3. 战略驱动型投资

该类投资动因型企业通常倾向于投资可以获得先进生产技术以及能够确保稳定的商品供应的国家或地区（Guo Bo et al., 2011），主要投资目的是推动跨国公司全球扩展战略、发挥企业技术和生产优势等。其具体指标包括公司全球化扩张战略、发挥企业的管理和营销优势、发挥企业的技术和生产优势等（Xu Bo，2001；Zhang Jifeng，2014）

4. 政策驱动型投资

企业对外投资的过程中，政府引导性政策的作用不可忽视。政府往往会通过制定资金、税收和外汇等方面的鼓励政策，以降低企业对外直接投资的风险和交易成本，推动企业进行跨国投资（Kang and Jiang, 2012）。东道国的贸易和投资优惠政策、中国贸易和投资优惠政策以及政府间合作项目与意向等制度因素均视为政策驱动型投资（阎大颖等，2009；袁其刚等，2016）。

第三节　投资动因分析结果

一　柬埔寨

整体来看，中国对外直接投资企业到柬埔寨投资的主要动因，首先是所属行业的市场潜力大（6.75）和劳动力便宜（6.00），其次是柬埔寨的经济发展潜力（5.52）、开拓当地市场（5.15）、发挥企业的技术和生产优势（5.06）。

分地区来看，在金边地区的中资企业到柬埔寨投资的主要动因有市场潜力大（7.01）、柬埔寨经济发展潜力（5.83）和劳动力便宜（5.63）。非金边地区的中资企业到柬埔寨投资的主要动因有劳动力便宜（6.91）、市场潜力大（6.10）和柬埔寨的投资优惠政策（5.74）。可见，中国投资企业在不同地区的投资动因存在明显的区别。相对于其他地区，金边地区的中资企业更看重市场潜力（7.01＞6.10）和经济发展潜力（5.83＞4.78），主要原因是金边经济发展明显领先于其他地区，有更大的市场空间；非金边地区的中国对外直接投资企业更看重当地的劳动力便宜（6.91＞5.63）、投资和贸易优惠政策（5.74＞4.10）以及靠近港口的地理位置（4.34＞2.20）。这与调研的非金边地区选择了西哈努克市有关，当地大部分中资企业选择进驻西哈努克港经济特区，园区内企业之间不会争抢工人，劳动力相对充足；加上区内优惠的贸易投资政策、完善的"一站式"服务、靠近港口等有利因素成为吸引众多企业到柬埔寨西哈努克进行投资建厂的重要因素。

从产业来看，中资企业投资柬埔寨第一产业的主要动因是本行业的市场潜力（8.57）和建立出口基地（7.50），这是由于中资企业主要以木薯和天然橡胶种植为主，商品的首要目标市场为中国；对第二产业投资的受访中国对外直接投资企业除看重市场潜力（6.77）外，吸引中资企业的因素还有当地劳动力便宜（6.31）和柬埔寨的投资优惠政策（5.09），这些特点在中资企业主要投资的制衣业尤为突出。中国对柬埔寨投资的批发和零售贸易业、交通和通信业、房地产业等行业到柬埔寨投资的主要原因是考虑到柬埔寨的经济发展潜力为企业发展带来了更大契机。

从企业类型来看，市场潜力大、经济发展潜力、开拓当地市场是国有企业和非国有企业的共同驱动因素，同时国有企业关注的因素还有企业是否能发挥技术和生产优势（6.36）、发挥管理和营销优势（6.14）以及实现全球化扩张战略（5.76）。相比国有企业，非国有企业更加重视当地较低的劳动力成本（6.18＞4.32）、协作者的带动（4.43＞2.73）以及犯罪率低、社会稳定（4.31＞3.03）等因素。由于非国有企业大多为中小型民营企业，资金实力较弱，且更易受到东道国环境风险的影响，因此，节约成本、规避风险是其主要投资决策时的重要考虑因素。

从企业性质来看，母公司更注重全球化扩展战略（7.5）和当地投资及贸易优惠政策（6.00）；相对而言，市场潜力大（6.27）和低劳动力成本（6.41）对子公司的吸引力更大；分公司尤其看重当地的经济发展潜力（7.78）；在柬埔寨投资独资公司的主要动因则是开拓当地的市场（6.22）。

从企业规模来看，市场潜力大和劳动力成本低是中小微型企业的共同吸引因素。相比中型企业，小微型企业更注重当地市场的经济发展潜力、开拓当地市场和协作者的带动，而中型企业则更注重开拓海外市场和建立出口基地（5.29）以及公司的全球化扩张战略（5.27）。因此，小型企业更加关注成本因素，而中型企业实力相对雄厚，在考虑成本和市场的基础上会更加注重开拓市场和企业战略。

二 老挝

关于中资企业到老挝投资的主要动因，整体来看，中国对外直接投资企业到老挝投资的动因是本行业的市场潜力大（7.06）和老挝社会稳定、犯罪率低（6.52）；其次是老挝的经济发展潜力（5.75）、发挥技术和生产优势（5.71）、开拓当地市场（5.05）。

分地区来看，在万象的中资企业到老挝投资的主要动因有市场潜力大（7.15），老挝犯罪率低、社会稳定（6.69），发挥技术和生产优势（6.03）和老挝经济发展潜力（5.87）。非万象地区的中资企业到老挝投资的主要原因除市场潜力和老挝社会稳定外，还有土地和厂房租金低（5.89）、中国的投资和贸易政策（5.16）、老挝的投资和贸易优惠政策（4.68），这三种动因指数远远高于万象地区的中资企业。这主要是因为北部地区种植企业相对较多，受到政策导向明显，而且在老挝发展种植业土地价格远远低于国内。相对比而言，两地区中资企业投资动因也存在明显的区别。在万象中资企业投资更看重市

场潜力 (7.11 > 6.85)、开拓当地市场 (5.21 > 4.68)、发挥企业技术及生产优势 (6.03 > 5.00) 和公司全球化扩张战略 (4.22 > 2.50)。原因主要是万象经济水平明显优于老挝其他地区，市场规模相对更大，容易实现投资企业高级要素与当地劳动力和土地等要素结合，有效地提高投资企业的劳动生产率。在老挝非万象地区投资的中资企业除政策和土地因素外，还看重劳动力便宜 (2.50 < 5.02) 和降低成本 (1.66 < 2.66)。由于调研的非万象地区选择了老挝北部琅勃拉邦、乌多姆赛和琅南塔三省，这一地区自然资源丰富，劳动力充足，中国和老挝政府针对替代种植行业等优惠政策，吸引了大量中国对外直接投资企业到老挝北部投资建厂。

从产业来看，中资企业投资老挝第一产业的主要动因是中国的贸易和投资优惠政策 (7.50)、老挝的贸易和投资优惠政策 (7.08)、企业自身的技术和生产优势 (6.67) 及市场潜力 (5.83)，主要原因是中资企业投资第一产业大部分为替代种植天然橡胶项目，获得了双方政府支持，而且首要目标市场是中国；第二产业投资企业除看重市场潜力 (6.71) 和老挝的社会稳定 (6.50) 外，主要动因是自身的技术和生产优势 (6.48)。这些特点在中资企业投资的采矿业、制造业和能源水电行业表现尤为明显。与中国投资老挝第一、第二产业企业相比，批发和零售贸易业、交通和通信业、房地产业等行业投资的主要原因就是老挝革新开放以来经济发展迅速，当地市场具有很大的发展潜力。

从企业类型来看，市场潜力大、犯罪率低、社会稳定以及经济发展潜力是国有企业和非国有企业在老挝投资的共同驱动因素。相比非国有企业，国有企业十分重视其全球化扩张战略 (6.85)，并注重发挥技术和生产优势 (6.52)、管理和营销优势 (5.87)。除此之外，政府间合作项目或意向 (6.02) 也是国有企业对外投资的主要驱动因素之一。

从企业性质来看，无论何种性质的企业，均十分注重老挝的市场潜力和社会稳定程度。区别在于：子公司和分公司更趋向于战略驱动型投资，两者对于发挥企业技术和生产优势、管理和营销优势以及企业全球化扩张战略的重视程度远高于母公司和独立公司。而母公司和独立公司更加注重协作者的带动。由于被调研的子公司和分公司多归属于大型企业或国有企业，企业在老挝设立子公司或分公司很可能主要受公司战略驱动；而母公司和独立公司多为私营企业，到老挝投资和创办企业易受协作者带动的影响。

从企业规模来看，市场潜力和经济发展潜力对任何规模的企业都是重要的驱动因素。与柬埔寨相似，中型企业相比小型企业和微型企业，更加注重公司的全球化扩张战略（6.49），也更重视发挥企业的技术和生产优势（6.86）、管理和营销优势（6.39）。

三　小结

在所调研的220家中资企业中，中资企业投资动因大致可分为战略驱动型、市场驱动型、成本驱动型和政策驱动型四种类型。战略因素和市场因素是调研企业跨国投资决策时最主要的驱动因素，而成本因素和政策因素相对来说并不是最重要的考量因素。然而，低劳动力成本对于不同地区和行业、不同类型和不同规模的企业仍具有重要的吸引力，东道国和中国的投资和贸易优惠政策是中国对外直接投资企业投资决策时的主要考量，企业对其他政策因素重视程度相对较低。

另外，由于企业所在地区、所属行业、企业类型和规模等的不同，中国对外直接投资企业在投资决策时对各因素的重视程度也有明显区别，如国有企业更加重视战略因素，中小型企业则更加重视成本因素。具体分析如下：

第一，不同国别、不同地区的中资企业受到的驱动因素差异明显。市场潜力、经济发展潜力以及发挥企业的技术和生产优势是中国对外直接投资企业对柬埔寨和老挝两国投资的共同重要考量因素，但柬埔寨的中资企业更加重视当地的劳动力成本，老挝的社会稳定、犯罪率低则是吸引中资企业的主要优势之一。由于首都地区市场空间广阔，在两国首都金边和万象投资的中资企业主要受市场潜力的驱动，而在非首都地区，低廉的劳动力成本对企业投资决策的影响至关重要，中资企业在非首都地区的投资多出于降低成本的考量。

第二，对不同产业的投资动因受不同国家资源、政策和投资环境异质性的影响。如中国在柬埔寨第二产业的投资以制衣业为主，市场潜力大和劳动力成本低是中资企业的主要投资动因；而在老挝，第二产业集中在采矿业、制造业和能源行业，东道国社会稳定和企业自身的技术和生产优势则成为跨国投资的重要驱动因素。再如中国对老挝第一产业的投资主要集中在农业领域，中老两国的投资优惠政策和双方政府的支持是其重要的驱动因素。

第三，不同类型和不同规模的企业在柬埔寨和老挝两国的投资动因方面有明显的区别。国有企业规模相对较大，实力相对雄厚，更加注重开拓市场和企业战略，重视发挥企业技术和生产优势、管理和营销优势等。非国有企业多为小微企业，更加关注生产和经营成本，重视当地的劳动力成本以及协作者的带动，关注当地的社会稳定等因素。

第五章　中国对外直接投资与大湄公河次区域东道国包容性发展：经济维度

在第四章中，我们讨论了中国对柬埔寨和老挝直接投资的相关动因，发现战略驱动型和市场驱动型是中国对柬埔寨和老挝直接投资的主要动因类型。这一结论和我们原来预测的来自中国的资本进入欠发达的柬埔寨、老挝等国，是为了追求东道国廉价的劳动力、原材料等生产要素并不完全一致。实际上，在这一章中通过对影响中国对外直接投资企业绩效的相关因素分析发现，由于劳动效率较低，老挝劳动力相对工资并不低。可见，柬埔寨和老挝两国存在生产要素优势各不相同、产业发展不完备等内部异质性。那么，中国对外直接投资对柬埔寨和老挝两国的宏观经济、技术溢出效应是否也有差异呢？本章将从东道国宏观经济、本土企业和中国对外直接投资企业多个维度，全面地分析中国对外直接投资对东道国的经济影响。本章第一节和第二节关于柬埔寨相关研究由柬埔寨经济协会政策研究中心占宋博（Mr. Chan Sophwl）先生研究团队完成，老挝相关研究由老挝国立大学普佩特博士（Dr. Phoupef）研究团队完成，第三节由中国昆明理工大学熊彬教授研究团队完成。

第一节 中国对外直接投资对东道国经济增长的影响

一 柬埔寨

（一）方法和数据

本节使用柬埔寨2008年投入产出表①进行投入产出分析。该表包括22家行业分类，其中前5类属于农业，第6—13类属于工业，其余行业属于服务业（见表5-1）。本节通过计算进口内生性里昂惕夫逆矩阵系数，量化分析中国对外直接投资对柬埔寨的宏观经济、生产要素、行业产出和就业效应的直接、间接和引致效应。需要说明的是，投入产出分析结果受到所用参数的影响很大，由于柬埔寨国家统计系统不够完善，部分参数无法获得最新值，因此，分析结果与现实情况可能有一定差距。

表5-1　　　　　2008年柬埔寨投入产出（综合行业）

行业	描述
1 Paddy	Paddy：稻谷
2 OthCrops	Other Crops：其他农作物业
3 Livestock	Livestock：养殖业
4 Forestry	Forestry：林业
5 Fishery	Fishery：渔业
6 Mining	Mining：采矿业
7 Food Bev Tbaco	Food, Beverage & Tobacco：食品、饮料和烟草业
8 TCF	Textile, Clothing & Footware：纺织、制衣和制鞋业
9 Wood Paper Prt	Wood, Paper & Publishing：木制品、纸制品和出版业

---

① 本节所使用的投入产出表是欧宋斯（Oum Sothea）先生在2008年编制的，柬埔寨王国没有官方发布的投入产出表。该表被广泛用于相关研究，也是"全球贸易分析项目"（GTAP）所使用的投入产出表。

续表

行业	描述
10 Chem Rub Plas	Chemical, Rubber & Plastic：化工、橡胶和塑料业
11 Non Metl Min	Non Metallic Mineral：非金属矿物
12 Bas Fab Mtl Prd	Basic Metals：基本金属行业
13 Oth Manuf	Other Manufacturing：其他制造业
14 Elec Gas Water	Electricity, Gas &Water：电力、煤气和水
15 Construction	Construction：建筑业
16 Trade	Trade：贸易
17 Transp Comm	Transport & Communication：交通和通信业
18 Hotel Rest	Hotel & Restaurants：酒店和餐饮业
19 Finance	Finance：金融业
20 Real EstBus	Real Estate & Business：房地产和商业
21 Pub Admin	Public Administration：公共管理业
22 Other Serv	Other Services：其他服务业

资料来源：柬埔寨经济协会政策研究中心。

本部分利用柬埔寨 2011 年经济普查数据中的中国企业销售额来估测中国对外直接投资行业的出口额，得到 2013 年柬埔寨出口总额的 30%，即 20 亿美元源自中国企业。由于柬埔寨 2011 年经济普查没有企业资本支出的相关信息，该出口额被用作情景冲击值来衡量中国直接投资对柬埔寨经济的影响。此外，国际货币基金组织（2009）统计的行业人数被用于分析就业效应。同时，根据亚洲开发银行 2014 年发布的关键指标[①]，柬埔寨平均边际消费倾向取值为 0.81，用于系数乘数指标计算因工人收入增加引致的消费效应。为了更好地了解进口内生性里昂惕夫逆矩阵系数在投入产出分析中的作用，现将投入产出表的简单结构和相关系数计算解释如表 5-2 所示。

---

① www.adb.org/statisitics.

表 5 - 2　　　　　　　　投入产出表的简单结构

	Agr	Ind	Ser	FD	Ex	Im	Output
Agr	x_{11}	x_{13}	x_{13}	f_1	e_1	m_1	x_1
Ind	x_{21}	x_{21}	x_{23}	f_2	e_2	m_2	x_2
Ser	x_{31}	x_{32}	x_{33}	f_3	e_3	m_3	x_3
VA	v_1	v_1	v_1				
Input	x_1	x_2	x_3				

表 5 - 2 可以写成矩阵形式，作为下面的内生进口模型：

If

$$\hat{M} = \begin{bmatrix} m_1 & 0 & 0 & 0 & 0 \\ 0 & m_2 & 0 & 0 & 0 \\ 0 & 0 & m_3 & 0 & 0 \\ 0 & 0 & 0 & m_4 & 0 \\ 0 & 0 & 0 & 0 & m_n \end{bmatrix}$$

$$m_i = \frac{m_i}{x_i} \qquad a_{ij} = \frac{X_{ij}}{X_j}$$

$$I = \begin{bmatrix} 1 & \cdots & 0 \\ \vdots & \ddots & \vdots \\ 0 & \cdots & 1 \end{bmatrix}, \quad x = \begin{bmatrix} x_1 \\ x_2 \\ x_3 \end{bmatrix}, \quad A = \begin{bmatrix} a_{11} & \cdots & a_{1n} \\ \vdots & \ddots & \vdots \\ a_{m1} & \cdots & a_{mn} \end{bmatrix}, \quad f = \begin{bmatrix} f_1 \\ f_2 \\ f_m \end{bmatrix},$$

$$e = \begin{bmatrix} e_1 \\ e_2 \\ e_m \end{bmatrix}$$

$$(I - \hat{M})Ax + (I - \hat{M})f + e = x$$

$$x = [I - (I - \hat{M})A]^{-1}[(I - \hat{M})f + e] \tag{5.1}$$

$[I - (I - \hat{M})A]^{-1}$ 叫进口内生性里昂惕夫逆矩阵系数，也就是最终需求的增加对总产出的直接和间接效应。里昂惕夫逆矩阵的各列加总求和得出后向关联系数，各行加总求和得出前向关联系数。由这些总和计算得出的直接效应和间接效应，即第一效应。此外，工人拿到收入后进行消费，带来了最终需求的新一轮增加，产生引致效应。用表中各行业的工资比率与第一效应值相乘，可计算第二引致效应。第二引致效应值再乘以柬埔寨边际消费倾向值（0.81），并减去引致消费中的进口份额，以保留国内消费增加值，可得出第二效应。

（二）中国直接投资对柬埔寨的影响

本节在分析了柬埔寨行业层面的前向和后向关联基础上，深入研判中国直接投资对柬埔寨宏观经济和行业层面的影响。

1. 行业关联

就平均水平来看，柬埔寨经济的后向关联系数和前向关联系数均为1.43。后向关联是指某一行业的增长导致了其他供给行业的增长。表5-3中的数据表明，与其他行业有最强后向关联的行业是食品、饮料和烟草业，非金属矿物和基本金属行业分别名列第二位和第三位。纺织、制衣和制鞋业（TCF）虽然是柬埔寨经济的主要行业，但其后向关联作用较弱，系数仅为1.21，在22个行业中排第十八位。较弱的后向关联是因为该行业消耗了大量的进口商品作为其生产的中间投入。在所有行业中，包括其他农作物业、渔业和林业的农业相关行业后向关联最弱，而稻谷产业的后向关联作用较强，乘数为1.53，排名第六位。

表5-3　　　　　　　　柬埔寨行业后向关联作用

产业	直接和间接效应	后向关联系数	排名
1 稻谷	1.53	1.07	6
2 其他农作物业	1.13	0.79	20
3 养殖业	1.34	0.94	13
4 林业	1.00	0.70	22
5 渔业	1.03	0.72	21
6 采矿业	1.32	0.92	15
7 食品、饮料和烟草业	2.41	1.68	1
8 纺织、制衣和制鞋业	1.21	0.84	18
9 木制品、纸制品和出版业	1.63	1.14	5

续表

产业	直接和间接效应	后向关联系数	排名
10 化工、橡胶和塑料	1.49	1.04	9
11 非金属矿物	1.74	1.22	2
12 基本金属业	1.71	1.20	3
13 其他制造业	1.32	0.92	14
14 电力、煤气和水	1.46	1.02	10
15 建筑业	1.37	0.96	12
16 贸易	1.25	0.88	16
17 交通和通信业	1.19	0.83	19
18 酒店和餐饮业	1.25	0.88	17
19 金融业	1.50	1.05	8
20 房地产和商业	1.66	1.16	4
21 公共管理业	1.42	1.00	11
22 其他服务业	1.51	1.06	7
平均值	1.43	1.43	

资料来源：柬埔寨经济协会政策研究中心。

前向关联是指某一行业的增长导致其他使用该行业产品作为生产投入的行业增长。表 5-4 结果表明，柬埔寨经济中，贸易、林业和稻谷与其他行业的前向关联作用最强，其系数分别为 2.33、2.17 和 2.10。前向关联作用最弱的三个行业为酒店和餐饮业、公共管理业和及其他农作物。而纺织、制衣和制鞋业的前向关联作用较为适中，系数为 1.29，在 22 个行业中居第十二位。这表明，虽然纺织业、制衣和制鞋业的增长与其他行业的前向和后向关联作用并不太强，但该行业仍能为柬埔寨国民创造较多的就业机会。

表 5-4　　　　　　柬埔寨行业前向关联系数

产业	直接和间接效应	前向关联系数	排名
1 稻谷	2.10	1.47	3
2 其他农作物业	1.04	0.72	20

续表

产业	直接和间接效应	前向关联系数	排名
3 养殖业	1.10	0.77	17
4 林业	2.17	1.52	2
5 渔业	1.06	0.74	18
6 采矿业	1.26	0.88	14
7 食品、饮料和烟草业	2.06	1.44	4
8 纺织、制衣和制鞋业	1.29	0.91	12
9 木制品、纸制品和出版业	1.11	0.77	16
10 化工、橡胶和塑料	1.05	0.73	19
11 非金属矿物	1.17	0.82	15
12 基本金属行业	1.62	1.13	6
13 其他制造业	1.41	0.98	9
14 电力、煤气和水	1.55	1.09	7
15 建筑业	1.28	0.90	13
16 贸易	2.33	1.63	1
17 交通和通信业	1.69	1.18	5
18 酒店和餐饮业	1.01	0.70	22
19 金融业	1.36	0.95	10
20 房地产和商业	1.35	0.95	11
21 公共管理业	1.01	0.71	21
22 其他服务业	1.46	1.02	8
平均值	1.43		

资料来源：柬埔寨经济协会政策研究中心。

2. 宏观经济层面的影响

本节从总增加值（GVA）、消费、进口、关税收入和就业（见表5-5）五方面深入追踪中国直接投资对柬埔寨宏观经济的影响。表5-6表示总增加值在非技术劳动报酬、技术劳动报酬、资本回报、土地租金和收益以及税收总增加值的分配效应。

表 5-5　　　　　　　　　　中国直接投资贡献

变量	贡献（百万美元）	2013 年占比（%）
总增加值	898	6
消费	193	2
进口	1988	21
关税	94	27
就业	611125	

资料来源：柬埔寨经济协会政策研究中心。

表 5-6　　　　　　　　　　总增加值效应分布

变量	贡献（百万美元）	比重（%）
非技术劳动报酬	244	27
技术劳动报酬	39	4
资本回报	573	64
土地租金或收益	18	2
税收收入	25	3
总计	899	100

资料来源：柬埔寨经济协会政策研究中心。

中国直接投资带来了大约 9 亿美元的总增加值，大约相当于 2013 年柬埔寨总增加值的 6%。其中，5.73 亿美元作为资本回报，占总增加值的 64%，而非技术劳动力和技术劳动力的劳动报酬为 2.44 亿美元和 0.39 亿美元，分别为占 27% 和 4%。土地租金和收益约 1800 万美元，仅占 2%。此外，中国直接投资带来了 2500 万美元的国内税收收入，占 2013 年柬埔寨总增加值的 3%。新增总增加值的分布结果表明，大部分收益由资本家或股东或企业老板获得。但是，普通工人也有一定收益，因为中国直接投资为柬埔寨创造了 611125 个就业岗位，主要集中在纺织、制衣和制鞋业。由于这些行业工人大多为非技术工人，他们获得的劳动报酬多达 2.44 亿美元，而技术工人只有 3900 万美元。

值得注意的是,中国直接投资导致柬埔寨进口量急剧增加。进口额估计可达20亿美元,由此产生的关税收入为9400万美元,约合2013年柬埔寨关税收入的27%。这一引致进口额同时说明,中国直接投资在柬埔寨经济中创造的消费效应较为有限,因为消费仅增加了1.93亿美元,仅占2013年消费额的2%。这主要是因为,中国在柬投资公司大部分采用进口原料、机械设备和其他中间投入来进行生产。考虑到柬埔寨纺织、制衣和制鞋业较弱的前向关联作用和后向关联作用,加上大部分中国公司在柬埔寨生产的最终产品主要销往国际市场,因此该行业有可能与其他经济体形成一定的产业间贸易。目前,消费的增长主要是由于工人劳动报酬增加而导致的,尤其是纺织制衣业工人的报酬增加。但是,中国直接投资为非技术工人提供了大量的就业机会。

3. 行业影响

研究中国直接投资对柬埔寨各行业的影响,我们可以明显看出,纺织、制衣和制鞋业收益最多,对其他部门也有溢出效应。中国直接投资为柬埔寨纺织业、制衣和制鞋业带来了高达5亿3870万美元的增加值,占柬埔寨国民经济总增加值的60%。贸易、交通和通信以及其他服务业的增加值分别为1亿3390万美元、4090万美元和3847万美元,从增加值来看,获益较少的行业有采矿业,化工、橡胶和塑料,非金属矿物,基本金属行业。此外,除了纺织、制衣和制鞋业以及贸易行业的非技术劳动力报酬大幅增加,稻谷、其他农作物业、养殖业的非技术劳动力的劳动报酬也有所增加,分别为898万美元、1412万美元和651万美元,分别占总劳动报酬的4%、6%和3%。另外,纺织、制衣和制鞋业的技术劳动力报酬是2191万美元,相当于技术劳动力总报酬的56%,其他报酬主要流向贸易和其他服务业。同样,纺织、制衣和制鞋业的资本收益最大,有3.51亿美元,然后依次是贸易、交通和通信业以及其他服务部门,分别为8672万美元、3616万美元和3050万美元。因此,国内税收的增收来源也主要来自这三个行业,其中纺织、制衣和制鞋业所缴纳的1705万美元税收占税收总收入的68%。

表 5-7　　　　　　　　基于总增加值的行业影响及其构成

部门	总增加值（百万美元）	非技术劳动报酬	技术劳动报酬	资本回报	土地租金/收益	税收收入
1 稻谷	14.72	8.98	0.03	0.68	4.95	0.09
2 其他农作物业	18.58	14.12	0.03	0.53	3.88	0.01
3 养殖业	9.64	6.51	0.02	0.37	2.73	0.01
4 林业	10.10	0.64	0.00	7.87	1.21	0.38
5 渔业	15.51	5.92	0.02	4.82	4.70	0.05
6 采矿业	0.49	0.13	0.02	0.27	0.07	0.01
7 食品、饮料和烟草业	6.93	1.96	0.38	3.89	—	0.70
8 纺织、制衣和制鞋业	538.70	148.65	21.91	351.09	—	17.05
9 木制品、纸制品和出版业	3.72	0.36	0.05	3.13	—	0.18
10 化工、橡胶和塑料	0.90	0.17	0.04	0.53	—	0.15
11 非金属矿物业	0.47	0.08	0.01	0.36	—	0.02
12 基本金属行业	0.91	0.21	0.04	0.64	—	0.02
13 其他制造业	27.85	5.60	0.96	20.30	—	1.00
14 电力、煤气和水	4.46	0.54	0.26	3.51	—	0.15
15 建筑业	4.44	1.23	0.22	2.87	—	0.11
16 贸易	133.90	36.83	7.74	86.72	—	2.62
17 交通和通信业	40.90	3.34	0.85	36.16	—	0.56
18 酒店和餐饮业	6.63	1.82	0.38	4.29	—	0.13
19 金融业	8.86	0.63	0.49	7.35	—	0.40
20 房地产和商业	4.58	1.01	0.77	2.66	—	0.14
21 公共管理业	7.61	1.27	1.95	4.39	—	—
22 其他服务业	38.47	3.93	2.82	30.50	—	1.22
总计	960.74	243.93	39.00	572.93	17.54	25.45

资料来源：柬埔寨经济协会政策研究中心。

从宏观经济影响分析可以看出，中国直接投资推动柬埔寨进口商品额急剧增加，达到近 20 亿美元。其中，近 70% 或 13 亿 4200 万美元是用于纺织业、制衣和制鞋业生产的进口中间投入和原材料,可见引致进口效应主要集中在该行业。其他制造业的进口额为5亿8200万美元,占29%,而剩余1%的进口产品则用于其他部门的生产。虽然纺织业、制衣和制鞋业进口额最高,但该部门的关税收入仅居第二位,共计2800万美元,占关税总收入的29%。而其他制造业的关税收入大约6200万美元,占关税总收入的66%。这是因为,柬埔寨政府为了吸引更多在纺织、制衣和制鞋业的外商直接投资,实施了该行业的零进口关税或低进口关税,导致其关税收入比其他制造业要低。就中国直接投资对柬埔寨各行业的就业影响来看[①],在全国61万1125个工作岗位中,贸易提供了26万793个工作岗位,占总数的43%;纺织、制衣和制鞋业提供了18万4095个工作岗位,占总数的30%;农业部门共有8万2850个新增工作岗位,占新增工作岗位的13%;其他服务业新增3万4220个工作岗位(见表5-8),占总数的6%。由此可见,中国直接投资对服务业和农业部门有较大的溢出效应,但对制造业的影响有限。当然,纺织是中国直接投资的主要行业,溢出效应比较显著。

表5-8　　　　分部门的中国直接投资对进口和就业的影响

单位:百万美元、人

部门	关税	进口	就业
1 稻谷	0.01	0.10	69711
2 其他农作物业	0.03	2.39	
3 养殖业	—	0.01	
4 林业	—	—	2654
5 渔业	—	0.00	10485
6 采矿业	—	—	456
7 食品、饮料和烟草业	0.65	9.09	14685
8 纺织、制衣和制鞋业	27.68	1342.23	184095

---

① 由于部分行业初始就业人数缺失,稻谷、其他农作物、养殖业等行业使用了新增工作岗位人数作为加总数据。

续表

部门	关税	进口	就业
9 木制品、纸制品和出版业	0.02	1.77	—
10 化工、橡胶和塑料	2.08	15.15	—
11 非金属矿物	0.03	2.39	—
12 基本金属行业	0.96	12.32	—
13 其他制造业	62.17	581.59	
14 电力、煤气和水	0.04	2.63	2578
15 建筑业	0.00	0.21	3101
16 贸易	0.01	0.46	260793
17 交通和通信业	0.42	13.47	18589
18 酒店和餐饮业	0.01	0.68	1660
19 金融业	0.01	0.47	3595
20 房地产和商业	0.03	2.14	674
21 公共管理业	0.00	0.23	3829
22 其他服务业	0.00	0.31	34220
合计	94.16	1987.63	611125

资料来源：柬埔寨经济协会政策研究中心。

二 中国对外直接投资对老挝经济增长的影响

外商直接投资的资本流入成为低收入发展中国家重要的资金来源。从发展中国家可持续增长的角度来看，外商直接投资既能促进东道国的经济增长，又有益于技术进步。然而，外商直接投资对经济发展同样具有消极影响。这种现象称为"荷兰病"，主要是指外商直接投资引起真实汇率升值，从而对可贸易商品的生产带来负面影响（Corden and Neary, 1982）。老挝的国家发展战略目标是到2020年不再是最不发达国家（a Less Developed Country, LDC）。为实现这一目标，改变基础设施建设薄弱、人力资源紧缺、生产率水平低下的现状，老挝政府积极推行吸引外商直接投资的各项优惠政策。

中国对外直接投资对老挝经济的影响主要通过以下四个渠道来实现：第一，随着投资流量和存量的增加，中国对外直接投资对老挝国民经济产生正的需求和供给效应。第二，中国对外直接投资刺激出口增长，从而减少外贸赤字。第三，中国对外直接投资带来政府收入的增长。从中国投资项目所征收的特许使用费和税收可以减少政府的财政预算赤字。第四，中国对外直接投资需要大量劳动力投入，从而带来就业增长。此外，中国对外直接投资能带动东道国的技术进步。

然而，由于目前中国对老挝直接投资主要集中在采矿、水电等自然资源密集型部门，有可能导致农业和制造业等非资源型部门的衰落。随着更多的劳动资本等生产要素转向自然资源密集型部门，可贸易的制造业部门不得不支付更高成本来吸引劳动力，制造业劳动力成本上升首先抑制制造业的竞争力。同时，中国投资的自然资源密集型部门主要目的是出口，由于出口自然资源带来的外汇收入增加使本币升值，不利于提高制造业的出口竞争力。

目前，已有很多学者研究了中国对外直接投资对东道国经济的影响（Jenkins and Edwards, 2006；Gu, 2009）。但是，尚未发现使用类似可计算一般均衡（Computable General Equilibrium, CGE）模型或宏观经济学模型等计量方法开展研究。本节将采用CGE模型，定量分析和研判中国对外直接投资对老挝经济的影响。

（一）方法和数据

本节采用了可计算一般均衡（CGE）模型，又叫全球贸易分析项目（The Global Trade Analysis Project Model, GTAP）模型。该模型结合了经济理论和实证数据，是有效地进行政策分析的经济手段，可用于分析单个经济变量（如关税）变化对整体经济的影响。可计算一般均衡模型反映了各个经济主体（生产者、消费者、政府）、行业（工业、农业和服务）和生产要素（劳动力、资本和土地）的行为。该方法主要有两种基本类型：多区域可计算一般均衡模型和单一国家可计算一般均衡模型。全球贸易分析项目模型是一种多区域可计算一般均衡模型，也是分析贸易政策影响最为常用的模型之一[①]。全球贸易

[①] GTAP模型源于ORANI模型，它是单一国家可计算一般均衡模型，是第一个用于分析澳大利亚经济的CGE模型（Dixon et al., 2002）。GTAP模型对ORANI模型进行了扩展，涵盖了国际贸易，并将全球交通运输部门和储蓄机构纳入其中。

分析项目模型有各种优点。作为世界生产和贸易的多区域模型，它可将东盟自由贸易区以及第三方国家的综合贸易影响纳入其分析范畴。它包含一个行业数据库，从而可以探讨不同行业的贸易影响。

　　全球贸易分析项目模型的前提假设是利润为零的完全竞争市场，市场出清。区域内居民的收入主要用于私人消费、政府消费和储蓄三种类型的支出。而通过将初级生产要素出售给生产厂商而获得收入。厂商则将这些初级生产要素与本地生产和进口的中间产品相结合，以生产最终产品。这些最终产品既可以在国内销售，卖给私人或政府，也可能出口到其他国家。同时政府和居民也从其他国家进口消费品。全球性银行则在全球储蓄和区域投资之间进行平衡，平衡方式是构建区域投资商品组合，然后将投资商品以份额的形式出售给该区域的居民户，以满足他们的储蓄需求。最后，一个全球运输部门整合了区域出口贸易、运输和保险等业务，形成复合产品，以促进区域间商品流动（Hertel 编，1997）。全球贸易分析项目模型流程图和生产结构如图 5-1 所示。

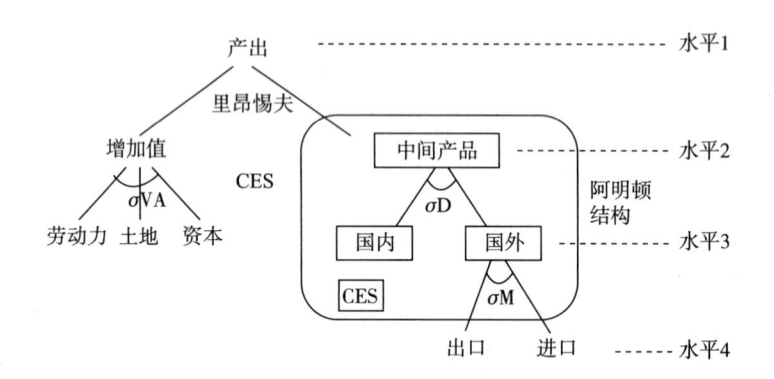

图 5-1　全球贸易分析项目模型的生产结构

资料来源：Hertel, *Global Trade Analysis*. Cambridge University Press, 1997。

　　模型闭合和自由参数是影响可计算一般均衡模型中模拟结果的重要因素，而宏观闭合则是影响全球贸易分析项目模型中模拟结果的重要因素。闭合将模型中的变量划分为内生或外生变量，内生变量由模型决定，而外生变量则由模型外部因素决定。宏观闭合的基础是研究对象国的主要经济特点。全球贸易分析项目模型的闭合涉及多种要素，如人口增长、资本积累、产业发展能力、技术变化和政策变量（税收和补贴）。为了简化闭合，老挝研究团队采用了标准的全球贸易分析项目模型闭合，又称"新古典"闭合。这一闭合假设所有价格都可调整；完全竞争市场（所有企业的纯利润为零）；区域内充分就业并可实现要素自由流动；投资额由储蓄率决定；税率固定。

参数是可计算一般均衡模型中最重要的因素之一。研究发现，不同的参数会导致不同的政策结果（Abler et al.，1999）。本节中部分参数是通过编制社会核算矩阵（Social Accounting Matrix，SAM）进行校准的，然而老挝没有可计算一般均衡模型中的某些参数，也没有自由参数的相关估算，本节使用了沃尔（Warr，2006）中的自由参数。

多行业可计算一般均衡模型很适合用来评估中国对外直接投资对老挝经济影响。本书使用的模型是前面提及的全球贸易分析项目（GTAP）所开发的，该模型的求解程序是 GEMPACK 建模软件（Harrison and Pearson，1996）。数据库（GTAP 数据库第 8 版）来自各种国际渠道，包括全球 100 多个地区和 57 个行业。我们将研究区域合并为 3 个（老挝、中国、世界其他国家），行业合并为 10 个。①模型假设中国对老挝直接投资的资本禀赋有所增加，且没有技术转移。②由于全球贸易分析项目模型是以百分比变化构建的，这就要求外部冲击也按相关要求进行定义。③中国对外直接投资对模型的冲击有一些值得注意的问题。比如，模拟是在总量层次上进行的。还有关于中国对外直接投资是否带来更多的变量投入（短期流动资产、固定资产的综合价值、总股本）供给的增加，我们还不清楚。但如果中国对外直接投资主要由固定资产（建筑和大型机械）组成，模拟中实施的冲击程度就会相对较低；如果中国对外直接投资能立即完全有效地用作生产资本，本土资本的相对比例就会显著增加。

（二）模拟结果

中国对外直接投资对选定的宏观经济变量的影响结果如表 5-9 所示，中国对外直接投资增长对老挝的 GDP、福利水平、贸易差额和家庭收入有积极影响。实际国内生产总值的增幅为2.67%，福利（对等变异）增加了5114万美元，家庭收入增幅为1.69%，贸易平衡增长5880万美元。这表明中国对外直接投资有助于改善老挝宏观经济变量指标。

表5-9　　　　中国对外直接投资增长对老挝宏观经济的影响

宏观经济变量模拟	中国对外直接投资增加的影响
实际国内生产总值（%）	2.67
福利（对等变异）（万美元）	5114
家庭收入（%）	1.69
贸易差额（万美元）	5880

资料来源：老挝国立大学研究团队模拟。

中国对外直接投资对老挝产出的影响如表5-10所示，中国对外直接投资带动了多数行业的产出增长，特别是轻工业，纺织、制衣和制鞋业，采矿和精炼业，重工业。总之，中国对外直接投资增加有助于刺激投资和生产，并导致老挝产出的增加。

表5-10　　　　中国对外直接投资对老挝产出的影响

序列号	行业	中国对外直接投资增加的影响
1	粮食和农作物业	0.78
2	养殖业和肉类产品	0.82
3	采矿和精炼业	11.3
4	食品加工	2.47
5	纺织、制衣和制鞋业	14.72
6	轻工业	15.34
7	重工业	10.46
8	公用事业和建筑业	0.15
9	交通和通信业	5.01
10	其他服务	3.9

资料来源：老挝国立大学研究团队模拟。

由于本模型（GTAP）没有进行居民户的细分，因此很难评估中国对外直接投资对老挝贫困和收入差距的影响。然而，根据相关文献研究（Strutt et al.，2008），非技术型劳动收益增加反映了贫困的减少，而且如果非技术劳动收益的增长大于技术劳动收益的增长，收入差距就缩小了。中国对外直接投资对贫困和收入差距的影响已列在表5-11中，投资既增加了非技术劳动收益，也增加了技术劳动收益，这表明中国对外直接投资有助于减少贫困。此外，非技术劳动收益增幅大于技术型劳动力，说明非技术型劳动力从中国对外直接投资受益更多。可见，中国对外直接投资有助于减少老挝的收入差距。

表5-11　　　　　　　　　　生产要素收益变化

生产要素	中国对外直接投资增加的影响
非技术劳动收益	2.39
技术劳动收益	0.56

资料来源：老挝国立大学研究团队。

第二节　中国对外直接投资对大湄公河次区域东道国企业的溢出效应

一　中国对外直接投资对柬埔寨企业的溢出效应

（一）数据收集及分析

1. 企业调查及方法

为了解中国对外直接投资对柬埔寨本土企业的影响，柬埔寨研究团队于2015年上半年开展了企业调查，调查企业总数为308家。这些企业分布于柬埔寨首都金边和其他省，基本位于中国对外直接投资企业附近。

调查采用的是面对面访谈。大部分受访者为企业经理，或者是熟悉情况的知情者。柬埔寨经济协会政策研究团队有3名研究人员参与了企业调查，负责调查团队的组织管理、数据录入并开展具体调查工作。

企业调查完成后，柬埔寨研究团队于2015年和2016年在中国对外直接投资较集中的行业选择了部分典型本土企业案例，进行了深入访谈，目的是深入了解中国对外直接投资的综合影响，结合典型案例分析说明中国直接投资对柬埔寨本土企业的后向关联、前向关联效应以及给本土企业带来的竞争压力。

2. 样本特点

图5-2显示了柬埔寨受调查样本企业的行业分类情况。企业数量最多的两类行业是酒店和餐饮业及食品和饮料业，分别占被调查企业的20%和19%，建筑业企业占8%；健康、家具业、批发和零售业企业分别占7%、5%、5%；运输业和服装业企业均占3%，金属业占2%。应该注意的是，被调查的行业有高度多样化的特点，这从其他类别可以看出，因为这一类行业占总数的28%。

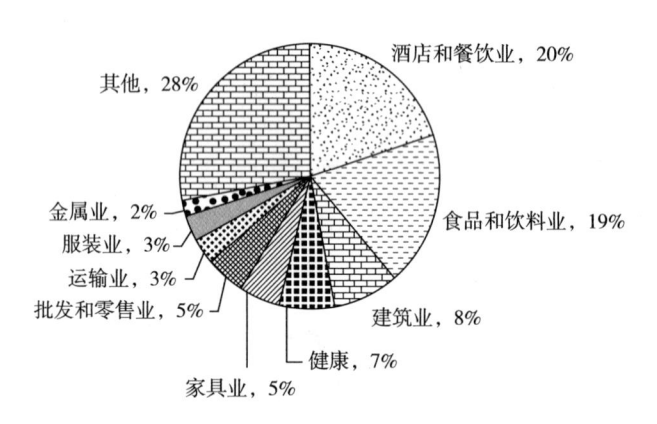

图5-2 柬埔寨样本企业行业分类

资料来源：柬埔寨经济协会政策研究中心。

3. 中国对外直接投资对柬埔寨本土企业的溢出效应

(1) 竞争效应。调查数据表明，308家柬埔寨本土企业中，有67家企业感受到来自中国企业的竞争压力，仅占受访企业总数的22%（见图5-3）。然而，感受到中国企业竞争压力的柬埔寨本土企业中，

第五章　中国对外直接投资与大湄公河次区域……经济维度 / 95

64%的本土企业因此而改进了生产技术和流程（见图5-4），说明中国对外直接投资对柬埔寨本土企业带来一定的竞争效应，但不显著。

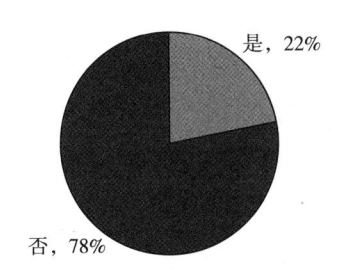

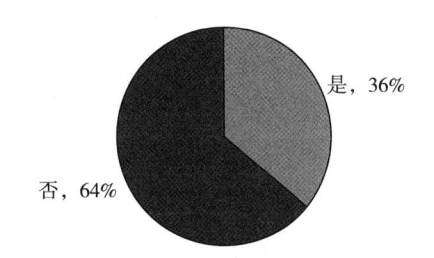

图5-3　中国企业导致的竞争压力　　图5-4　中国企业竞争压力的积极影响

资料来源：柬埔寨经济协会政策研究中心。

中国对外直接投资对柬埔寨企业的竞争效应带来了不同的改进效果。为了应对同行业的中国企业竞争，43%的柬埔寨本土企业引进了新的机器设备，改进了加工技术并积极开展产品创新；39%的柬埔寨本土企业致力于打造定价、产品分类、营销渠道、促销等更优化的市场营销策略；24%的本土企业注重人事和财务制度等方面管理水平的提升；另外24%的本土企业则聚焦于员工技能发展和水平提升（见表5-12）。

表5-12　　中国对外直接投资对柬埔寨本土企业的竞争效应

67家有企业竞争压力的企业	同意或完全同意（%）
设备、加工技术、产品创新	43
管理（在人事、财务等方面）	24
员工技能发展	24
市场营销策略（定价、产品分类、营销渠道、促销等）	39

资料来源：柬埔寨经济协会政策研究中心。

为了解竞争效应对柬埔寨本土企业的影响程度，调查团队要求"有中国企业竞争压力"和"没有中国企业竞争力"两组企业基于机械设备、技术、营销、管理、员工技能和地段六项企业特征进行比较，结果如图 5-5 所示。

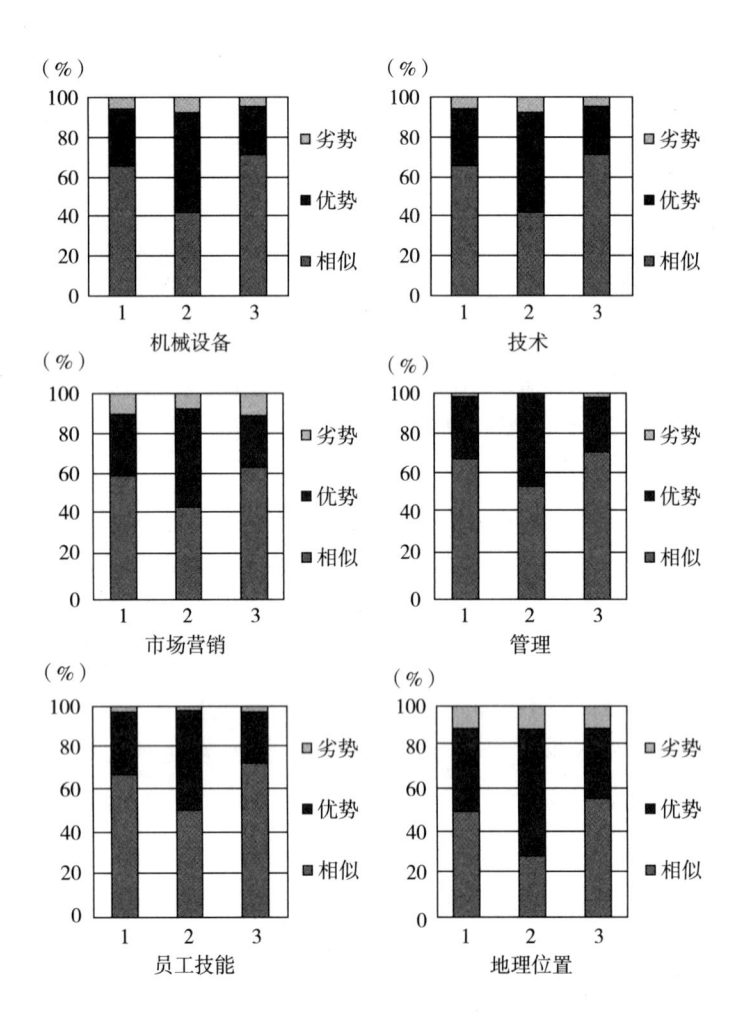

图 5-5 柬埔寨"有中国企业竞争压力"和"没有中国企业竞争力"两组企业对比调查

注：1 表示全部企业；2 表示有竞争压力的企业；3 表示没有竞争压力的企业。
资料来源：柬埔寨经济协会政策研究中心。

面临中国企业竞争压力的柬埔寨本土企业在各方面都很自信，选择"优势"的频率较高，认为自己比没有面临中国竞争压力的企业有优势。相反,没有竞争压力的本土企业则认为,其竞争力与其他企业没有差别。有竞争压力的企业认为,他们在机器设备和技术方面比对手更有竞争力,而在员工营销、管理和技能方面则与对手差不多。这一结果和表 5-12 中近一半的本土企业重视设备和技术的改进相一致。有趣的是,约有 2/3 有竞争压力的本土企业对其所处的地段很有信心,认为他们所处的地段比其他竞争对手更好。上述结果说明,中国企业的进入给柬埔寨本土企业带来了巨大的压力,刺激柬埔寨企业更加有效地使用现有的资源,提高生产能力,改进市场绩效。或者说,在应对中国企业竞争压力的同时,柬埔寨本土企业的市场竞争力也得到了相应的提升。

(2) 示范效应。调查数据表明,中国对外直接投资对柬埔寨本土企业无明显的示范效应。308 家柬埔寨本土企业中,仅有 32 家企业通过观察或模仿采用了中国竞争对手的生产技术和流程,占样本企业总数的 10% (见表 5-13)。这一结果与调查样本企业中服务行业企业数量较多有一定关系。值得注意的是,大部分已采用中国企业技术或生产流程的柬埔寨本土企业认为中国企业试图阻止技术转移。

表 5-13　　中国对外直接投资对柬埔寨本土企业的示范效应　　单位:%

	是	否
您所在的企业是否(通过观察或复制)直接采用了中国竞争对手生产技术和流程?	10	90
如果回答是,您是否觉得中国企业试图阻止技术转移?	94	6

资料来源:柬埔寨经济协会政策研究中心。

(3) 人力资本培训—流动效应。中国对外直接投资对柬埔寨本土企业的人力资本培训—流动效应较弱。从调查结果来看,柬埔寨本土企业很少雇用曾在中国企业工作过的员工。这与大部分本土企业并未感受到中国企业的竞争压力有关,因此,它们还没有把提升人力资本作为企业发展的首要需求。另外,调查团队还询问了曾在中国企业受过培训的人力资本是否对本土企业发展有所帮助,答案却是否定的。可见，两国文化和价值观的不同造成了企业在培训方式和内容上的差异。

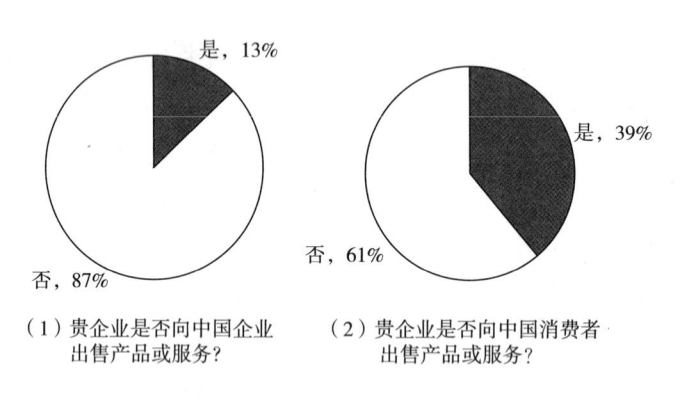

（4）后向产业关联效应。后向产业关联效应是FDI技术溢出效应中的产业间垂直效应。调查数据显示，中国外商直接投资对柬埔寨本土企业有一定的后向产业关联效应，但不够明显。仅有13%的柬埔寨本土企业成为中国企业产品或服务的供应商（见图5-6），这与表5-8中国直接投资对柬埔寨宏观经济的影响部分所讨论的结果相一致。然而，高达39%的柬埔寨本土企业表示他们向中国个人消费者出售产品或服务，其中包括为中国居民提供餐饮和其他服务的柬埔寨小型企业。

（1）贵企业是否向中国企业出售产品或服务？　　（2）贵企业是否向中国消费者出售产品或服务？

图5-6　后向产业关联效应

资料来源：柬埔寨经济协会政策研究中心。

从后向关联效应的发生机制来看，为了获得更高质量的产品，中国企业与本土企业产生联系的方式既可以是提供技术帮助或管理培训、协助原材料和中间产品的采购等帮助和辅导措施，也可以是强制本土供应商满足中国企业在产品质量和交付方式等方面的要求。事实上，只有8%的柬埔寨本土企业的中国客户会要求它们进行特殊和额外投资，以提升生产、技术、人力资源（见图5-7）。但是，这部分企业占向中国企业供应商品的本土企业的65%，说明中国对外投资对柬埔寨本土企业具有一定的后向关联效应。

（5）前向产业关联效应。中国直接投资对柬埔寨本土企业的前向

第五章　中国对外直接投资与大湄公河次区域……经济维度 / 99

产业关联效应强于后向关联效应，但弱于其他外商直接投资对柬埔寨本土企业的前向关联效应。调查中，是否从中国供应商和其他外国企业购买原材料、机器设备并接受相关培训，成为考量前向关联效应的依据。调查结果发现，约有25%的柬埔寨本土企业有时、经常或总是向中国供应商购买原材料、零部件和机械设备，表现出一定的后向关联效应。但与其他外国供应商相比，这个比例还是比较小（见图5-8）。需要说明的是，中国供应商包括那些中国制造商品的经销商。

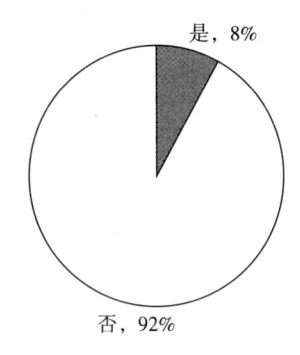

图5-7　中国企业带来的技术升级压力

资料来源：柬埔寨经济协会政策研究中心。

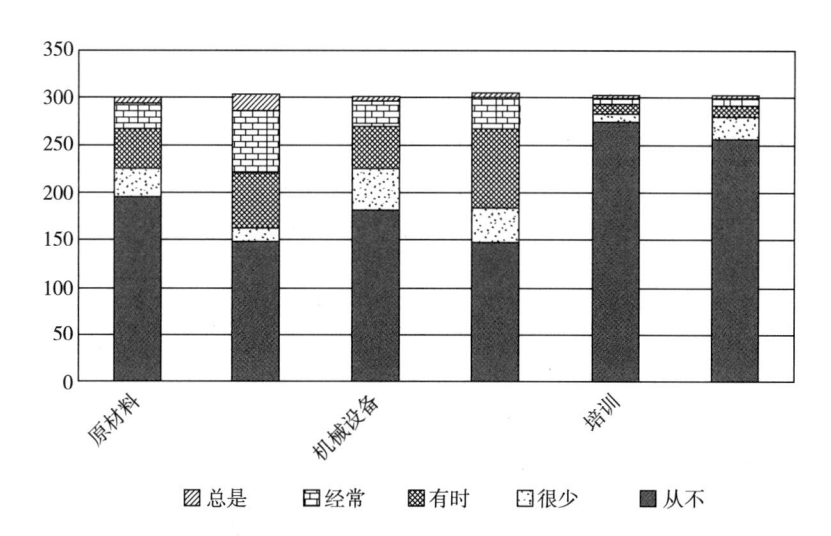

图5-8　中国和其他国家直接投资与柬埔寨本土企业前向产业关联效应对比

资料来源：柬埔寨经济协会政策研究中心。

为了进一步分析不同外资来源对柬埔寨本土企业前向产业关联效应差异的原因,访员询问了本土企业不向在柬埔寨中资企业购买中间产品投入的理由。如图 5-9 所示,约 69% 的受访者表示中资企业无法供应所需要的中间投入品;约 11% 的受访者认为,中国企业供应的产品质量不好,而其他均不是主要影响因素。实际上,大部分柬埔寨本土企业和在柬埔寨中资企业所使用的原材料、机器设备等大多是从中国和柬埔寨周边国家如泰国、越南进口的。

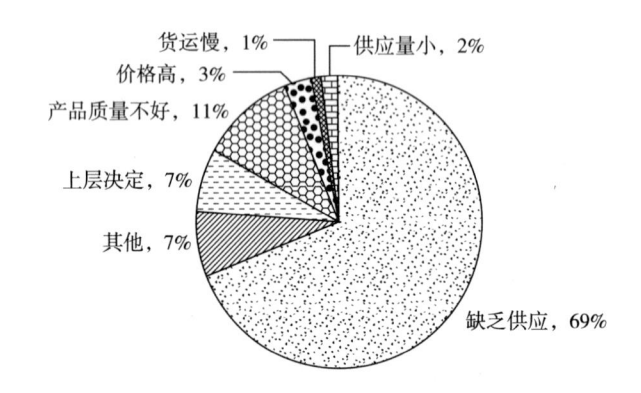

图 5-9 不从中国企业采购的原因

资料来源:柬埔寨经济协会政策研究中心。

(二)典型案例分析

案例 1 Mom Sophal 碾米企业

1. 企业背景

Mom Sophal(MS)是一家柬埔寨独资的大米加工企业,该企业位于首都金边的西南郊区,成立于 2000 年,于 2014 年成为商务部下属企业,2014 年净收入为 3 万美元,总债务约为 20 万美元。公司主要的经营业务是碾米,其总产量的 70% 在本地销售,其余出口。这家企业主要招收本地员工。据估计,水稻的收获季节是生产的高峰时期,员工数量会增加一倍。由于 MS 在为当地老百姓创造就业机会、保证男女平等方面做出了突出的贡献,目前已成为促进本地经济发展的模范企业之一。

在过去几年的经营中，MS 的生产成本有所增加，而收入较为稳定。随着技术投入的增加，其产品质量、生产率均得到提高，银行贷款的规模有所减少。同时，企业管理层指出，国家政策和法规不透明、水电供应价格高且不稳定、营运资本短缺等对企业运营造成负面影响，给业务拓展带来较大障碍。

另外，企业还面临一些困难，包括土地政策的不稳定；产品营销手段单一；稻谷储藏能力低；运输成本昂贵；缺乏充足的原材料和技术型劳动力；国内竞争日益激烈；营业税增加和生产设备进口关税增加等，这些都对企业发展带来一定的负面影响。

2. 竞争效应与产业关联效应

调查团队对 MS 总经理（GM）进行了访谈，这位有学士学位的总经理，在该企业工作了四年。访谈结果说明，中国直接投资对 MS 有较强的竞争效应，有一定产业前向关联效应和间接的产业后向关联效应。

随着越来越多的中国企业进入柬埔寨大米加工领域，日益激烈的行业内竞争迫使该企业投入更多资本，提高生产率和产品质量。因此，企业的碾米设备和技术已实现现代化，管理策略和财务状况也有所优化。更关键的是，MS 还调整了市场定位，通过现有的市场网络来出售产品。

产业前向关联效应体现在 MS 向中国企业购买研磨设备。这一关联程度虽然较弱，但呈增强的趋势。例如，2014 年 MS 向中国企业购买的设备不到其总费用的 1%，其余费用主要用于向本土企业购买稻谷和生产设备。最近，该企业向中国企业购买设备费用的比例已上升到 3%。此外，MS 与中国企业的互动也在增强。中国供应商针对机器设备的操作和维护，对该企业技术人员进行了直接培训。

间接的产业后向关联效应体现在产品销售方面。MS 部分销售渠道是将半碾的稻谷卖给大型碾米厂抛光、包装、出口，他们认为，大部分产品抛光后都销往中国。因此，中国市场需求与该企业收入有间接关联。

案例 2 Thai Hong Keat 鱼露厂

1. 企业背景

Thai Kong Keat（TKK）鱼露厂位于首都金边的 5 号国家公路，至今已有 27 年历史，是柬埔寨一家拥有先进的鱼露生产技术的私营企业。2014 年正式并入商务部。TKK 主要为本地市场生产鱼露和酱油，其产品主要通过零售商在全国经销。与同行相比，TKK 在机械设备、生产技术、管理方案、营销战略、劳动技能等方面都投入了较多的资金，具有较强的竞争力。

TKK 生产成本和收入在过去的三年里一直保持稳定，产出质量有所提高，劳动生产率不断提升，财务债务有所减少。该企业认为税收政策对它们的经营有显著影响，其中较高的企业所得税、关税和非正规费用支出给企业造成负担。此外，柬埔寨的基础设施质量差、水电供应不稳定对企业经营有一定负面影响，但影响不大。

2. 人力资本培训—流动效应和前向产业关联效应

总的来说，中国直接投资对 TKK 的技术溢出效应不强，具有一定的前向产业关联效应和人力资本培训—流动效应。具体而言，该企业向中国企业购买部分原材料和机械和设备，中国供应商向企业技术人员提供相关培训。目前在企业的总支出中，仅有 10.15% 用于向中国供应商购买原材料和设备，28.03% 向其他外国供应商购买，61.8% 向本土供应商购买。但 TKK 预计向中国购买生产投入的比例将稳定增多。该企业市场调研发现，中国在柬埔寨的直接投资呈现出增加的趋势。为了更好地利用中国投资，该企业聘请了中国企业的人力资源经理来管理员工，以帮助企业了解中国企业文化和管理方式。

二 中国对外直接投资对老挝企业的溢出效应

（一）数据收集和分析

1. 企业调查和方法

为了评估中国企业对老挝本土企业的溢出效应，老挝国立大学研究团队在老挝 9 个省开展了企业调查。调查主要集中在生产型部门：（1）制造业；（2）农业；（3）手工业等行业。考虑到自然资源开发、水电和服务部门（贸易、批发商和其他）很难捕捉到溢出效应，这些部门并未纳入调研范围。问卷调查的重点是中国对外直接投资以下两种方式的溢出效应对老挝本土企业的影响：（1）水平关联；（2）垂直关联。其中，水平溢出效应包括示范效应、竞争效应、人力资本流动与培训效应，垂直溢出效应包括前向关联效应和后向关联效应。

为扩大调查范围，研究团队择优选择了部分老挝国立大学的在读硕士生们成立了访员团队。为确保调查质量，研究人员就如何抽样对访员进行了培训，内容包括如何选择企业、问题的目标信息和访谈技巧等。团队成员选择了10—15家企业进行了试验性调查，以保证问卷的质量以及访员们对问卷的正确理解。调查策略如下：（1）选中样本企业后，以面对面访谈形式进行调查。（2）受访者以企业的首席执行官、老板、经理为佳。（3）每一个调查组都有研究团队负责人担任调查主管。（4）调查组（学生团队）必须一起进行调查。（5）访谈者把填妥的问卷交给指定的主管。当研究人员和团队主管发现问题时，必须再次回访调查对象，必要时要重新修订问卷。

样本选择策略如下：（1）从老挝各省省政府、税务局、工商登记局收集企业名单。（2）选择制造业、农业、手工业和其他行业等生产性企业。（3）选择有电话号码的企业，并将企业按照行业类别分类。（4）打电话给企业进行调查预约。为获得受访企业的信任和支持，研究团队准备了老挝国立大学及各省工商部门的介绍信，并为企业受访者准备了礼品。调查团队一共发放了500多份问卷，其中有效问卷有408份，占问卷总数的80%。受访企业分别位于老挝南部、中部和北部，其中约有一半的企业位于首都万象，少量位于华潘省（Huanphan Province）（见表5-14）。

表5-14　　　　　　　　老挝各省受访企业分布情况

序号	区位	省份	样本数
1		沙湾拿吉省（Savannakhet Province）	33
2	南部	占巴塞省（Champasack Province）	55
3		甘蒙省（Khammoun Province）	20

续表

序号	区位	省份	样本数
4	中部	首都万象（Vientiane Capital）	209
5		博利坎赛省（Bolikhamxay Province）	30
6		万象省（Vientiane Province）	17
7	北部	琅勃拉邦省（Luang Prabang Province）	23
8		琅南塔省（LuangNamtha Province）	13
9		华潘省（Houphan Province）	8
		共计	408

从行业分类来看，样本企业中制造业可以进一步细分为11个行业，大部分是劳动密集型产业。其中，餐饮业，家具、木材及木制品和建筑材料业3个行业占样本企业数的近60%（见表5-15）。

表5-15 老挝受访企业行业分布

行业	频次	百分比（%）
酒店和餐饮业	121	25.91
纺织、制衣和制鞋业	49	10.49
家具、木材及木制品业	102	21.84
橡胶、塑料及产品	7	1.50
造纸业	28	6.00
化工制品	8	1.71
机械设备业	14	3.00
农作物种植业	25	5.35
养殖业	18	3.85
建筑材料业	57	12.21
其他	38	8.14
合计	467	100.00

注：因四舍五入，有时各分项百分比之和不等于100%。

资料来源：老挝国立大学课题组。

2. 企业及受访者特点

（1）企业特点。本节主要描述企业类型、成立年份和注册资本。75%以上的企业是私人有限公司，有一半企业成立时间只有10年左右，仅有少部分企业成立时间在20年以上。由于研究的主要对象是老挝本土企业，因此，98.34%的企业是老挝独资企业（见表5-16）。

表5-16　　　　　　　　受访企业特点

企业特点	项目	比例（%）
企业类型	私人有限公司	75.4
	其他	24.6
成立年份	1990年之前	5.56
	1991—1995年	4.99
	1996—2000年	11.08
	2001—2005年	19.11
	2006—2010年	39.62
	2011年后	19.67
注册资本	老挝（100%）	98.34
	老挝（51%—99%）	1.66

注：因四舍五入，有时各分项百分比之和不等于100%。
资料来源：老挝国立大学课题组。

从受访企业的经营和就业情况来看，所有受访企业的总收入约为87亿基普[①]，平均利润率为31%。企业平均员工人数为23人，女员工占40%左右。值得注意的是，具有初中以上学历的员工占员工总数的50%以上，但是，技术型工人占比很小（见表5-17）。

表5-17　　　　　　　　受访企业的经营与就业情况

项目	经营与就业情况
所有产品的销售收入（百万基普）	8736

---

① 老挝货币，约折合美元106万9559美元。

续表

项目	经营与就业情况
销售收入利润率（％）	31
总资产（百万基普）	3992
平均员工总数（人）	23
平均女员工数（人）	10
平均技术人员数（人）	4
平均市场营销人员数（人）	2
平均管理人员数（人）	2
平均女性管理人员数（人）	1
平均初中以上学历员工数（人）	14

资料来源：调查及笔者计算。

（2）受访者特点。63%以上的受访者是经理或副经理，对企业的管理、会计和生产业务十分了解。大多数的受访者为男性，年龄在41—50岁。其中，拥有本科或以上学历的受访者比例不到30%（见表5-18）。

3. 中国对外直接投资对老挝本土企业影响的统计分析

自2000年年初以来，中国对外直接投资在老挝快速增长。研究表明，中国对外直接投资对老挝本土企业有一定溢出效应，主要体现在新知识和新技术的学习和运用。此外，中国对外直接投资加剧了本土市场的竞争，驱动本土企业为适应新竞争环境而寻找提高生产率的方法。调查数据还显示，由于老挝本土企业向中国企业购买原材料和机械设备，因此，中国对老挝直接投资具有前向关联效应。但是，还未发现明显的后向关联效应。

（1）竞争效应。竞争效应是指由于FDI进入引起东道国市场竞争格局改变，从而产生影响的过程。Sinani等（2004）、王向阳（2009）认为，外资企业的进入，不仅有利于打破东道国原有的自然垄断，还加剧了东道国企业生存和发展的压力，有利于提高东道国的研发投入和效率。但是，外资企业由于技术、产品、资金、管理经验方面的优势，可能会造成低效率本土企业缺乏竞争力，从而被挤出市场，即阿特肯和哈里森所谓的"市场窃取效应"。

表 5-18　　受访者特点

		百分比（%）
性别	男	63.60
	女	36.40
年龄	30 岁及以下	11.59
	31—40 岁	25.11
	41—50 岁	33.48
	51—60 岁	20.17
	61 岁及以上	9.66
国籍	老挝	100.00
职位	经理或副经理	63.75
	所有人	28.78
	员工	4.48
	会计	2.99
受教育程度	硕士及以上	4.08
	本科	28.97
	大专	15.88
	高中	27.47
	初中	13.95
	小学	5.79
	其他	3.86

注：因四舍五入，有时各分项百分比之和不等于100%。
资料来源：老挝国立大学。

为考察中国投资企业的竞争效应，本部分设计的调查题项包括：是否感受到来自中国企业的竞争压力、近三年的竞争程度、中国企业带来的竞争压力迫使您在哪些方面进行改进等，具体如表 5-19 至表 5-21 所示。

中国企业与本土企业之间的市场竞争正在加剧。如表 5-19 所示，尽管 59.1% 的本土企业认为中国企业没有造成竞争压力，但仍有

39.9%的本土企业认为本土和中国企业之间的竞争正在加剧。表5-20也表明竞争的确比较剧烈。29.18%的老挝本土企业认为,近三年来它们与中国企业的竞争较为激烈,39.15%的老挝本土企业认为,两者之间的竞争处于中等水平。

表5-19　　　　　　　感受到来自中国企业的竞争压力

你是否感受到来自中国企业的竞争压力	百分比（%）
是	39.9
否	59.1
不知道	1
合计	100

资料来源：老挝国立大学课题组。

表5-20　　　　　　　　企业面临的竞争程度

	根本不剧烈	不太剧烈	中等	剧烈	非常剧烈	不知道	合计
近三年的竞争程度（%）	5.49	14.21	39.15	29.18	8.73	3.24	100

注：因四舍五入，有时各分项百分比之和不等于100%。

资料来源：老挝国立大学课题组。

与中国企业之间的竞争迫使老挝本土企业提升生产技术水平，改进管理方式，提高劳动技能，调整营销战略。从表5-21可以看出，31.92%的老挝本土企业不断更新机械设备，改进加工技术，开展产品创新和不断改进管理方法。34.66%的企业不断开展员工技能培训、聘用技术劳动力。另有35.75%的企业尝试调整市场营销策略。

（2）示范效应。又称为模仿效应、传染效应，是指外资企业的生产技术、管理模式等对东道国具有示范作用，而东道国企业通过技术监听、逆向工程等方式对外资企业的技术、管理经验进行模仿、学习。

表5-21　中国企业带来的竞争压力迫使您在下列哪些方面进行改进

	完全不同意	不同意	无所谓	同意	完全同意	不知道	合计
不断更新机械设备，改进加工技术，开展产品创新（%）	9.98	10.47	24.94	31.92	10.97	11.72	100
不断改进管理方法（人员和金融等）（%）	11.72	10.47	25.69	31.92	8.48	11.72	100
不断开展员工技能培训、聘用技术劳动力（%）	9.98	9.23	22.69	34.66	13.47	9.98	100
调整市场营销策略（定价、产品分类、市场渠道、推广等）（%）	8.75	8.00	22.25	35.75	13.25	12.00	100

注：因四舍五入，有时各分项百分比之和不等于100%。

资料来源：老挝国立大学课题组。

中国投资企业对老挝本土企业的示范溢出效应，可以通过老挝本土企业向中国企业学习情况进行度量。具体衡量题项包括学习设备、加工技术和产品创新，学习管理（人事、财务等），学习员工技能开发和学习市场策略（定价、产品分类、营销渠道）。测度题项及调研数据结果如表5-22所示。

表5-22　向中国企业学习

	完全不同意	不同意	无所谓	同意	完全同意	不知道	合计
学习设备、加工技术和产品创新（%）	0.81	4.48	28.63	53.63	10.89	1.21	100
学习管理（人事、财务等）（%）	6.88	8.5	30.77	42.91	6.88	4.05	100
学习员工技能开发（%）	5.62	7.23	28.92	44.58	10.44	3.21	100
学习市场策略（定价、产品分类、营销渠道）（%）	7.63	5.22	25.3	44.58	14.46	2.81	100

注：因四舍五入，有时各分项百分比之和不等于100%。

资料来源：老挝国立大学课题组。

总体来说，老挝本土企业向中国企业学习了技术、管理、专项技术和营销策略。50%以上的老挝本土企业使用了中国制造的机器设备和加工技术，而近45%的老挝本土企业从中国企业学习了员工技能开发方法和营销策略。另有40%的老挝本土企业采纳了中国企业的管理体系。

（3）人力资本培训—流动效应。人力资本培训—流动效应是指外资企业员工向内资企业流动，从而对东道国产生影响的溢出效应。人力资源流动的本质是以人为载体的知识流动。发达国家的经验证实，国外资本所具有的竞争优势是无法脱离其人力资源而完全物化在设备和技术上的。因此，跨国公司海外投资项目的有效运转，往往和当地人力资源的开发结合在一起。如当地技术及管理人员和跨国公司总部派遣的专家一起工作；对当地人员进行培训；当地技术人员参与对技术、产品和工艺的改进工作甚至研发活动；高级管理人员了解、参与跨国公司全球网络的运作过程。从流动的形势来看，人力资源流动效应包括有形流动和无形流动两种方式。有形流动是指随着外资企业员工流动而产生的效应；无形的流动是指并非通过外资员工流动而产生的效应，如项目合作、交流活动等。

为测度中国投资企业的人力资本培训—流动效应，本书设计了如表5-23所示的调查题项。调查结果表明，老挝本土企业并没有通过项目合作和沟通活动等方式从中国企业学习管理经验、相关技术和营销策略。67.42%的老挝本土企业与中国企业从未有过项目合作，62.56%的老挝本土企业从未与中国企业进行交流活动。仅仅有11%

表5-23　　　中国投资企业的人力资本培训—流动效应

	从来没有	很少	有时	经常	总是	不知道
与中国企业进行项目合作（%）	67.42	8.52	5.76	5.26	1.25	11.78
与中国企业进行交流活动（年度会议、聚会等）（%）	62.56	7.79	9.05	4.02	0.5	16.08

注：因四舍五入，有时各分项百分比之和不等于100%。

资料来源：调查及笔者计算。

的本土企业与中国企业有过项目合作，17%的本土企业与中国企业开展交流活动。

（4）后向关联效应。为检验中国企业通过后向关联对老挝本土企业的影响，本部分设计了如表5-24所示的调查题项。企业调查发现，尽管中国企业在生产技术、管理和营销策略方面有一定的溢出效应，但是，老挝本土企业与中国消费者之间没有太多关联。如表5-24所示，58.87%的本土企业表示从来没有为了符合中国消费者的高标准而不断提高产品和服务质量。此外，71.85%的企业表示，中国消费者从未在提高产品质量和改进生产设施方面给予过帮助。

表5-24　　　　　　老挝本土企业与中国消费者的关系

	从来没有	很少	有时	经常	总是	不知道	合计
您需要不断提高产品和服务质量以符合中国消费者的高标准（%）	58.87	13.71	9.41	9.14	2.42	6.45	100
您接受过中国消费者的帮助（例如提高产品质量、开展创新活动等）（%）	71.85	10.19	8.31	2.41	1.07	6.17	100

注：因四舍五入，有时各分项百分比之和不等于100%。
资料来源：老挝国立大学课题组。

（5）前向关联效应。为检验中国企业通过前向关联对老挝本土企业的影响，本部分设计了如表5-25所示的调查题项。调查发现，除向中国企业购买生产机械和设备外，老挝本土企业可能通过前向关联从中国对外直接投资中受益。35.50%和23.75%的本土企业经常和总是向中国企业购买原材料及零部件，15.25%的企业有时向中国企业购买。进一步研究表明，56.61%的老挝本土企业从未获得中国企业的帮助或培训。

表 5-25　　　　　　　　老挝本土企业与中国企业的关系

	从来没有	很少	有时	经常	总是	不知道	合计
您所在企业向中国企业购买原材料或零部件（%）	12.50	10.00	15.25	35.50	23.75	3.00	100
您所在企业向中国企业购买机械设备（%）	37.25	17.50	24.50	11.00	6.50	3.25	100
您所在企业获得过中国供应商的帮助和培训（%）	56.61	13.97	11.22	8.23	3.99	5.99	100

注：因四舍五入，有时各分项百分比之和不等于100%。

资料来源：老挝国立大学课题组。

（二）中国对外直接投资溢出关联效应对老挝中小企业绩效的影响

本土企业在促进老挝经济发展方面起着非常重要的作用，中小企业的表现尤为突出，但相关研究却相对较少，未能清晰地揭示中国对外直接投资的溢出关联效应对老挝中小企业经营绩效的影响。为研判中国对外直接投资的溢出关联效应对老挝本土企业绩效的影响，本节使用了2015年老挝国立大学研究团队从老挝三大区域八个省（万象、琅勃拉邦、琅南塔、博胶、万象、甘蒙、沙湾拿吉和占巴塞省）收集的337家本土企业的截面数据，运用可行广义最小二乘法（Feasible Generalize Least Squares，FGLS）纠正了异方差问题，并构建多元回归模型。

研究结果表明，老挝政策制定者或私人机构应该支持员工参加更多技能培训，与中国企业进行经验交流，促进劳动技能发展；老挝本土企业应加强与中国企业开展项目合作，聘请曾在中国企业工作过的技术人员；拓展融资渠道以扩大经营范围，增加雇用员工数量。此外，老挝政府应当进一步支持老挝中小企业的能力建设，提升其生存能力，以应对来自东盟和其他地区中小企业的激烈竞争。

1. 回归模型说明

本节构建的多元回归模型中使用了老挝企业所有商品和服务的销售收入、销售收入利润率、劳动生产率来表示老挝中小企业绩效。具体模型结构如下（Lefebvre et al., 2003）：

$$Y = \alpha + \beta(SOE) + \gamma(OE) + \delta(SSM) + \theta(OF) + \mu_i \quad (5.2)$$

其中，Y 表示老挝中小企业的经营绩效，由所有商品和服务的销售收入、销售收入利润率和劳动生产率三个指标来衡量；SOE 表示中国对外直接投资的溢出关联效应，包括水平关联和垂直关联；OE 表示中国对外直接投资的其他溢出关联效应；SSM 表示中小企业所在行业的向量；OF 表示其他影响企业绩效的因素。α 表示常数；β、γ、δ、θ 表示相关变量的对应系数；μ_i 为正态分布的随机误差项。模型所用变量和相关解释已在表5-26中详细说明。回归模型可能存在多重共线性和异方差等问题，可以在模型预测过程中进行检测和删除。多重共线性是普通最小二乘法的常见问题，如果两个独立变量之间的相关系数绝对值大于或等于0.80，那么该模型存在较为严重的多重共线性的问题（Gujarati, 1995）。

表5-26　　　　　模型所用变量和相关定义一览

变量	变量定义		预期符号
因变量			
ln(TR13)	2013年所有产品和服务销售收入的自然对数	百分比（%）	
PR13	2013年销售收入利润率		
ln(Prod13)	2013年劳动生产率的自然对数		
自变量			
溢出效应			
水平关联			
Change	同行业中国企业的竞争压力迫使本土企业改进生产技术或流程	1=是；0=其他	正向
Adopt	本土企业（通过观察和复制）直接采用中国竞争对手的生产技术或流程	1=是；0=其他	正向
Prevent	本土企业感觉中国企业试图阻止技术转让	1=是；0=其他	负向
Competi	本土企业在劳动力市场面临中国企业的竞争（很难聘请到技术工人）	1=是；0=其他	负向

续表

变量	变量定义		预期符号
Hire	聘用曾接受中国企业培训的员工	1=是；0=其他	正向
垂直关联			
客户（后向关联）			
Chspplier	重要产品销售对象是中国企业的本土企业	百分比（%）	正向
Frcustom	客户关系导致中国企业对本土企业产生技术转移	1=是；0=其他	正向
供应商（前向关联）			
Chinput	本土企业从中国供应商购买中间产品、原材料和其他投入	百分比（%）	正向
Chtofirm	供应关系使中国供应商对本土企业产生技术转移	1=是；0=其他	正向
其他效果			
Equ	向中国企业学习设备、加工技术或产品创新	1=同意或完全同意；0=其他	正向
Emp	向中国企业学习员工技能拓展	1=同意或完全同意；0=其他	正向
Mars	向中国企业学习营销策略（定价、产品分类、市场渠道、促销等）	1=同意或完全同意；0=其他	正向
Exten	最近三年企业面临竞争激烈程度的变化	1=激烈或非常激烈；0=其他	负向
Upda	中国企业的竞争压力迫使您所在企业不断更新机械设备、改进加工技术、开展产品更新	1=同意或完全同意；0=其他	正向
Impr	中国企业的竞争压力迫使您所在企业不断改进管理方法（人事、财务方面等）	1=同意或完全同意；0=其他	正向
Condu	中国企业的竞争压力迫使您所在企业不断提高劳动力技能及聘用技术劳动力	1=同意或完全同意；0=其他	正向

续表

变量	变量定义		预期符号
Adm	中国企业的竞争压力迫使您所在企业不断调整市场策略（定价、产品类别、市场渠道、促销等）	1＝同意或完全同意；0＝其他	正向
Proje	企业通过与中国企业的项目合作学习中国企业的管理经验、技术和营销战略	1＝经常或总是；0＝其他	正向
Comm	企业通过与中国企业进行交流活动学习中国企业的管理经验、技术和营销战略（年度会议、聚会等）	1＝经常或总是；0＝其他	正向
中小企业行业			
Food	企业属于酒店和餐饮业	1＝是；0＝其他	负向
Wearing	企业属于制衣、服装、毛皮染色业	1＝是；0＝其他	正向
Wood	企业属于木材和木制品业	1＝是；0＝其他	正向
Paper	企业属于造纸和纸制品业	1＝是；0＝其他	正向
Metal	企业属于金属产品业（除机械设备外）	1＝是；0＝其他	正向
Growing	企业属于农作物和园艺作物种植业	1＝是；0＝其他	负向
Animal	企业属于动物养殖业	1＝是；0＝其他	正向
Constru	企业属于建筑业	1＝是；0＝其他	负向
其他因素			
Exper	经理在加入此企业之前有在其他本土或外资企业（包括中国）工作的经历	1＝是；0＝其他	正向
Medu	企业规模为中等（以员工数目计算，人数在20—99人）	1＝是；0＝其他	正向
State	国有企业	1＝是；0＝其他	正向
Branch	企业在老挝其他地方有分支机构、分工厂、商店或服务网点	1＝是；0＝其他	正向
Workch	企业有曾为中国企业工作过的员工	1＝是；0＝其他	正向

续表

变量	变量定义		预期符号
Managch	企业雇用了曾为中国企业工作的管理人员	1 = 是；0 = 其他	正向
Technch	企业雇用了曾为中国企业工作的技术人员	1 = 是；0 = 其他	正向
Markch	企业雇用了曾为中国企业工作的市场营销人员	1 = 是；0 = 其他	正向

资料来源：老挝国立大学课题组。

2. 结果与讨论

自变量的相关性检验结果表明，计量模型不存在多重共线性，因为多数值均小于 0.69（见表 5 - 27）。布伦斯—帕甘（Breusch - Pagan）检验结果说明存在异方差问题。模型采用可行广义最小二乘法（Feasible GLS）来验证自变量和因变量之间的关系（所有商品和服务销售收入、销售收入利润率、劳动生产率），可以对异方差问题进行修正（Greene，2003）。除销售收入利润率外，其他被解释变量取自然对数形式，这与使用其绝对值进行类似估计相比，大大改进了模型的拟合优度。所有商品和服务的销售收入、劳动生产率这两个因变量是对数形式，其估计回归系数表示自变量一个单位的变化所引发的所有商品和服务销售收入、劳动生产率及销售收入利润率的百分比变化。

表 5 - 27　　　　　　　　　变量的基本统计信息

变量	变量定义	样本	均值	标准差	最小值	最大值
ln（TR13）	2013 年所有产品和服务销售收入的自然对数	337	20.23	1.79	14.00	29.00
PR13	2013 年销售收入利润率	337	23.59	20.14	0	100
ln（Prod13）	2013 年劳动生产率的自然对数	337	17.50	1.56	12.61	24.99
Change	同行业中国企业的竞争压力迫使本土企业改进生产技术或流程	337	0.36	0.48	0	1

续表

变量	变量定义	样本	均值	标准差	最小值	最大值
Adopt	本土企业（通过观察和复制）直接采用中国竞争对手的生产技术/流程	337	0.14	0.35	0	1
Prevent	本土企业感觉中国企业试图阻止技术转让	337	0.05	0.23	0	1
Competi	本土企业在劳动力市场面临中国企业的竞争（很难聘请到技术工人）	337	0.26	0.44	0	1
Hire	聘用曾接受中国企业培训的员工	337	0.17	0.38	0	1
Chspplier	重要产品销售对象是中国企业的本土企业	337	3.23	11.37	0	96
Frcustom	客户关系导致中国企业对本土企业产生技术转移	337	0.05	0.23	0	1
Chinput	本土企业从中国供应商购买中间产品、原材料和其他投入	337	18.70	34.11	0	100
Chtofirm	供应关系使中国供应商对本土企业产生技术转移	337	0.65	0.48	0	1
Equ	向中国企业学习设备、加工技术或产品创新	337	0.35	0.48	0	1
Emp	向中国企业学习员工技能拓展	337	0.30	0.46	0	1
Mars	向中国企业学习营销策略（定价、产品分类、市场渠道、促销等）	337	0.33	0.47	0	1
Exten	最近三年企业面临竞争激烈程度的变化	337	0.34	0.48	0	1
Upda	中国企业的竞争压力迫使您所在企业不断更新机械设备、改进加工技术、开展产品更新	337	0.38	0.49	0	1
Impr	中国企业的竞争压力迫使您所在企业不断改进管理方法（人事、财务方面等）	337	0.36	0.48	0	1
Condu	中国企业的竞争压力迫使您所在企业不断提高劳动力技能及聘用技术劳动力	337	0.45	0.50	0	1

续表

变量	变量定义	样本	均值	标准差	最小值	最大值
Adm	中国企业的竞争压力迫使您所在企业不断调整市场策略（定价、产品类别、市场渠道、促销等）	337	0.45	0.50	0	1
Proje	企业通过与中国企业的项目合作学习中国企业的管理经验、技术和营销战略	337	0.02	0.14	0	1
Comm	企业通过与中国企业进行交流活动学习中国企业的管理经验、技术和营销战略（年度会议、聚会等）	337	0.03	0.17	0	1
Food	企业属于酒店和餐饮业	337	0.29	0.45	0	1
Wearing	企业属于制衣、服装、毛皮染色业	337	0.08	0.27	0	1
Wood	企业属于木材和木制品业	337	0.08	0.28	0	1
Paper	企业属于造纸业和纸制品业	337	0.06	0.24	0	1
Metal	企业属于金属产品业（除机械设备外）	337	0.04	0.21	0	1
Growing	企业属于农作物和园艺作物种植业	337	0.04	0.19	0	1
Animal	企业属于动物养殖业	337	0.03	0.17	0	1
Constru	企业属于建筑业	337	0.12	0.33	0	1
Exper	经理在加入此企业之前有在其他本土或外资企业（包括中国）工作的经历	337	0.20	0.04	0	1
Medu	企业规模为中等（以员工数目计算，人数在20—99人）	337	0.30	0.46	0	1
State	国有企业	337	0.03	0.18	0	1
Branch	企业在老挝其他地方有分支机构、分工厂、商店或服务网点	337	0.31	0.46	0	1
Workch	企业有曾为中国企业工作过的员工	337	0.09	0.29	0	1
Managch	企业雇用了曾为中国企业工作的管理人员	337	0.05	0.21	0	1

续表

变量	变量定义	样本	均值	标准差	最小值	最大值
Technch	企业雇用了曾为中国企业工作的技术人员	337	0.07	0.26	0	1
Markch	企业雇用了曾为中国企业工作的市场营销人员	337	0.04	0.19	0	1

资料来源：老挝国立大学课题组。

模型估测结果如表5-28所示。结果表明，中国对外直接投资溢出关联效应是老挝中小企业绩效的一个重要影响因素。另外，如果老挝企业雇用曾经在中国企业受培训的员工，其绩效水平也会受到正向影响，其对企业所有商品和服务销售收入、劳动生产率的系数预期符号为正向，且在95%的显著性水平下显著。这与 Nazar 和 Saleem（2009）的研究结果相一致，他们也发现，员工接受技术培训有助于提升中小企业绩效水平。老挝中小企业从中国供应商采购中间产品、原料和其他投入（Chinput）对所有商品和服务的销售收入有显著正向影响，且在99%的显著性水平下显著。"向中国企业学习员工技术拓展"这一因素（EMP）在销售收入利润率方面对老挝中小企业绩效具有显著的正向影响，且在99%的显著性水平下显著。中国企业带来的竞争压力迫使老挝中小企业不断改进管理方法（Impr），这在销售收入利润率、劳动生产率方面对老挝中小企业绩效有显著的正向影响，且分别在90%和95%的显著性水平下显著。

表5-28　基于可行广义最小二乘法的中国直接投资溢出关联效应对老挝中小企业绩效的影响

自变量	ln(TR13) 系数	ln(TR13) t值	PR13 系数	PR13 t值	ln(Prod13) 系数	ln(Prod13) t值
Change	0.1871	0.85	-0.3840	-1.43	-0.1892	-1.03
Adopt	-0.4256	-1.40	0.2211	0.74	-0.1032	-0.37
Prevent	0.3158	0.60	-0.0781	-0.13	0.3392	0.76

续表

自变量	ln(TR13) 系数	t值	PR13 系数	t值	ln(Prod13) 系数	t值
Competi	0.2005	1.07	0.0834	0.33	0.2180	1.20
Hire	0.6201**	2.08	0.5174	1.55	0.5685**	2.20
Chspplier	0.0007	0.07	0.0085	1.04	-0.0024	-0.35
Frcustom	0.4553	0.95	0.4520	0.87	0.3988	1.17
Chinput	0.0086**	3.23	-0.0009	-0.33	0.0037	1.35
Chtofirm	-0.5316**	-2.42	-0.4542*	-1.62	-0.4774**	-2.71
Equ	-0.1575	-0.74	0.0194	0.07	-0.1079	-0.54
Emp	0.1804	0.69	0.7692***	2.51	0.2877	1.23
Mars	0.0669	0.25	-0.1080	-0.37	-0.0203	-0.09
Exten	-0.5558***	-3.19	-0.5672**	-2.38	-0.1710	-1.09
Upda	-0.4335*	-1.85	-0.5343	-1.60	-0.3792*	-1.78
Impr	0.3569	1.28	0.6307*	1.84	0.5549**	2.34
Condu	0.4238	1.60	-0.0589	-0.16	0.5341**	2.18
Adm	-0.4295*	-1.80	-0.4242	-1.42	-0.7834***	-3.40
Proje	-0.2839	-0.19	1.4726*	1.79	-0.1234	-0.29
Comm	-0.2675	-0.66	-0.4705	-0.86	0.1552	0.36
Food	-0.5827***	-2.67	-0.5161*	-1.67	-0.3077*	-1.61
Wearing	0.6810**	2.29	0.8467**	2.16	-0.8110*	-1.72
Wood	-0.1180	-0.36	-0.0075	-0.02	-0.1745	-0.63
Paper	0.0329	0.08	0.7063*	1.84	-0.3455	-0.94
Metal	-0.8122*	-1.77	-0.3408	-0.77	-0.5361	-1.13
Growing	0.5955*	1.85	0.5437	0.97	0.9354**	2.39
Animal	0.3210	0.91	-0.4311	-1.04	0.3719	1.45
Constru	-0.1774	-0.58	-1.0773***	-3.05	-0.2921	-1.03
Exper	-0.1523	-0.57	-0.4087	-1.20	-0.1204	-0.51
Medu	0.7079***	3.55	0.2315	1.04	-0.3480*	-1.90
State	-0.7294	-0.63	-1.4710***	-4.65	0.4936	0.74
Branch	0.9626***	4.47	0.5770***	2.50	0.5393***	3.22
Workch	0.3959	1.09	1.3886***	3.73	0.6018*	1.63
Managch	0.4550	-1.00	-0.9935	-1.26	-0.5741	-1.28

续表

自变量	ln(TR13) 系数	t值	PR13 系数	t值	ln(Prod13) 系数	t值
Technch	0.1646	0.38	0.7382	1.20	-0.6783*	-1.79
Markch	-0.5183	-0.89	-0.4220	-0.57	-0.3820	-0.64
Cons	20.1560***	69.65	20.6863***	55.89	17.89535***	72.67
Number of obs	337		337		337	
F-test	2237.53		1530.92		2126.69	
Prob > F	0.0000		0.0000		0.0000	
R^2	0.9963		0.9946		0.9961	
Adj R^2	0.9958		0.9939		0.9956	
Root MSE	2.2280		0.1963		2.2104	

注：*、**和***分别表示在90%、95%和99%的显著性水平下显著。

资料来源：老挝国立大学课题组。

我们还发现，"中国企业的竞争压力迫使老挝中小企业不断提高劳动技能和聘用技术劳动力"（Condu）这一因素对劳动生产率具有积极影响，且在95%的显著性水平下显著。这说明，因中国企业竞争压力而在劳动技能发展和技术劳动力聘用方面不断改进的老挝企业，其劳动生产率比那些没有中国企业竞争压力的企业高。此外，对中国企业进行项目合作而学习管理经验和营销策略的老挝中小企业来说，其绩效与销售收入利润率有直接关系，系数预期符号为正，且在90%的显著性水平下显著。具体来说，这类中小企业的销售收入利润率可以增加1.47%。这一结果说明，老挝中小企业应该通过与中国企业开展项目合作来学习管理经验、技术和营销策略，以提高经营能力和企业竞争力，增加企业销售收入利润率。"企业有曾为中国企业工作过的员工"（Workch）是对老挝中小企业绩效有显著正向影响的因素。这一结果表明，老挝企业聘用曾为其他中国企业工作过的员工，可以提高老挝中小企业的销售收入利润率和劳动生产率。企业规模为中型的企业（员工在20—99人）销售收入更多，但劳动生产率较低。这一研究结果与 Biggs 和 Shah（2006）、Watson（2007）、Kyophilavong

(2008) 的研究相同。

然而，中国对外直接投资溢出关联效应对老挝中小企业绩效也有显著的负面影响。"供应关系使中国供应商对本土企业产生技术转移"（chtofirm）对老挝企业的销售收入利润率、所有商品和服务销售收入以及劳动生产率三方面均有较为突出的负面影响，且分别在90%、95%和99%的显著性水平下显著。"老挝企业感觉到近三年来竞争程度有变化"（Exten）这一因素在所有商品和服务销售收入、销售收入利润率方面对老挝中小企业绩效有负面影响，且分别在99%和95%的显著性水平下显著。这表明，"感觉到近三年来竞争程度有所变化的老挝企业"比起那些"没有感觉到近三年来竞争程度有所变化的老挝企业"来说，其销售收入和销售收入利润率分别低55.58%和0.57%。"老挝企业因面临中国企业竞争压力而不断更新机器设备、改进加工技术和开展产品创新"（Upda）这一因素在销售收入和劳动生产率方面对老挝中小企业绩效有负面影响，且在90%的显著性水平下显著。这表明，老挝企业如果因为中国企业竞争压力而不断更新机器设备、改进加工技术和开展产品创新，其销售收入和劳动生产率就会分别降低43.35%和37.92%。"中国企业的竞争压力迫使老挝企业不断调整市场策略（定价、产品分类、市场渠道、促销等）"（Adm）这一因素对老挝中小企业的销售收入和劳动生产率有负面影响，且分别在99%和95%的显著性水平下显著。

综上所述，中国企业通过市场竞争效应对老挝中小企业不仅仅有积极的作用，也有负向的影响。但总体来看，中国投资企业通过市场竞争产生的正效应和负效应实际上是同时发生的，也就是通常研究中所检验的结果是这两种效应互相抵消之后的混合结果（杜健，2005）。

另外，中小企业所属行业也是影响老挝中小企业绩效的重要因素。对老挝中小企业绩效有着显著积极影响的行业包括造纸及纸制品业、农作物和园艺作物种植业。而制衣业、服装业、毛皮染色业与销售收入和销售收入利润率之间具有正相关关系，且在95%的显著性水平下显著，但却与劳动生产率之间具有负相关关系，且在90%的显著性水平下显著。这说明，从事制衣、服装和毛皮染色业的老挝中小企业有较高的销售收入和销售收入利润率，但劳动生产率比其他行业低。另外，酒店和餐饮业、食品行业（Food）对老挝中小企业绩效有显著负面影响，这意味着，酒店和餐饮业、食品行业的销售收入、销售收入利润率、劳动生产率比其他行业要低。除机械设备外的金属制品行业（Metal）和建筑业的销售收入和利润率也比较低。

（三）典型案例分析

案例1 KKC 完全设计公司（KKC Complete Design）

1. KKC 公司简介

近二十年来，老挝的建筑行业与经济得到了持续发展。建筑行业是近年来支撑经济强劲发展的一个重要部门。

KKC 完全设计公司成立于 2015 年，是一个百分之百的本土民营企业。KKC 公司提供包括建筑、室内设计、标志与印刷、建筑设备、家居设计和进出口业务等多种服务。KKC 公司不仅为老挝本土企业提供设计服务，还为在老挝投资的中国企业提供设计服务，主要因为该公司的经理曾在中国留学且会说中文。目前，KKC 完全设计公司 60%—70% 的客户为在老挝投资的中国企业，少数客户为本土顾客。

KKC 公司共有员工 60 多人，并具有专业的团队成员，包括 3 个本地的专家和 5 个来自中国的专家。中国的技术专家主要处理一些本地专家不能胜任的、技术含量较高的任务。

KKC 公司大约有 80% 的材料、机器与建筑设备是通过进出口公司从中国进口。该进出口公司是一家老中合资企业，其老挝合伙人之一正好是 KKC 完全设计公司（KKC）的经理。

2. KKC 公司获得的溢出效应

由于 KKC 公司的老板和经理曾在中国学习，中文较好，与中国企业很容易沟通，因此，该公司与中国公司合作较多（不仅仅是在老挝投资的中国公司，还有中国本土的公司），从而受到中国投资公司的影响较为明显。整体而言，中国对外直接投资对 KKC 公司的成立和运营起着重要作用，也对 KKC 公司产生了各种积极的溢出效应。

第一，在人力资本培训—流动效应方面，KKC 公司聘用了 5 名中国技术人员，专门从事高度熟练的技术工作。来自中国的技术工人不仅从事现场工作，而且还为当地的技术工人提供培训。对当地工人来说，学习和获得新的技术和技能是非常重要的。

第二，中国对外直接投资的后向联系与前向联系。KKC公司从中国进口材料、家具与设备等。此外，该公司还为老挝的中国企业与本土企业提供服务。很显然，KKC公司在技术转让、前向联系与后向联系方面一直受益于中国公司。

3. KKC公司与中国公司的进一步合作计划及存在问题

（1）KKC公司与中国公司的合作计划。KKC完全设计公司（KKC）在不断成长，其重要原因在于公司与中国企业的合作。合作是该公司未来发展的主题。

第一，KKC完全设计公司（KKC）将与在老挝投资的中国公司合作，在万象开设家具店。其中，老挝将持有这家家具店总份额的60%。同时，该家具店的大部分家具将从中国进口。

第二，KKC完全设计公司（KKC）还将成立一个进出口公司，从事建筑材料的进出口。由于近年来老挝房地产和建筑行业的快速发展，KKC公司认为，建筑行业具有较大的商业机会，能为公司带来更大利益。新成立的公司主要向在老投资中国企业以及本土企业销售建筑材料与室内装饰材料。

此外，KKC完全设计公司（KKC）计划成立一家咨询公司，主要为计划在老挝做生意的中国商人提供咨询业务。新成立公司的特色是提供一站式服务，全面提供公司选址、业务安排等咨询服务。

（2）存在的问题。公司在持续发展的同时也不断增进与中国企业的合作，但在合作过程中还存在一些问题需要解决。首先，文化差异是KKC公司与中国投资企业、中国商人开展业务的首要障碍。其次，外资企业加剧了市场竞争。随着东盟经济共同体（AEC）在2016年年初开始推进，外国企业被允许进入室内设计等领域，市场竞争环境更加剧烈。因此，KKC公司必须通过提升技术、服务、管理技能、服务质量等来增强竞争力。最后，政府的制度建设和服务需要改进。目前，从政府机构获得营业执照和许可证存在一些繁文缛节，需要提高政府办事效率；而且，较高的税收将会降低企业竞争力，应降低企业的赋税比例。

4. 结论

老挝的经济在持续增长，建筑行业也一直在发展。KKC 完全设计公司（KKC）为老挝的经济发展出了较大的贡献。KKC 的中国资本要素对于建立和经营企业起到了积极影响。KKC 开始实施多元化经营策略，将其业务和服务拓展到其他行业部门。而 KKC 公司在与中国投资企业的合作过程中，通过人力资本培训—流动效应、前后向效应等渠道，KKC 获得了中国对外直接投资企业的积极溢出效应。

案例 2　LCC 生物肥料有限公司
(LCC Bio Fertilizer Factory Sole Co., LTD.)

1. LCC 公司简介

LCC 生物肥料公司是一家完全由本地资本投资的民营企业，成立于 2015 年 3 月，企业注册号为 705/ERO。农林部农业用地管理部门于 2015 年 11 月 22 日颁发了化肥配方标准证书，证书号为 0364/DaLaM. 15。该公司从中国福建中富公司和山东苏柯汉生物技术公司引进生物技术。LCC 通过了 ISO14001：1996、ISO 14001：2004、ISO 9001：2008、有机 100 含量标准及有机混合含量标准等相关认证。

老挝政府一直以来都十分注重绿色经济和可持续发展，发展绿色经济已成为老挝第八个五年社会经济计划的重中之重（2016—2020年），而农民使用生物肥料有助于实现这一目标。老挝农民有一定的化肥使用经验，但生物肥料对他们来说仍属新兴事物。生物肥料是指在种植过程中使用安全、自然的生物肥料，在生产、使用过程中没有化学物和碳排放，植物、土壤和水中没有农残，这既有助于环境保护，也有助于作物安全生产。生物肥料有三种主要作用：植物改良、土壤恢复及改善、某些类型的病虫害防治。因此，生物肥料是现代农业的选择。此外，从长远来看，生物肥料既有助于农民节约并有效利用投资，也有利于老挝推动有机农业发展。

公司有一支专业技术团队，由来自中国和老挝的三位专家构成，他们专门从事农业开发、生物有机肥料的生产和土壤改良。目前，公司拥有 20 多名工人。该公司致力于拓展国内外市场，为广大客户提供服务，另外还与农民团体、社区、当地生产发展项目进行合作。

2016 年上半年以前，LCC 每年生产 2.5 万吨的优质生物有机肥。而自 2016 年下半年开始，公司将优质生物有机肥的年生产率提高至 5 万吨，产品主要在老挝国内各省销售。再加上其他本地生物有机肥料厂的产量，公司完全能向政府和当地农业部门保证本地供应能力。因此，5 年后老挝进口化肥将至少减少 30%。

2. LCC 公司获得的溢出效应

中国对外直接投资企业和中国投资商人对 LCC 公司的成立和运营起着重要作用。该公司从中国的中富公司和山东苏柯汉生物技术公司引进了生产技术和生物技术，这两个公司的驻万象代表处在本土企业和中国对外直接投资企业的联络方面发挥了重要作用。LCC 公司获得的溢出效应主要表现在两个方面。

一是前向关联效应。老挝政府虽然推行了绿色增长政策，但老挝的生物技术发展尚处于起步阶段，老挝的生物肥料公司较少，因此该公司从中国引进了生物肥料技术。无论是短期还是长期来看，该技术对当地技术都有正向溢出效应。

二是人力资本培训—流动效应。中国对外直接投资对 LCC 公司的人力资本水平提升有一定影响。这是因为老挝这方面的技术专家较少，因此，在建厂伊始便邀请了五名中国专家进行指导。到目前为止，已有三名中国专家在该公司工作。通过中国专家的指导，使得公司老板和经理们学习到了先进的技术和管理技能。

总之，该公司已经从中国对外直接投资企业获得了技术转让、中国专家指导以及管理技能，对当地企业发展有所助益。

3. LCC 公司与中国对外直接投资企业的其他合作与存在问题

（1）LCC 公司与中国对外直接投资企业的其他合作。除生物肥料生产方面的合作外，该公司还与中国对外直接投资企业在其他业务方面有联系。例如，该公司与其他中国对外直接投资企业在老挝进行房地产开发合作，或者成立贸易公司，这都说明中国对外直接投资企业对本土企业有正向关联。

（2）LCC 公司存在的问题。尽管 LCC 公司已发展壮大，与中国公司的合作也不断增加，然而，公司也存在一些需要解决的问题。其中，最主要的就是文化差异问题。虽然中国文化和老挝文化有一些相似之处，但也存在差异。不同文化导致 LCC 公司与中国企业合作时产生矛盾，例如，当地公司做生意较为传统，生意双方基于信任、没有协议，这就增加了 LCC 公司与中国对外直接投资企业合作的风险。此外，在向有关老挝政府机构申请营业执照和许可证时，繁文缛节较多，政府处理时间较长。

4. 结论

发展和促进绿色经济是老挝的重要国策，LCC 公司对老挝绿色增长政策的实现有重要作用。在企业成立和经营等方面，LCC 公司受益于中国资本和人力资源要素。本案例表明，中国对外直接投资企业通过前向关联效应、人力资本培训—流动效应等渠道对 LCC 公司产生了积极的溢出效应，不仅为 LCC 公司提供了技术转移，还对公司的管理模式、人力资本水平提升等产生了促进作用。

案例 3 中国运通股份有限公司（Sino Express Co., LTD.）

1. 简介

老挝是东南亚唯一的内陆国家，这就导致交通问题成为制约老挝经济发展的重要因素。为解决交通问题对经济发展的制约，老挝政府已推进了陆联国战略，交通运输业是《第八个五年社会经济发展计划（2016—2020）》的重点，而交通运输部门是推进老挝陆联国战略的关键。然而与周边国家相比，老挝的物流企业和交通运输行业的规模较小，缺乏竞争力。

Sino 运输公司正式注册成立于 2015 年 3 月，是一家本土民营运输和物流企业，由万象资本贸易工业部予以企业注册。该公司具有中等规模，有 50 辆卡车和 60 多名工人。该公司为国内外企业及个人提供物流与运输服务。Sino 运输公司在正式注册以前一直进行生产经营。20 世纪 90 年代，SE 公司只有 3 辆旧卡车，业务范围和规模较小。而 1993 年在 VangVieng 成立的第一家水泥厂（该水泥厂是一家中国对外直接投资企业，即万荣水泥一厂）为 Sino 运输公司的发展提供了新的机会，Sino 运输成为第一家与该水泥厂签约合作的企业，负责将万荣水泥厂生产的水泥运输到万象和其他省份。

目前，Sino 运输公司的目标是在未来五年内成为规模最大的物流与运输公司，并能在泰国、越南、柬埔寨和中国等国家开展业务。

2. 中国对外直接投资企业对 Sino 运输公司的带动作用和溢出效应

（1）中国对外直接投资企业对 Sino 运输公司的带动作用。中国对外直接投资企业对于 Sino 运输公司的成立和运营起着重要作用。自从 Sino 运输公司与万荣水泥厂签约合作以来，Sino 运输公司在销售、利润、卡车数量、就业人数等方面均得到发展。Sino 运输公司增添更多卡车以满足水泥厂的需求。而随着万荣水泥二厂、三厂的不断成立，万荣水泥厂的生产规模不断扩大，Sino 运输公司的业务规模也在不断提升。此外，近年来，老挝基础设施建设、房地产开发行业发展迅速，导致水泥的需求不断增加，大量中国企业家和商人到老挝投资水泥生产。如在老挝南部的甘蒙省与沙湾拿吉省、老挝北部芬琅布拉邦省，都有中国对外直接投资的水泥生产企业。这些企业的成立为 Sino 运输公司的业务拓展提供了机会。

由于 Sino 运输公司具有与中国水泥厂合作的经验，并与中国对外直接投资企业的主要管理者能很好沟通，该公司也得到了老挝南部中资水泥厂的签约。很显然，Sino 运输公司在行业的运输网络与管理经验方面受益于中国企业，并与中国对外直接投资企业开展了更多的业务。

（2）中国对外直接投资企业对 Sino 运输公司的溢出效应。与中国对外直接投资水泥厂的合作，对于带动 Sino 运输公司的发展起到了重要作用。而与其他行业中国对外直接投资企业的合作则为 Sino 运输公司带来了溢出效应。随着物流与运输服务需求的增加，Sino 运输公司已从中资公司或中国汽车代理企业购买了大量卡车。由于中国卡车比其他国家卡车的价格便宜、质量好，Sino 运输公司已经与 15 家中国汽车生产企业建立合作关系，而在这些合作中，Sino 运输公司在车辆维护、公司运营管理等方面获得了溢出效应。

3. Sino 运输公司存在的问题

Sino 运输公司与中国对外直接投资企业的合作在不断增加，但是依然存在一些需要解决的问题。首先，文化差异仍然是影响 Sino 运输公司与中国对外直接投资企业合作的首要问题。虽然中国文化与老挝文化有一些相似之处，但是也有不同的地方。这种差异在合作沟通过程中会带来一定的困扰。其次，企业与国外同行业之间的竞争日趋激烈。国外物流企业在资本、技能与管理方面具有更多的竞争优势。为确保现有市场份额，并促进企业发展，Sino 运输公司的战略是与更多的中国对外直接投资企业进行合作。最后，政府的相关制度与支持力度不足。一方面，老挝政府没有清晰的政府规章制度来指导和支持物流业发展；另一方面，对希望拓展国外市场运输企业来说，周边国家的相关政策也并不支持老挝企业向周边国家拓展业务与服务，而老挝政府也并未与东盟或 GMS 国家在物流与运输方面签订相关协定。

4. 结论

老挝政府的战略是将老挝从一个陆锁国转变为东南亚的陆联国。因此，促进交通运输业的发展是老挝最重要的政策之一。Sino 运输公司对老挝政府的战略具有显著贡献，而 Sino 运输公司的发展则受益于中国对外直接投资企业在水泥行业的大量投资，这些投资不仅为建筑行业提供水泥，而且还带动了 Sino 运输公司等交通运输企业发展。

第三节　中国对外直接投资企业投资绩效及影响因素分析

近年来，大湄公河次区域国家民主进程加快，倾向于选择"大国平衡"外交政策，力图在大国制衡中实现自身利益最大化。柬埔寨、老挝、缅甸等国回归传统的中立主义，曾经十分紧密的双边政治合作和互信关系被削弱。老挝、柬埔寨等东道国政府基于自身发展需求的利益诉求，开始修订外商直接投资相关法律法规，力图加强对外商投资企业的管理，优化外商直接投资结构。投资环境和政策的变化，对投资于柬埔寨和老挝两国的中国对外直接投资企业的生产经营势必会带来严峻挑战。

在东道国新的投资环境和政策影响下，中国对外直接投资企业绩效如何，受到哪些因素的影响；同时，如何实现投资利益最大化和包容性发展也成为投资企业和东道国社会共同关注的问题。事实上，只有通过准确评价企业投资绩效，深入了解东道国投资环境因素对绩效的影响程度，才能为中国对外直接投资企业适应新的投资环境、进一步扩大对东道国投资、实现双方共赢发展提出具有可操作性的策略和建议。

一 中国对外投资企业绩效评估及结果分析

（一）数据来源

本章所用的数据来自 2014 年和 2015 年课题组对老挝（万象市、甘蒙省、丰沙里省、乌多姆塞省、琅勃拉邦市）、柬埔寨（金边市及周边、西哈努克省经济特区）270 家中资企业的问卷调查。问卷设计时采用李克特式 5 点量表。为了使样本更具有代表性，本书根据样本地区中资企业分布特点和实际情况进行随机抽样。通过对每家企业进行面对面深度访谈的方式进行问卷填写和数据收集，最终获得有效问卷 220 份。其中，柬埔寨 117 份，老挝 103 份。

（二）绩效评估指标选择

一般来说，中国对外直接投资企业绩效评估指标可以分为财务指标和非财务指标两类。财务指标主要有利润率、投资报酬率、资产报酬率、出口增长率、营业额增长率等；非财务性客观指标主要是企业在海外的存活度与存续时间、公司海外投资目标实现程度和海外投资水平、管理水平、员工素质情况（员工受教育程度、技术人员结构）、人力效率（劳动生产率、员工创利能力）等。此外，常玉春（2011）认为，跨国公司的海外资产积累能力可以在一定程度上反映国际化程度。

根据相关文献及调研获取数据的实际情况，本书的企业绩效评估指标如表 5-29 所示。

表 5-29　　中国对外直接投资企业绩效评估指标选取

一级指标	二级指标	三级指标
企业绩效	财务效益	销售利润率
	资产运营	总资产周转率；流动资产周转率
	成长状况	销售增长率
	员工管理	技术人员流失率
	员工素质	员工受教育程度；技术人员结构
	人力效率	劳动生产率；员工创利能力

(三) 评价指标权重

在获得表 5-29 中相关指标的数据之后，本节利用客观赋权的方法因子分析法（Factor Analysis）对绩效指标进行降维得到一个综合绩效指数，如表 5-30 所示。从降维后绩效评估指标的权重来看，"人力效率"指标在柬埔寨和老挝两国综合绩效指数衡量中都占据绝大多数比例，分别达到了 35% 和 38%，然而其他评估指标权重在两国存在一定的差异，例如，在柬埔寨投资的企业综合绩效指数中更看重企业资本运营效率（占 30%）；而在老挝投资企业的综合绩效指数中更看重企业财务效益的好坏（占 24%）。

表 5-30　　绩效评估指标权重

	评估指标及权重
绩效评估指标权重（柬埔寨）	财务效益：销售利润率 (0.07)
	资产运营：总资产周转率 (0.16)、流动资产周转率 (0.14)
	素质：员工受教育程度 (0.20)、技术人员结构 (0.08)
	人力效率：劳动生产率 (0.17)、员工创利能力 (0.18)
绩效评估指标权重（老挝）	财务效益：销售利润率 (0.24)
	资产运营：总资产周转率 (0.09)、流动资产周转率 (0.11)
	素质：员工受教育程度 (0.04)、技术人员结构 (0.13)
	人力效率：劳动生产率 (0.14)、员工创利能力 (0.24)

注：括号内为评价指标的权重。此外，因子分析赋权法是基于客观数据的一种赋权法，由于考虑到两个国家投资企业发展情况现实差异，在计算指标权重时分成了两个国家分别进行，从而导致同一指标在两个国家的权重存在一定差异。

(四) 评价结果与分析

1. 评价结果等级划分。本书将采用以连续变量等距离散化方法为原则，并根据样本企业的综合绩效指数大小进行 1（差）、2（一般）、3（好）三个等级划分（Sumonkanti Das and Rajwanur M. Rahman，2011）。其中，由于柬老两国存在投资环境以及政策上的差异，两国投资企业绩效的划分标准也存在一定的不同。考虑绩效指数左偏的分布特征，本书将柬埔寨投资企业绩效等级划分为：1 = "差"（绩效指数 ≤ -0.4）、2 = "一般"（-0.4 < 绩效指数 < 0）、3 = "好"（绩效指数 > 0）；将老挝投资企业绩效等级划分为：1 = "差"（绩效指数 < -0.2）、2 = "一般"（-0.2 ≤ 绩效指数 < 0）、3 = "好"（绩效指数 ≥ 0）。这里需要说明的是，"差、一般、好"的划分标准只是企业绩效的相对而言，并没有绝对的意义。

2. 评价结果分析。本书通过因子分析法对绩效评估指标进行降维，得到柬埔寨和老挝两国中国对外直接投资企业绩效指数，进而将中国对外直接投资企业绩效分为绩效差、绩效一般和绩效好三类。从而可以得到受访企业的基本情况，如表 5-31 和图 5-10 所示。

表 5-31　　　　　　中国对外直接投资企业绩效情况

	全部		柬埔寨		老挝	
	频数	比例（%）	频数	比例（%）	频数	比例（%）
绩效差	68	30.91	28	23.93	40	38.83
绩效一般	84	38.18	49	41.88	35	33.93
绩效好	68	30.91	40	34.19	28	27.18

从整体来看，30.91% 的中国对外直接投资企业绩效较差，38.18% 的中国对外直接投资企业绩效一般，30.91% 的中国对外直接投资企业绩效好。从两国对比情况来看，在柬埔寨投资的中国对外直接投资企业绩效较好的比例为 34.19%，在老挝投资的中国对外直接投资企业绩效较好的比例为 27.18%，在柬埔寨投资中国对外直接投资企业具有较好绩效的比例高于在老挝投资中国对外直接投资企业；在柬埔寨投资中国对外直接投资企业具有一般绩效的比例为 41.88%，在老挝投资中国对外直接投资企业具有一般绩效的比例为 33.93%。可见，在柬埔

寨投资中国对外直接投资企业具有更好的企业绩效。

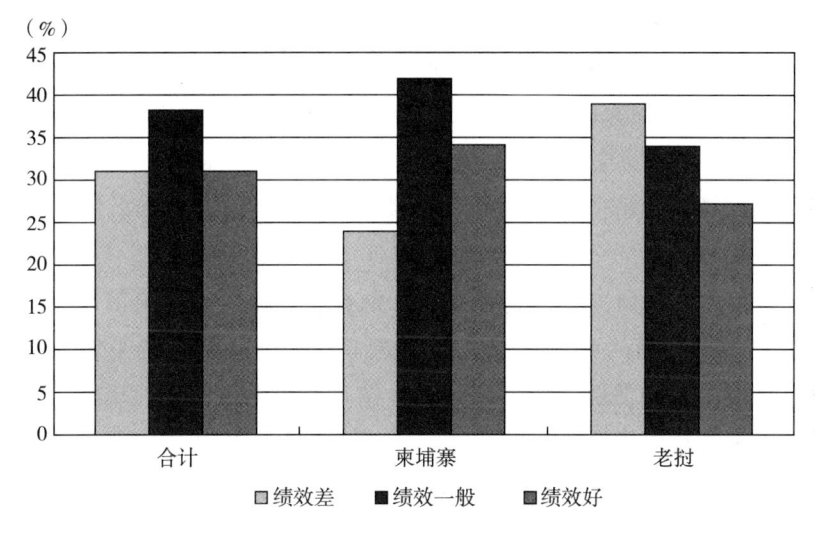

图 5-10 中国对外直接投资企业绩效情况

对比前文的企业规模,本书发现,在柬埔寨和老挝两国投资的中国对外直接投资企业规模和绩效有着明显的差异,在柬埔寨投资企业的平均规模更大,而且绩效相对更好。T 检验结果见表 5-32 和表 5-33。

表 5-32 中国对外直接投资企业投资规模柬埔寨和老挝
对比 T 检验结果

分组	样本	均值	标准误	标准差
柬埔寨	117	2.179	0.067	0.727
老挝	103	2.010	0.068	0.693
合计	220	2.1	0.482	0.788

t = 1.7672　df = 218　Diff < 0(p = 0.9670)　diff = 0(p = 0.0786)　diff > 0(p = 0.0393)

表 5-33 中国对外直接投资企业投资绩效柬埔寨和老挝
对比 T 检验结果

分组	样本	均值	标准误	标准差
柬埔寨	117	2.103	0.070	0.759
老挝	103	1.883	0.080	0.808
合计	220	2	0.053	0.788

t = 2.0729　df = 218　Diff < 0(p = 0.9803)　diff = 0(p = 0.0394)　diff > 0(p = 0.0197)

二 影响因素选取与数据统计分析

(一) 影响因素选取

本书结合中国对外直接投资企业在柬埔寨和老挝两国的经营情况以及国内外文献的研究梳理,将影响中国投资企业绩效的因素总体归纳为投资环境因素和政策因素两个方面。其中东道国环境因素内容包括政治环境、经济环境(政策、市场)、法律环境、基础设施等(张艳华,2003)。

目前已有的研究认为,影响海外企业投资绩效的东道国投资环境因素主要有资源的可获得性、市场潜力、东道国宏观政策和法律法规、东道国基础设施共四个部分。首先,资源的可获得性反映了企业从外部环境获取资源的便利程度。作为企业得以成功创建所依赖的重要资本,获取资源是企业创建及成长过程中投入和利用的各种有形资源和无形资源的加总(屈佳英,2016)。其次,利益最大化是企业对外投资的第一目的,市场潜力决定企业的发展空间,直接影响企业的投资绩效(杨先明,2007)。再次,东道国的宏观政策、法律法规及相关制度对企业绩效有直接的影响,也有学者对其进行了探讨(Sakakibara, Yamawaki, 2008; Davies et al., 2009; 朱勤、刘垚,2013)。最后,东道国基础设施的完善程度直接影响对外投资企业的投资成本,相关研究证明了基础设施对 FDI 企业投资绩效的重要性(Helpman et al., 2003; Grossman et al., 2004; Swenson, 2005),而且不同企业对基础设施的依赖程度也不尽相同。

在政策因素方面,影响海外企业投资绩效的东道国政策因素则主要有土地政策、税收政策和投资服务三个方面。这是因为,企业经营用地的审批流程和使用期限直接关系到企业经营存续期限的长短。而东道国征收的各种税费以及税收优惠政策等直接关系到海外投资企业的生产经营成本。同时投资政策的透明度、审批效率以及程序操作的便捷性等投资服务因素也会影响企业的生产经营情况。

除上述环境因素和政策因素外,本书结合实际企业调研后发现,企业中高技术人员比例、本地化程度、企业年龄、非官方支付频率以及管理完善程度也会在一定程度上影响企业生产经营水平的高低。这是因为，高素质人才是保证企业高效运转和充满生产活力的关键，企业的技术人才资本和本地员工的比重直接影响到企业的经营效果；而东道国政府的腐败直接关系到企业与政府打交道过程中的隐性成本，而且影响企业的资产配置，进而影响企业的效率和成长（Egge and Winner，2005；De Rosa et al.，2010）。此外，企业管理制度的完善程度决定企业文化的培养，将影响企业进一步地发展与适应当地社会的能力，与企业绩效之间存在非常密切的关系（Shleifer and Vishny 1997；La Porta et al.，1998，2000）。

综上所述，本书选择的中资企业绩效影响因素如表 5 – 34 所示。同时，结合调研数据，本书对各影响因素进行了描述性统计分析。

表 5 – 34　　　　　　　　影响因素的描述性统计

自变量	说明	柬埔寨 均值	柬埔寨 标准差	老挝 均值	老挝 标准差	预期方向
资源可得性	影响的重要程度：1 = 非常不重要……5 = 非常重要	2.65	1.33	3.03	1.36	+
市场潜力		3.24	1.28	3.64	1.09	+
法律政策稳定性		3.13	1.28	2.90	1.12	+/-
税收政策	影响程度指数。计算公式：$I_{ij} = 10 \times \frac{1}{n} \sum_{i=1}^{n} \frac{v_{ij} - v_{min}}{V_{max} - V_{min}}$ V_{ij} 为公司 i 对项目 j 的评估分数；n 为公司数量；V_{max} 和 V_{min} 为李克特量表中项目 j 的最大值和最小值	4.61	2.75	3.69	2.02	+/-
土地政策		2.77	2.41	2.62	2.14	+/-
投资服务		4.05	2.07	4.56	2.32	+/-
基础设施		5.16	2.38	5.35	2.18	+/-
技术人员比例	企业技术员工人数/员工总数	0.16	0.22	0.26	0.26	+
本地化程度	当地员工/员工总数	0.79	0.22	0.21	0.22	+
非官方支付	支付频率：1 = 没有……5 = 非常频繁	3.71	1.18	3.76	0.99	-
管理制度	完善程度指数：1—5 分	3.63	0.73	3.65	0.84	+
企业年龄	ln（注册时间 – 1997 + 1），1997 为样本中最早注册时间	2.48	0.55	2.79	0.43	+/-

续表

自变量	说明	柬埔寨 均值	柬埔寨 标准差	老挝 均值	老挝 标准差	预期方向
产业类别	1＝第一产业，2＝第二产业，3＝第三产业	2.18	0.52	2.27	0.66	＋／－

（二）问卷统计分析

1. 政策因素

（1）税收政策。税收政策部分的题项包括关税、增值税、营业税、利润税、资源税、土地使用税、企业所得税、税率、税收优惠规定、出口退税和免税11个方面。受访企业的基本情况如表5-35和图5-11所示。

表 5-35　　　　　　　税收政策的完善程度　　　　　　单位：%

税收政策的完善程度		老挝	柬埔寨	合计
税收政策的完善程度	非常不完善	46.9	45.8	46.3
	不完善	18.1	18.1	18.1
	一般	15.4	13.4	14.4
	完善	9.4	14.0	11.9
	非常完善	5.2	6.2	5.7

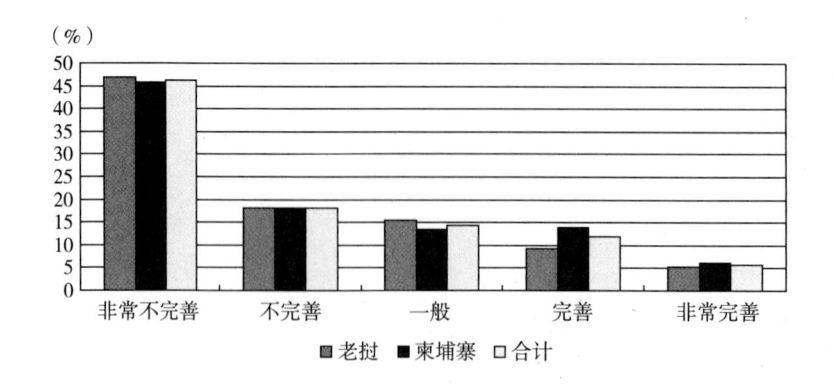

图 5-11　税收政策的完善程度

从整体来看,大部分中资企业认为,税收政策非常不完善(46.3%)或不完善(18.1%),仅有17.6%的中资企业认为税收政策总体上较完善。从老挝和柬埔寨两国对比情况来看,46.9%的在老挝中资企业和45.8%的在柬埔寨中资企业认为税收政策总体上非常不完善,中资企业对老挝和柬埔寨两国税收政策完善程度的感知基本一致。

(2)土地使用政策。土地使用政策部分的题项包括土地利用率、土地使用期限、土地使用政策稳定性、土地使用审批流程和审批过程中的非官方支付五个方面。受访企业的基本情况如表5-36和图5-12所示。

表5-36　　　　　　土地使用政策的完善程度　　　　　　单位:%

		老挝	柬埔寨	合计
土地使用政策的完善程度	非常不完善	54.0	62.1	58.3
	不完善	20.6	17.9	19.2
	一般	9.9	9.9	9.9
	完善	6.4	5.1	5.7
	非常完善	4.5	2.2	3.3

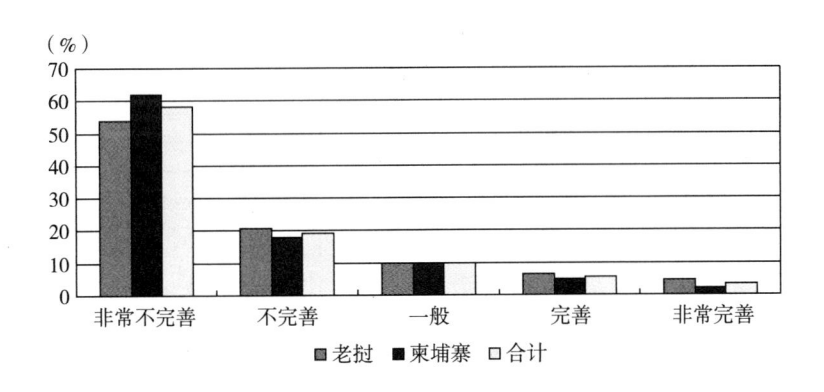

图5-12　土地使用政策对贵公司的影响

从整体来看,大部分中资企业认为土地使用政策总体上非常不完善(58.3%)或不完善(19.2%),仅有9.0%的中资企业认为土地使用政策总体上完善或非常完善。从老挝和柬埔寨两国对比情况来看，54.0%的老挝中资企业和62.1%的柬埔寨中资企业认为土地使用政策总体上不是十分完善，在两国的中资企业对当地土地使用政策的感受程度基本一致。

（3）投资服务。投资服务部分的题项包括制度程序复杂性、制度程序操作便捷、政策透明度、审批拖延、政府官员态度和政府处理劳工问题的有效性六个方面。受访企业的基本情况如表5-37和图5-13所示。

表5-37　　　　　　　　投资服务的满意程度　　　　　　　　单位：%

		老挝	柬埔寨	合计
投资服务的满意程度	非常不满意	34.1	31.0	32.5
	不满意	27.9	28.3	28.1
	一般	19.0	19.0	19.0
	满意	10.4	15.0	12.9
	非常满意	6.1	6.5	6.3

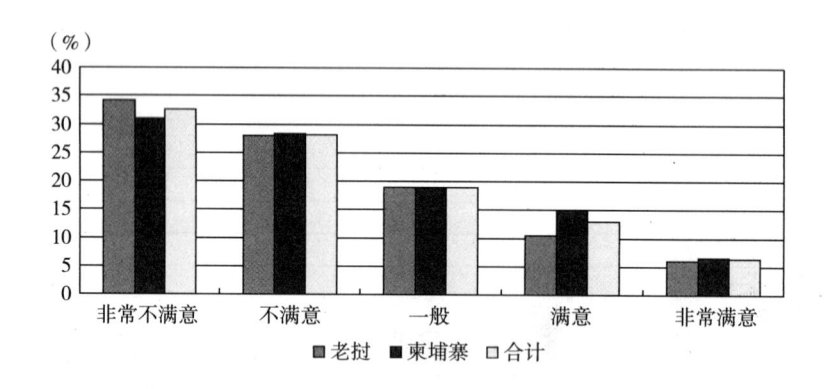

图5-13　投资服务的满意程度

从整体来看，多数中资企业对当地投资服务非常不满意（32.5%）或不满意（28.1%），仅有19.2%的中资企业对当地投资服务满意或非常满意。从老挝和柬埔寨两国对比情况来看，34.1%的老挝中资企业和31.0%的柬埔寨中资企业对投资服务非常不满意。总体来看，老挝和柬埔寨两国被访企业对东道国的投资服务不满意，且看法基本一致。

2. 环境因素

（1）资源可获得性。在资源可获得性方面，受访企业的基本情况如表5-38和图5-14所示。

表5-38　　　　　　　　资源可获得性　　　　　　单位：%

		老挝	柬埔寨	合计
资源可获得性	非常困难	23.3	26.5	25.0
	困难	15.5	23.1	19.5
	一般	18.4	18.8	18.6
	容易	25.2	22.2	23.6
	非常容易	15.5	9.4	12.3

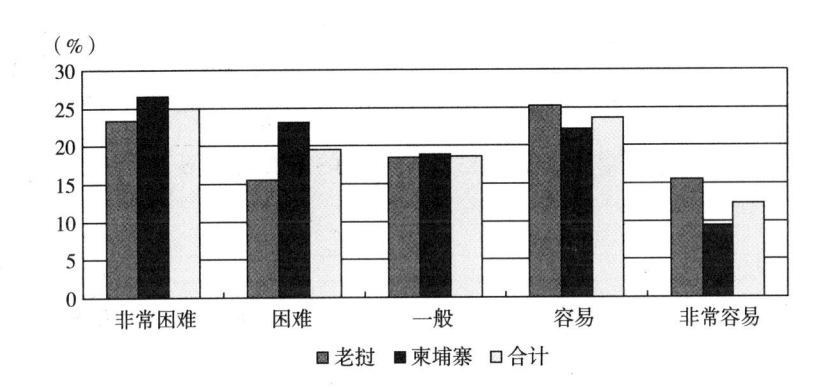

图5-14　资源可获得性

从整体来看，认为资源获取非常困难或困难的中资企业比例为44.5%，而认为容易或非常容易获得资源的企业比例为35.9%。从两国对比情况来看，老挝的中资企业中，38.8%的企业认为资源难以获取，40.7%的企业认为资源容易获取；而在柬埔寨的中资企业中，49.6%的企业认为资源获取较为困难，31.6%的企业认为资源可获得性较高。

(2) 市场潜力。在市场潜力方面，受访企业的基本情况如表 5-39 和图 5-15 所示。

表 5-39　　　　　　　　　　市场潜力　　　　　　　　　单位：%

		老挝	柬埔寨	合计
市场潜力	非常小	3.9	12.8	8.6
	小	7.8	16.2	12.3
	一般	15.5	23.1	19.5
	大	39.8	29.9	34.5
	非常大	31.1	17.9	24.1

从整体来看，认为东道国市场潜力非常小或小的企业比例为 20.9%，而认为市场潜力大或非常大的企业比例为 58.6%，说明市场潜力是中国对外直接投资企业的重要影响因素。从老挝和柬埔寨两国对比情况来看，老挝的中资企业中，11.7% 的企业认为市场潜力非常小或小，70.9% 的企业认为市场潜力大或非常大；而在柬埔寨的中资企业中，27.0% 的企业认为市场潜力非常小或小，47.8% 的企业认为市场潜力大或非常大。说明市场潜力虽然是在柬埔寨中资企业的重要影响因素，但市场潜力对在老挝中资企业的重要性更显著。

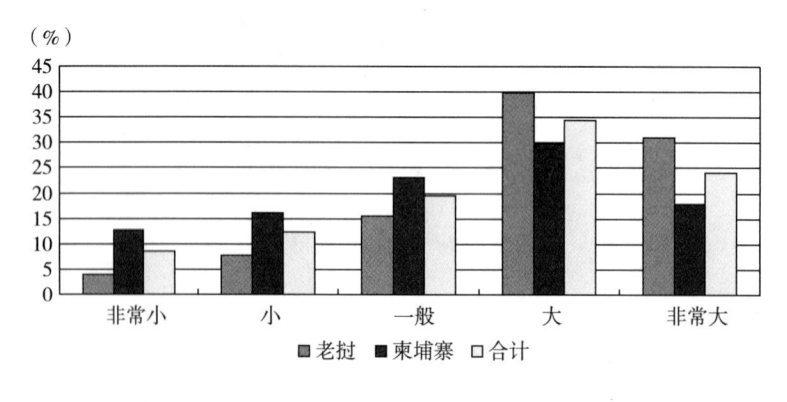

图 5-15　市场潜力

(3) 政策法律稳定性。在政策法律稳定性方面，受访企业的基本情况如表 5-40 和图 5-16 所示。

表 5-40　　　　　　　政策法律稳定性　　　　　　单位:%

		老挝	柬埔寨	合计
政策法律稳定性	非常差	12.6	14.5	13.6
	差	17.5	17.1	17.3
	一般	44.7	24.8	34.1
	好	16.5	28.2	22.7
	非常好	6.8	15.4	11.4

从整体来看，认为政策法律稳定性较差或非常差的比例为30.9%，认为政策法律稳定性较好或非常好的比例为34.1%，认为政策法律稳定性一般的比例为34.1%，说明所调研的中资企业对在政策稳定性的感知具有较大差异。从老挝和柬埔寨两国对比情况来看，在柬埔寨的中资企业认为政策法律稳定性差或非常差的比例为31.6%，略高于在老挝的中资企业的比例（30.1%）。

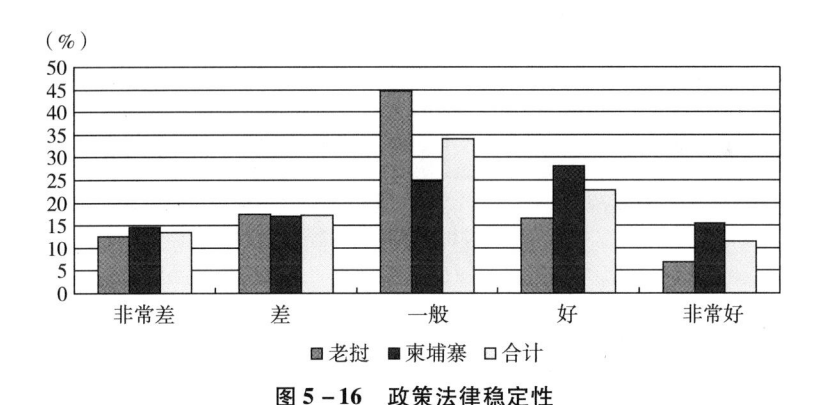

图 5-16　政策法律稳定性

（4）基础设施。在基础设施方面，受访企业的基本情况如表5-41和图5-17所示。

表 5-41　　　　　　　　基础设施　　　　　　　　单位:%

		老挝	柬埔寨	合计
基础设施	非常差	28.2	24.6	26.3
	差	18.1	23.6	21.1
	一般	16.7	19.7	18.3

142 / 中国对大湄公河次区域国家直接投资的影响研究

续表

基础设施		老挝	柬埔寨	合计
基础设施	较好	16.5	21.4	19.1
	好	16.8	10.7	13.6

从整体来看,认为基础设施差或非常差的企业比例为47.4%,高于较好或好的企业比例(32.7%)。从老挝和柬埔寨两国对比情况来看,老挝的中资企业认为基础设施差或非常差的比例为46.3%,柬埔寨的这个比例为48.2%,说明柬埔寨中资企业比老挝中资企业更加关注基础设施的影响。

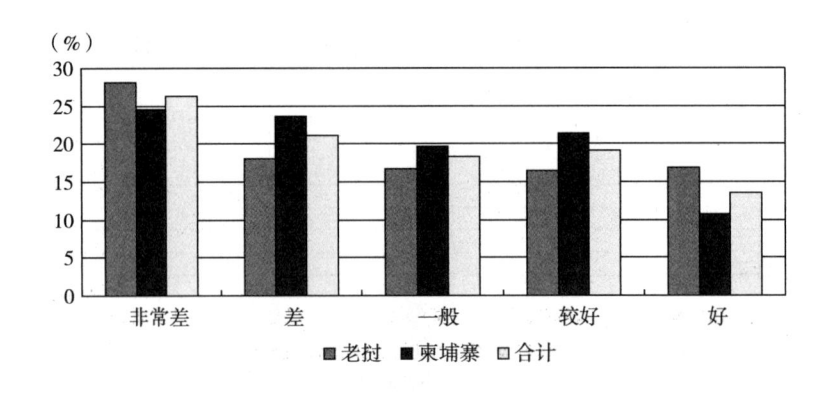

图 5-17 基础设施

(5) 非官方支出。在非官方支出方面,受访企业的基本情况如表5-42和图5-18所示。

表 5-42　　　　非官方支出的频繁程度　　　　单位:%

非官方支出的频繁程度		老挝	柬埔寨	合计
非官方支出的频繁程度	没有	33.0	5.1	18.6
	偶尔	12.6	11.1	12.1
	有时	14.6	23.9	20.0
	经常	20.4	27.4	24.7
	频繁	15.5	32.5	25.1

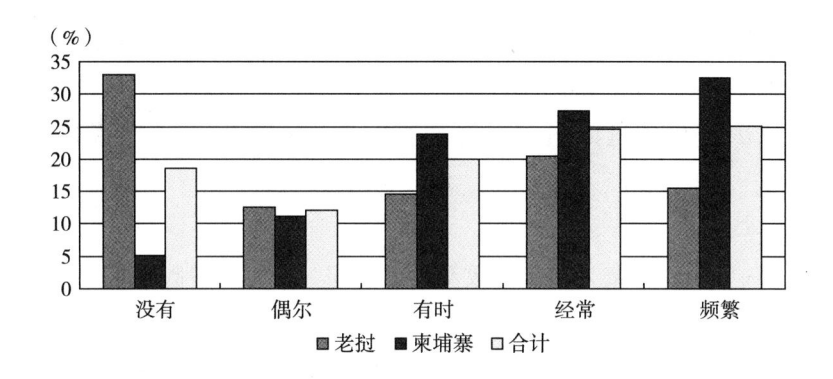

图 5-18 非官方支出的频繁程度

从整体来看,25.1%的中资企业认为非官方支出频繁,24.7%的中资企业认为非官方支出经常发生,仅有18.6%的中资企业认为没有非官方支出。从老挝和柬埔寨两国对比情况来看,35.9%的老挝中资企业认为非官方支出频繁发生或经常发生,33.0%的老挝中资企业认为没有非官方支出;59.9%的柬埔寨中资企业认为非官方支出频繁发生或经常发生,仅有5.1%的柬埔寨中资企业认为没有非官方支出。说明在柬埔寨投资企业需要支付更多的非官方支出。

三 中国对外直接投资企业绩效影响因素的实证分析

（一）实证模型构建

在企业经营过程中,企业绩效受到很多政策因素的影响,研究表明,东道国投资环境包括政治环境、经济环境（政策、市场）、法律环境、基础设施、资源环境等,其中,东道国的宏观经济政策、法律法规及相关制度对企业绩效有直接的影响。东道国政府的腐败直接关系到企业与政府打交道过程中的隐性成本,而且影响企业的资产配置,进而影响企业的效率和成长。戴维斯等（Davis,2009）对瑞典跨国公司的研究表明,税收协定影响企业的跨国经营行为,提高了跨国公司对某一国家进行投资的可能性。东道国基础设施的完善程度直接影响对外投资企业的投资成本,相关研究证明了基础设施对外商直接投资企业投资绩效的重要性,而且不同企业对基础设施的依赖程度也不尽相同。

为进一步检验前文所述的政策因素和环境因素对中资企业绩效的影响，我们利用最常用的 OLS 方法，以企业绩效为被解释变量，以政策因素和环境因素为解释变量构建企业绩效影响因素的回归模型。

$$z_t = \alpha + \beta x_t + \gamma y_t + \varepsilon_t \tag{5.3}$$

其中，α 为常数项，x 为政策因素变量，y 为环境因素变量，ε 为误差项。

为观察企业自身的特征对企业绩效的影响，我们在模型中加入管理制度完善程度等反映企业自身特征的变量 m：

$$z_t = \alpha + \beta x_t + \gamma y_t + \delta m_t + \varepsilon_t \tag{5.4}$$

在上述模型的基础上，为研究企业所属产业对企业绩效的影响，在模型中加入产业虚拟变量 i：

$$z_t = \alpha + \beta x_t + \gamma y_t + \delta m_t + I_t + \varepsilon_t \tag{5.5}$$

最终得到评估企业绩效影响因素模型，其中，β、γ、δ 分别为政策因素、环境因素、企业自身特征变量的系数。

（二）中国在柬埔寨投资企业绩效影响因素的实证分析

各因素对中国在柬埔寨投资企业绩效影响的 OLS 回归结果见表 5-43。模型 1 为仅考虑政策因素和环境因素的回归结果，模型 2 为增加非官方支付等控制变量的回归结果，模型 3 是进一步控制产业后的回归结果。对比 3 个模型的结果来看，变量系数的符号并未改变，且变量的显著性变化较小，说明各影响因素对投资企业绩效的影响较为稳健。因此，本书以模型 2 的结果为主进行分析。

表 5-43 各因素对柬埔寨中国对外直接投资企业绩效影响回归结果

	模型 1	模型 2	模型 3
税收政策	0.102*** (4.37)	0.0883*** (3.96)	0.0886*** (3.94)
土地政策	-0.0795*** (-2.76)	-0.0739** (-2.61)	-0.0751** (-2.61)

续表

	模型 1	模型 2	模型 3
投资服务	-0.0727*** (-2.74)	-0.0623** (-2.46)	-0.0603** (-2.34)
资源可得性	0.134*** (3.51)	0.101*** (2.71)	0.102*** (2.70)
市场潜力	0.106** (2.58)	0.0919** (2.17)	0.0875** (2.01)
政策法律稳定性	0.0969** (2.37)	0.0661* (1.70)	0.0664* (1.69)
基础设施	-0.0906*** (-3.42)	-0.0746*** (-2.96)	-0.0741*** (-2.91)
非官方支付		-0.0115 (-0.27)	-0.0131 (-0.30)
技术人员比例		0.736*** (3.25)	0.713*** (3.03)
本地化程度		-0.204 (-1.25)	-0.205 (-1.24)
管理完善程度		0.101 (1.53)	0.100 (1.50)
企业年龄		-0.174 (-1.19)	-0.185 (-1.24)
产业			参照组 (.)
第二产业			-0.0912 (-0.45)
第三产业			-0.0500 (-0.23)
常数项	1.673*** (5.71)	1.961*** (3.31)	2.084*** (3.22)
R^2	0.5699	0.6441	0.6451
调整的 R^2	0.5423	0.6030	0.5964
F 检验	20.63（p=0.000）	15.68（p=0.000）	13.24（p=0.000）
样本	117	117	117

注：***、**和*分别表示在1%、5%和10%的显著性水平下显著。括号内为 t 统计量。

从模型2结果可以看出,税收优惠政策、土地使用政策和投资服务因素分别在1%、5%、5%的显著性水平下显著。其中,模型对税收优惠政策的参数估计值为0.0883,即在其他政策因素不变的情况下,税收优惠每增加1%,对企业绩效的影响就增加0.0883%,这说明税收优惠与企业绩效呈正相关关系,税收政策对企业优惠越多、影响越大,企业绩效水平越高。这与柬埔寨优惠的税收政策是相符的,向欧美出口免关税以及对外资企业实施3—9年免税期等鼓励政策,大大提高了中资企业的经营绩效。

与之相反,土地使用政策、投资服务与企业绩效之间呈现显著的负相关关系,土地使用期限长短和稳定性直接关系到企业的经营成本,而当地土地使用政策相关规定不完善,增加了土地使用过程中的不确定性和成本,影响企业绩效的改善和提高。受土地政策的影响,企业绩效改善的难度越来越大。而投资服务与企业绩效呈负相关关系是由于柬埔寨当地的投资政策不透明、审批拖延等问题使中国在柬埔寨投资企业不能获得更多的优惠投资信息,影响了企业的正常经营和生产绩效。实际上,中资企业习惯了采用中介机构进行在柬投资的登记和注册,并没有直接享受到柬埔寨当地对于外资企业的一站式便利化服务。

从模型2可以看出,资源可得性和市场潜力两个变量与企业绩效之间呈正相关关系,模型对资源可得性的参数估计值为0.101,即在其他环境因素不变的情况下,资源可得性的影响增加1%,对企业绩效的影响就增加0.101%。两个变量分别在1%和5%的显著性水平下显著。说明资源可得性越高、市场潜力越大,企业就越容易获得更好的绩效。

政策法律稳定性与企业绩效呈正相关关系,并且在5%的显著性水平下通过显著性检验。说明投资政策越稳定,企业的绩效水平越好。这与调研过程中企业反映的在投资过程中非常看重东道国持续稳定的吸引外商投资优惠政策相符。

基础设施对企业绩效表现为负向影响,表现为在1%的显著性水平下显著。说明柬埔寨当地的基础设施阻碍了企业绩效的进一步提高和改善,这也与当地基础设施落后的现实情况相符合,当地较差的交通网络和设施,以及供电系统的不完善,降低了企业的生产经营效率并增加了成本。

企业技术人员比率、管理制度完善程度、企业本地化程度以及非官方支付频率等影响企业绩效的内部控制变量中,只有企业技术人员比率通过了显著性检验。

企业技术人员比率与企业的绩效表现呈正相关关系,并分别在1%的水平上显著,说明技术人员比例越高,企业的绩效就越好。这就要求企业应该不断加大员工技术性培训,提高员工素质,这是企业自身可控的内部因素,同时也是增强企业绩效的关键。

(三) 中国在老挝投资企业绩效影响因素的实证分析

中国在老挝投资企业绩效的影响因素 OLS 回归结果见表 5-44。同样,模型 1 为仅考虑政策因素和环境因素的回归结果,模型 2 为增加非官方支付等控制变量的回归结果,模型 3 是进一步控制产业后的回归结果。对比 3 个模型的结果来看,变量系数的符号并未改变(基础设施除外),且变量的显著性变化较小,说明各影响因素对投资企业绩效的影响较为稳健。因此,本书以模型 2 的结果为主进行分析。

表 5-44　　　　各因素对老挝中资企业绩效影响回归结果

	模型 1	模型 2	模型 3
税收政策	-0.158*** (-3.87)	-0.0935*** (-2.95)	-0.0886*** (-2.78)
土地政策	0.0422 (1.27)	0.0252 (0.97)	0.0218 (0.82)
投资服务	-0.0937** (-2.40)	-0.0661** (-2.25)	-0.0793*** (-2.64)
资源可得性	-0.00198 (-0.04)	-0.0626 (-1.44)	-0.0749* (-1.69)
市场潜力	0.120* (1.78)	0.125** (2.44)	0.117** (2.30)

续表

	模型1	模型2	模型3
政策法律稳定性	0.222*** (3.40)	0.117** (2.30)	0.120** (2.37)
基础设施	-0.0214 (-0.58)	0.0306 (1.08)	0.0212 (0.74)
非官方支付		-0.125** (-2.09)	-0.114* (-1.92)
技术人员比例		1.497*** (6.01)	1.475*** (5.96)
本地化程度		-0.378 (-1.43)	-0.241 (-0.88)
管理完善程度		0.138** (2.14)	0.116* (1.78)
企业年龄		0.270** (2.13)	0.314** (2.46)
产业			参照组 (.)
第二产业			0.0742 (0.40)
第三产业			-0.174 (-0.90)
常数项	1.684*** (3.86)	0.495 (0.75)	0.568 (0.83)
R^2	0.2525	0.5826	0.5904
调整的 R^2	0.2220	0.5422	0.5409
F(9,93)	8.28 (p=0.0000)	14.42 (p=0.0000)	11.93 (p=0.0000)
样本	103	103	103

注：***、**和*分别表示在1%、5%和10%的显著性水平下显著。括号内为t统计量。

从模型2结果看出，税收优惠政策在1%的显著性水平下显著。这是因为老挝的税收政策不健全且执法不严，这给企业带来两个方面的影响。一方面是老挝执法不严，税收对企业的影响不大；另一方面是老挝逐渐健全完善及频繁变动的税收政策和规定对企业的经营绩效产生明显的负面影响。

投资服务与企业绩效之间呈显著的负相关关系。投资服务变量与企业绩效在5%的显著性水平下显著负相关，说明投资服务因素对企业的影响越大，企业绩效效果越差。这是由于老挝当地投资政策透明度有待于提高中国在老挝投资企业不能及时、准确掌握优惠投资信息，对企业的正常经营和生产绩效造成影响。

在模型2中，市场潜力、政策法律稳定性与企业绩效之间均呈正相关关系，并且分别在5%的显著性水平下显著，市场潜力每增加1%，绩效水平将增加0.125%。说明市场潜力越大、政策法律越稳定，企业越容易获得更好的绩效。

企业年龄、技术人员比例、管理完善程度以及非官方支付频率等影响企业绩效的内部因素控制变量都通过了显著性检验。

技术人员比例和企业年龄与企业绩效呈正向关系，显著性水平分别为1%和5%。技术人员比例越高企业越容易取得较高的绩效，这是显而易见的。然而，企业成立年限越短导致对企业绩效越好可能是由于这几年中国企业到老挝投资越来越趋于理性。同时，新进中资企业在吸取已有中资企业的经验和教训之后，对老挝投资有了更为清晰和完善的战略规划，使企业的生产经营少走了许多弯路。

企业年龄和管理制度完善程度与企业的绩效表现呈正相关关系，并分别在5%的显著性水平下显著。这可能是新进中资企业规模相对较大，企业到老挝投资有更完善的战略规划。而且这几年中国对外直接投资企业到老挝投资越来越趋于理性。企业科学完善的管理制度能够帮助企业取得更好的绩效。企业应该逐步完善管理制度，这是企业自身可控的内部因素，同时也是增强企业绩效的关键。

与之相反，非官方支付频率与企业绩效呈负相关关系，这与实际情况相符，老挝名目繁多的非官方支付在一定程度上增加了企业的运营成本，而且干扰了企业的正常生产经营。

（四）柬埔寨和老挝两国投资企业绩效因素的结果对比

整体上看，老挝和柬埔寨两个国家政策因素中的税收政策、投资服务都通过了显著性水平检验，表明在老挝和柬埔寨，税收政策、土地使用政策以及投资服务都对中国投资企业的绩效产生显著影响。

相比之下，柬埔寨土地使用政策变量通过显著性检验且系数为负，而老挝土地使用政策变量未通过显著性水平检验，表明柬埔寨的土地使用政策相比于老挝更不完善，增加了土地使用过程中的不确定性和成本。另外，老挝税收政策变量系数为负，而柬埔寨为正，老挝越来越严格的税收政策相比于柬埔寨较多的税收优惠政策限制了企业绩效的改善。

环境因素中的市场潜力、政策法律稳定性通过显著性检验。老挝基础设施未通过显著性水平检验，而柬埔寨通过显著性水平检验，表明柬埔寨当地的基础设施阻碍了企业绩效的进一步提高和改善，老挝的基础设施情况对企业绩效没有明显影响。

企业技术人员比率、管理制度完善程度、企业本地化程度以及非官方支付频率等影响企业绩效的内部控制变量中，老挝和柬埔寨两国的企业技术人员变量均通过显著性水平检验，并且呈正相关关系，表明在柬埔寨和老挝，企业技术人员比例越高，企业的绩效就越好。老挝企业年龄和管理制度完善程度与企业的绩效表现呈正相关关系，并通过显著性水平检验，而柬埔寨的两个变量未通过显著性水平检验，这可能是因为最近到老挝投资的中国企业有着更完善的战略规划，并且越来越趋于理性，管理水平也有所提高。老挝非官方支付变量通过显著性水平检验，系数为负，说明了老挝实际中存在的问题，相比之下，柬埔寨的情况要好些。

在产业虚拟变量中，柬埔寨和老挝两国的产业虚拟变量均为通过显著性水平检验，表明在老挝和柬埔寨投资的中国企业所属行业对其绩效的影响并不明显。

第六章　中国对外直接投资与大湄公河次区域东道国包容性发展：社会与环境维度

第一节　中国对外直接投资与大湄公河次区域东道国的社会影响：实证分析

在本书第二章理论关联分析的基础上，本节主要利用问卷调查的数据，实证研究中国对外直接投资与大湄公河次区域东道国（以柬埔寨和老挝为例）就业和收入水平的影响。

一　中国对外直接投资对柬埔寨就业影响的实证分析

（一）模型与变量

为检验中国对外直接投资对柬埔寨就业的影响，本书构建如下回归模型：

$$S_i = \alpha + FDI_i + X_i + \varepsilon \tag{6.1}$$

其中，S 表示中资企业中本土员工数量，反映了中国在柬埔寨创造就业岗位情况，FDI 表示企业实际投资额，X 表示控制变量，α 表示常数项，ε 表示误差项。

为了衡量企业进入柬埔寨的时间对就业的影响，我们引入企业年龄变量 A，其值从该企业注册时间为起点计算；为衡量本地劳动力便宜程度（L）对就业的影响，将其以解释变量的形式引入模型。同时，为衡量中资企业的国有、私有性质，以及所在行业（是否为制造业）对就业的影响，分别将其以虚拟变量（D）的形式引入模型。

综上所述，中国对外直接投资对柬埔寨社会影响的实证分析所用模型为：

$$S_i = \alpha + FDI_i + A_i + L_i + D_i + \varepsilon \qquad (6.2)$$

其中，S 表示中资企业中本土员工数量，FDI 表示企业实际投资额，A 表示企业年龄，L 表示本地劳动力便宜程度，D 表示企业性质虚拟变量或者行业虚拟变量，α 表示常数项，ε 表示误差项。

（二）数据说明

本书采用问卷调查的方式收集研究数据。数据收集过程以实地调研为主，少部分缺失数据通过电话、电子邮件等方式补充获取。

本次共收集在柬埔寨中资企业有效问卷117份。在有效样本企业中，受访者男性居多，并且大部分身居要职，其中总经理及以上的比例为86.3%，从而确保较准确地收集样本企业的相关数据。

（三）结果分析

利用Stata13采用普通最小二乘法进行多元线性回归分析，结果如表6-1所示。其中，模型2、模型3分别考虑了企业所在行业是否为制造业以及企业的国有、私有性质，以分析企业所在行业、性质对就业的影响。

表6-1　　中国对外直接投资对柬埔寨就业的影响

	模型1 本地员工数	模型2 本地员工数	模型3 本地员工数
实际投资额	0.225*** (2.88)	0.239*** (3.30)	0.239*** (2.88)
劳动力便宜	0.264*** (2.68)	0.125* (1.29)	0.259** (2.60)
企业年龄	0.0285 (0.12)	0.0708 (0.32)	0.0289 (0.12)
制造业企业		1.258*** (4.43)	
国有企业			-0.265 (-0.50)
常数项	2.389*** (3.40)	2.037*** (3.10)	2.356*** (3.32)

续表

	模型 1 本地员工数	模型 2 本地员工数	模型 3 本地员工数
R^2	0.1105	0.2431	0.1125
调整的 R^2	0.0869	0.2160	0.0808
F	4.68（p = 0.0040）	8.99（p = 0.0000）	3.55（p = 0.0091）
样本	117	117	117

注：*、**和***分别表示通过10%、5%和1%的显著性水平检验。

从表 6-1 可以看出，在三个模型中，变量实际投资额的回归系数均显著为正，说明中国对外直接投资对柬埔寨就业具有积极影响。以拟合度最高的模型 2 为例，实际投资额的回归系数值为 0.239，并通过 1% 的显著性水平检验，说明中国对外直接投资对柬埔寨的就业影响为正向影响，中国企业投资越多，对柬埔寨就业的影响越大，并且中国对外直接投资每提高 1%，就能为当地带来 0.239% 的就业增长。

本地劳动力便宜程度也在一定程度上影响了中资企业柬埔寨员工的就业情况。以拟合度最高的模型 2 为例，本地劳动力便宜程度估计值为 0.125，系数为正，并通过了 10% 的显著性水平检验，说明本地劳动力越便宜，中国对外直接投资企业中的柬埔寨本土员工就越多。

企业年龄在三个模型中的回归系数均未通过显著性水平检验，表明企业成立的时间长短对柬埔寨的就业无明显影响。

虚拟变量企业是否为制造业符号为正，回归系数值为 1.258，并且通过显著性水平检验，说明中国的制造业企业，尤其是中资制衣制鞋企业对柬埔寨的就业产生巨大影响，为柬埔寨带来大量就业机会。中国对外直接投资每提高 1%，制造业企业给柬埔寨带来 1.258% 的就业增加。

虚拟变量企业是否为国有企业的回归系数没有通过显著性水平检

验，说明中国国有企业对当地的就业无显著影响。即无论是国有的对外直接投资企业还是非国有的对外直接投资企业，其对柬埔寨就业的影响没有显著差异。

（四）中国对外直接投资对柬埔寨员工收入影响的实证分析

1. 模型与变量

为检验中国对外直接投资对柬埔寨员工收入的影响，本书构建如下回归模型：

$$W_i = \alpha + FDI_i + \varepsilon \qquad (6.3)$$

其中，W 表示中资企业员工工资总额，FDI 表示中国对外直接投资企业实际投资额，α 表示常数项，ε 表示误差项。

2. 结果分析

利用 Stata13 采用普通最小二乘法进行线性回归分析，结果如表 6-2 所示。

表 6-2　中国对外直接投资对柬埔寨员工收入的影响

	工资总额
实际投资额	13.26** (2.19)
常数项	8.021 (0.23)
R^2	0.0403
调整的 R^2	0.0318
F	4.78（p=0.0308）
样本	117

注：t 统计量；** 表示在 5% 的显著性水平下显著。

从表 6-2 中可以看出，自变量实际投资额的估计系数为 13.26，且通过 5% 的显著性水平检验。说明中国对外直接投资对柬埔寨当地员工的收入产生显著正向影响，中国对外直接投资额每提高 1%，员工工资总额增加 13.26%。

二 中国对外直接投资对老挝社会影响的实证分析

（一）模型与变量

本部分所用实证分析模型与中国对外直接投资对柬埔寨就业影响分析相似，以中国对外直接投资企业目前的实际投资额来衡量中国对外直接投资，以中国对外直接投资企业本土员工数量来衡量中国对外直接投资在当地创造的就业岗位情况。同时，为了衡量企业进入老挝时间长短对就业的影响，我们引入企业年龄变量，其值从该企业注册时间为起点计算；为衡量本地劳动力便宜程度对就业的影响，将其以解释变量的形式引入模型；为衡量中资企业的国有、私有性质，以及所在行业对就业的影响，分别将其以控制变量的形式引入模型。实证模型如下：

$$S_i = \alpha + FDI_i + A_i + L_i + D_i + \varepsilon \tag{6.4}$$

其中，S 表示中资企业本土员工数量，FDI 表示企业投资额，A 表示企业年龄，L 表示本地劳动力便宜程度，D 表示企业性质虚拟变量或者行业虚拟变量，α 表示常数项，ε 表示误差项。

（二）数据来源

本书采用问卷调查的方式收集研究数据。数据收集过程以实地调研为主，少部分缺失数据通过电话、电子邮件等方式补充获取。

本次共收集在老挝中国对外直接投资企业有效问卷 103 份。在有效样本企业中，受访者男性居多，并且大部分身居要职，其中总经理及以上的比例为 64.7%，从而确保较准确地收集样本企业的相关数据。

（三）结果分析

利用 Stata13 采用普通最小二乘法进行多元线性回归分析，结果如表 6-3 所示，模型 2、模型 3 分别考虑了企业所在行业是否为制造业以及企业的国有、私有性质，以分析企业所在行业、性质对就业的影响。

从表 6-3 可以看出，在模型 1 至模型 3 中，实际投资额的回归系数均显著为正，表明中国对外直接投资对老挝就业具有显著积极影响。以模型 3 为例，实际投资额的回归系数值为 0.155，并通过 5%

的显著性水平检验,说明中国对外直接投资对老挝就业的影响为正,中国企业投资越多,对就业的影响越大。中国企业投资额每增加1%,就能为当地带来0.155%的就业增长。从受访企业来看,中国对外直接投资企业在增加非技能型就业岗位方面具有更加显著的作用。同柬埔寨一样,在老挝投资的中国企业大多数集中在低附加值和劳动力密集型的行业。

表6-3　　　　　　　中国对外直接投资对老挝就业的影响

	模型1 本地员工数	模型2 本地员工数	模型3 本地员工数
实际投资额	0.210*** (3.18)	0.209*** (3.16)	0.155** (2.33)
劳动便宜程度	0.299*** (2.82)	0.294*** (2.76)	0.307*** (2.99)
企业年龄	0.617** (2.46)	0.576** (2.24)	0.501** (2.03)
制造业企业		0.249 (0.78)	
国有企业			0.877*** (2.82)
常数	0.234 (0.35)	0.270 (0.41)	0.546 (0.84)
R^2	0.1999	0.2050	0.2604
调整的 R^2	0.1754	0.1722	0.2299
F	8.16 (p=0.0001)	6.25 (p=0.0002)	8.54 (0.0000)
样本	103	103	103

注:**、***分别表示在5%、1%的显著性水平下显著。

本地劳动力便宜程度也是影响就业效应的一个重要因素。如模型3所示,本地劳动力便宜程度的估计值为0.307,系数为正并通过了1%的显著性水平检验,说明本地劳动力越便宜,中国对外直接投资对就业的影响越显著。从短期来看，中国对外直接投资与当地用工成本存在正相关关系，但这种关系建立在低附加值、劳动力密集型的生产活动的基础上。从长期来看，老挝政府若不能制定合理的产业政策和引资政策，将导致老挝产业始终处于全球产业链最低环节。

企业年龄的回归系数在这三个回归模型均显著为正，表明中国对外直接投资企业在老挝建立时间越长，当地员工规模就会越高。通常情况下，投资时间越长的中国投资者越注重本地化，从工人到经理更多的当地雇员进行生产、操作和管理。

虚拟变量中，企业是否为制造业符号为正，系数值为 1.249，但是没有通过显著性检验，说明中国对外直接投资企业所在行业对就业没有显著影响。与柬埔寨不同，由于老挝工业发展更为落后，中国在老挝投资的制造业较少，因此，行业影响并不显著。

企业是否为国有企业也对就业有着重要影响。模型估计值为 0.877，且系数为正，通过 1% 的显著性水平检验，说明国有企业对当地的投资给当地带来大量就业机会，这与中国国有企业在老挝的投资额比较大、劳动力需求量比较多有关。

（四）中国对外直接投资对老挝员工收入影响的实证分析

1. 模型、变量说明

同样，本部分以中国对外直接投资企业目前的实际投资额来衡量中国对外直接投资，以中国对外直接投资企业员工工资总额来衡量中国对外直接投资对员工收入的影响，从而构建中国对外直接投资对老挝员工收入影响的实证分析模型。实证分析模型如下：

$$AW_i = \alpha + FDI_i + \varepsilon \tag{6.5}$$

其中，AW 表示中资企业员工工资总额，FDI 表示中资企业实际投资额，α 表示常数项，ε 表示误差项。

2. 结果分析

利用 Stata13 采用普通最小二乘法进行线性回归分析，结果如表 6-4 所示。

表 6-4　　　　中国对外直接投资对老挝员工收入的影响

	平均工资
实际投资额	0.0736*
	(1.71)
常数项	5.719***
	(20.77)
R²	0.0282
调整的 R²	0.0186
F	2.93（p=0.0898）
样本	103

注：t 统计量；*、*** 分别在表示 1%、10% 的显著性水平下显著。

从表 6-4 中可以看出，自变量及常数项均显著。其中，自变量实际投资额系数为 0.0736，且通过 10% 的显著性水平检验，说明中国对外直接投资对老挝当地的员工收入产生正向影响。我们认为，较大投资企业具有更强的经济实力，为了维持企业的正常运转和降低本地员工的流动性，更加愿意支付相对较高的工资。

第二节　中国对外直接投资与大湄公河次区域东道国的社会与环境影响：案例分析

一　中国对外直接投资对柬埔寨社会与环境影响的案例分析

（一）FWD 公司与 GH 实业案例分析

1. 案例简介

FWD（柬埔寨）农业发展有限公司（以下简称 FWD 公司）位于金边市，主要从事水稻、木薯、果蔬等农作物的种植。FWD 公司成立于 2010 年 3 月，拥有 666.67 公顷农业综合种植基地，其中规划水稻种植基地 133.33 公顷，蔬菜种植基地 66.67 公顷，热带水果种植基地 133.33 公顷，木薯种植基地 333.33 公顷。FWD 公司基地作为中国援柬农业项目"中柬农业促进中心"的配套基地，承担着水稻（粮食作物）、木薯（经济作物）、果蔬园艺作物的规模化种植、示范、技术培训、推广的重要功能。FWD 公司于 2012 年 11 月开始建设，目前，FWD 公司承担的"柬中优质水果蔬菜示范基地"已完成建设，并开始种植各类果蔬；水稻种植区和木薯种植区也在快速推进。

GH（柬埔寨）实业有限公司（以下简称 GH 实业）位于磅清扬省，主要从事大米加工。GH 实业占地面积 8.67 公顷，已完成第一期工程项目的建设（包括大米加工车间、日产 150 吨大米加工线、原料仓库、产品仓库等），投资为 3150 万人民币（500 万美元）。GH 实业第一期项目于 2012 年 7 月竣工验收并正式投入生产，每年可加工处理稻谷 5 万吨，生产优质大米 3 万吨。

FWD 公司是中国企业在柬埔寨投资较成功的农业公司，而 GH 实业为典型的农产品（大米）种植及加工企业，两个公司均在促进就业、增加收入、技能培训等方面对当地社会具有积极影响。尤其是在先进、环保的农产品种植技术传播方面，起到了较显著的作用。同时，这两家公司也为中国在柬埔寨投资的农业及农产品加工企业提供了较好的商业实践。

由于 FWD 公司与 GH 实业的主要业务都与水稻有关，且两个公司对柬埔寨的影响具有较大一致性，因此，本项目将两个公司的案例进行合并分析。

2. 案例分析

结合本项目的研究内容，本案例将从就业效应、收入效应和环境保护情况三个方面进行分析。

（1）就业效应。FWD 公司和 GH 实业两个公司对当地就业的影响都表现出明显的季节性，即雇用当地员工的数量受到农作物生产周期的影响。例如，FWD 公司的"柬中优质水果蔬菜示范基地"中，相对固定的柬埔寨员工人数为 15 人左右，而在播种和收获时期每天能雇用 50 人左右。同样，GH 实业的大米加工厂也表现出明显的季节性，相对固定的柬埔寨员工数量在 20 人左右，而农忙季节雇用的柬埔寨员工数量超过100人。

仅从就业规模来看，FWD公司和GH实业两个公司对当地就业的促进作用相对较小，但两个公司均注重当地员工的技能培训。FWD公司针对员工进行应季培训，结合各类果蔬的生长过程对员工进行实地培训。例如，Chanthorn Vichai是来自周边村庄的FWD工人，在公司的培训下已经能够从事南瓜、白菜等蔬菜的科学种植，对于播种、除草、除虫等问题已经十分熟悉。同样，GH实业也十分重视员工的技能培训，尤其重视大米加工线上技术工人的技能培训。例如，Treng Sowei就认为，在GH实业工作的原因不仅仅是因为能增加收入，还在于能学到很多的知识和技能，因而，Treng Sowei还介绍了两个弟弟到公司工作。

（2）收入效应。两个公司的收入效应主要表现在以下三个方面。

第一，企业内员工的工资收入。FWD公司按日工资的方式进行计算，每天工资为5美元，工作时间为8小时，泼水节等主要节日还会提供2.5美元的节假日福利。GH实业工人每月的工资为150美元，因工作岗位不同而有所差异。例如，技术工人Treng Sowei的工资为160美元/月，而包装工人Noem Pheap的工资是140美元/月。相似地，两个公司都设立了全勤奖，对于每月全勤的员工将奖励20美元的额外奖金。而GH实业还发放年终奖金，优秀员工将获得50美元的年终奖金。

第二，种植农户的收入。为了建立稳定的原材料来源，确保原材料质量，GH实业与当地50多户水稻种植大户形成了长期合作关系，建立了GH实业的种植基地，其中，GH实业负责提供水稻种子和技术指导，并负责收购水稻，从而为这些农户提供了稳定的收入来源。此外，柬埔寨农业种植技术较为落后，而GH实业和FWD公司在农业种植过程中具有显著的技术溢出效应，柬埔寨农民通过观察、模仿等方式学习先进的种植技术，可以促进农产品产量提升，从而增加农民收入。

第三，产业链上相关农民和商人的收入。一方面，可以增加产业链上商人的收入。为了确保原材料来源的多元化，GH实业不仅与当地农户建立了种植合作关系,还与当地稻谷收购商形成了合作关系,从而带动当地稻谷收购商的收入增加。另一方面,可以增加部分农户的收入。FWD 公司从附近农户家中收购动物粪便制作农家肥,从而增加了部分农户的收入。

(3) 环保效应。无论是 FWD 公司还是 GH 实业,均坚持绿色发展的理念。以 FWD 公司为例,"与邻为善、与环境为善"是该公司的基本发展理念。公司在农作物种植过程中拒绝使用化肥和农药,尽量减少甚至避免农业生产对当地环境的影响。首先,FWD 公司提倡使用有机肥、农家肥,利用动物粪便制作农家肥,提高农作物的产量;同时利用谷壳碳等有机物质改善土质、提高土地的透气性。其次,FWD 公司拒绝使用农药,在治理农作物病虫害方面,公司根据各种害虫特性采用相应的物理方法治理病虫害,例如利用害虫的趋光性悬挂黄板和放置太阳能杀虫灯,利用性引诱剂诱捕雄虫。同时,FWD 公司提倡间种和轮种,这不仅能有效防治病虫害,也能促进不同农作物充分吸收养分,提高产量。FWD 公司的生态农业已经得到当地居民的认同,其种植的农作物也深受当地居民喜爱。在课题组进行调研时,到蔬菜基地买菜的家庭主妇 Hoeurn Lina 表示,不使用化肥、没有增加化学成分可以让她们吃起来更放心。

此外,在中国对柬埔寨农业援助项目的支持下,FWD 公司与当地农业学校(波雷烈农业学院)合作开展培训班,对农业学校学生进行农业技术培训,促进柬埔寨农业技术发展和农业技术人力资源提升。

3. 案例小结

"授人以鱼不如授人以渔",现代农业技术的推广对于柬埔寨农产品竞争力提升具有不可替代的作用。FWD 公司和 GH 实业两个公司都通过技术培训、溢出效应等方式推动了柬埔寨农业技术的进步和农业人力资源水平提升;同时,就业岗位增加、收入增加也有助改善柬埔寨当地居民的生活条件。更重要的是,FWD 公司和 GH 实业大力倡导的生态农业理念,有助于柬埔寨农业在发展过程中兼顾环境利益,从而实现柬埔寨农业与环境的协调发展。

但是,靠天吃饭、广种薄收仍是柬埔寨农业现阶段的主要特征,如何改变柬埔寨农户的种植观念，提高柬埔寨农业种植技术，推动柬埔寨农业从传统的"刀耕火种"种植模式向机械化的、绿色化的现代种植模式转变，还是一个漫长的过程。

（二）FY 轻纺有限公司案例分析

1. 案例简介

柬埔寨 FY 轻纺有限公司（以下简称 FY 公司）位于 Kandal 省，成立于 2011 年，投资规模为 800 多万美元，占地面积 3 公顷。该公司主要经营成衣制造，负责承接中国母公司发往的中低端产品订单，进而出口欧美。截至 2015 年，FY 公司拥有 35 条现代化生产线，年产成衣规模达 1000 多万件，年产值达 3500 万美元。

与大多数中国公司在柬埔寨制衣业投资的原因相似，FY 公司在柬埔寨投资的主要目的是节约成本。一方面，欧美等发达国家给予柬埔寨制衣业免关税的最惠国待遇，使公司节约了大量关税成本；另一方面，柬埔寨劳动力较中国便宜，人工成本低。同时，柬埔寨针对外商直接投资企业提供一定的税收优惠政策，也降低了 FY 公司的运营成本。FY 公司作为一家中型制衣企业，仅仅是中国对柬埔寨投资制衣业的一个缩影，该案例体现了中国投资企业在增加低技术就业岗位、提高工人技能水平等方面所起到的积极作用。

2. 案例分析

结合本项目的研究内容，本案例将从就业效应、收入效应、环境保护情况三个方面分析 FY 公司对当地的影响。

（1）就业效应。目前，FY 公司拥有工人 2000 名左右，其中，中国工人仅 60 人左右，柬埔寨员工占全体员工的 97%。可以说，公司有效地解决了周边村民的就业问题。以位于 FY 公司附近的 Siem Reap 村为例，FY 公司以及周边制衣厂成立以前，该村大多数村民在家务农，而制衣厂的成立使大量村民进入工厂工作。据副村长 Mein Bann 介绍，该村共有村民 5000 余人，而进入制衣厂工作的村民就有 1000 多人。其中，在 FY 公司工作的村民 600 余人，女性工人大约占 90%，因为女性更愿意在离家较近的地方工作，这样能够在工作的同时方便照顾家庭。

第六章　中国对外直接投资与大湄公河次区域……社会与环境维度 / 163

在柬埔寨,中国大陆投资的制衣公司共170余家,占柬埔寨外资制衣企业的30%左右,而FY公司只是一家中型制衣企业,其在就业上起到的带动作用明显小于其他大型制衣企业。整体而言,制衣业是中国企业在柬埔寨投资最多的行业之一,对于促进当地就业起到了巨大作用。据柬埔寨制衣协会卢秘书长介绍,柬埔寨直接从事制衣行业的工人大约65万,而依附于制衣业的房屋租赁、零售等行业的就业问题,也深受制衣业的影响。

虽然制衣业并非高技术行业,但生产质量也依赖于工人的技术水平。因此,制衣工人的技能培训也是制衣公司日常工作的主要内容之一。据FY公司的工人组长Van Theoun介绍,公司会对新招聘的工人进行2—7天的技术培训。工人Sim Many也表示,她在进厂之前并不会制衣的相关工作,进厂后,公司对缝衣、打纽扣等内容进行了培训。根据企业规模的不同,中国投资的制衣企业的培训方式也存在一定差异。据中国制衣协会的何会长介绍,大型的制衣企业会设立专门的培训学校或培训中心,对制衣工人进行系统化的培训;而中小型制衣企业多采用"师傅带徒弟"的培训方式,针对具体工作内容进行"一对一"或"一对多"的专门培训。总之,中资制衣企业在致力于提升东道国劳动力素质方面做出了巨大努力,当地劳动力在中资企业通过干中学与在职培训获得了能力提升,这种能力提升与柬埔寨经济发展阶段的能力需求是相吻合的。

(2)收入效应。制衣业在提供就业机会的同时,也明显增加了工人和当地居民的收入。制衣业对当地的收入效应主要表现在两个方面:

第一,工人的工资收入。目前,柬埔寨制衣行业的平均工资为每人每月128美元,相对两年前的58美元增加了1倍。月平均工资与性别无关,仅与工作岗位有关。工人的工资随着工作岗位的不同而存在一定差异。据Van Theoun介绍,作为工人组长的他目前每月工资为200美元左右,而加上加班工资每月工资达到270—300美元。而普通制衣工人的工资为每月125美元左右,加上加班每月工资是170—180美元。副村长Mein Bann也表示,当一个家庭有两个人在制衣厂工作时，家里的生活条件将得到显著改善。同时，我们发现，若是一个家庭有更多女性进入工厂工作，该家庭的生活条件会得到更好的改善，因为女性会将更多工资收入用于家庭支出。

第二，带动相关行业和周边居民收入增加。据何会长介绍，目前柬埔寨制衣业每月大约需要支出 2 亿人民币（约 2991 万美元），其中 1 亿人民币（约 1496 万美元）用于支付工人的工资，1 亿（约 1496 万美元）则用于支付租赁费、水电费、物流费等，这对于制衣业的上下游企业收入增加具有明显的促进作用。另外，制衣企业周边聚集了大量从事零售、餐饮等行业的小商人，制衣企业的工人是这些商人的主要客户和收入来源。例如，Chan Ty 就是一个在 FY 公司外出售饮食的小卖部店主，她每天的收入为 7.5—10 美元。饮食销售收入和 FY 的工资收入（他的孩子在 FY 工作）成为 Chan Ty 一家最主要的收入来源。

（3）环保效应。生产活动必然对自然环境造成一定的影响，但影响程度的大小跟生产活动的产业性质密切相关。在柬埔寨投资的中国制衣企业，基本从事来料加工，是纺织、服装产业链上的最后生产环节，故制衣企业的环境污染相对较小。

以 FY 公司为例，企业生产经营活动造成的环境问题主要包括两个方面：一是废料等固体废弃物，二是废水污染。而针对上述两个问题，FY 公司都采取了相应的治理措施，减少生产活动对当地环境的影响。首先，FY 公司的废料等固体废弃物都进行了集中存放，然后由政府环境部门收走进行集中处理；其次，对于生活废水和生产废水，FY 公司都进行分别处理，然后再进行排放，这均在环境部门和村民共同监督下进行。据副村长 Mein Bann 观察，FY 公司的废水主要是生活废水，对周边村庄的环境影响较小。同时，Mein Bann 表示，附近村庄与 FY 公司就环境问题进行过协商，FY 公司也在当地政府和周边村庄的监督下进行生产经营，确保对当地环境的影响最小。

3. 案例小结

通过对 FY 公司和制衣业协会的调研发现，中国投资企业有助于增加当地居民收入和解决就业问题，显著地提高了当地居民的生活水平和增加了就业机会,这对于促进柬埔寨农业人口向工业部门流动起到了巨大的推动作用,也有助于提升工厂的生产率。同时,制衣企业工人通过在职培训、干中学和看中学等方式,可以获得技能水平提升,这对于柬埔寨工业化进程中人力资源水平提高具有重要作用。同时,中国投资企业在生产经营活动中也积极采取有效的处理措施降低对当地环境的影响。

但值得进一步思考的问题是,劳工冲突、经营成本增加等已成为困扰在柬埔寨投资的中国制衣企业可持续发展的重要问题。如何在实现企业生存与盈利的同时,兼顾当地利益已成为中国投资者当前首要考虑的问题,这也依赖于当地政府、工会、工人间的有效协作,从而巩固和深化中国投资企业与当地包容性发展的成果。

二 中国对外直接投资对老挝社会与环境影响的案例分析

(一) 老挝 CSD 咖啡公司案例分析

1. 案例简介

CSD 咖啡种植与烘焙独资公司(以下简称 CSD 咖啡公司)位于老挝丰沙里省,主要经营咖啡、橡胶等农产品的种植及产品加工。

从发展历程来看,CSD 咖啡公司于 2009 年启动,母公司历时一年多对丰沙里省的土壤、气候等环境进行了实地考察,最终于 2011 年 7 月与老挝丰沙里省奔怒县县政府签订了《咖啡种植合作合同》,在奔怒县投资建立 CSD 咖啡公司,并开始在奔怒县进行咖啡种植。截至 2014 年,CSD 咖啡公司在老挝丰沙里省 6 个县(丰沙里县、勐垮县、勐迈县、温带县、孟桑盘县、奔怒县)设立了子公司(办事机构),并将昌胜达(老挝)咖啡公司总部设在丰沙里省奔怒县。

从组织结构和运营模式来看,CSD 咖啡公司形成了三级管理模式,第一级为奔怒县公司总部,第二级为各县子公司(办事机构),第三级为各村管理小组。在运营模式方面,同大多数在老挝投资农业的中国公司一样,CSD 咖啡公司采用了"公司+农民"的"3+2"模式,即公司提供种植技术、资金并回收产品,而农户提供土地与劳动力。前期公司负责投资,无偿提供种苗,并进行技术支持和指导,以借贷方式向农民提供肥料并负责开通咖啡园区内的拖拉机路,建立咖啡豆加工厂、晒场等基础设施。老挝农民无偿提供土地和人力耕种，后期咖啡成熟时，负责采摘，把咖啡鲜果按质量标准分级包装送到公司指定的收购点。

从种植面积来看，CSD 咖啡公司与丰沙里省各县政府签署达 12000 公顷面积的《咖啡种植项目合同》，其中，奔怒县政府无偿规划 1000 公顷土地给公司种植咖啡，使用年限为 30 年，公司在此期间对这些土地有使用权和经营权。截至 2014 年 8 月，公司已累计完成咖啡种植约 2533.3 公顷，其中，咖啡挂果面积达 333.3 公顷。

2. 案例分析

丰沙里省面积 1627000 公顷，人口约 17 万，划分为 17 个县区。属于老挝贫困的地区之一。当地没有成型的工业和商业，经济极不发达，闲置土地多。居民以山地种植的农产品为生，大都无固定职业，所以劳动力富余。老挝丰沙里的奔怒县，地处老挝最北端，西、北邻中国云南，东部与越南接壤，自然条件非常适合咖啡种植，尤其是高品质的咖啡。

适宜的咖啡种植环境、良好的地理位置和充足的劳动力为 CSD 咖啡公司在奔怒县进行投资奠定了基础；而公司在当地投资也在一定程度上改善了当地居民的生活条件。结合本项目的研究内容，本案例将从就业效应、收入效应、环境保护情况和社会捐赠效应四个方面，分析 CSD 咖啡公司对当地的影响。

（1）就业效应。农业种植项目是中国公司对老挝北部进行投资的重要领域，涵盖了橡胶、香蕉、水稻、玉米、甘蔗、咖啡等多项内容。大面积种植项目的推进带来了大量的劳动力需求，从而为当地居民带来了大量的劳动岗位。就 CSD 咖啡公司而言，该公司是中国公司在老挝北部投资规模最大的咖啡种植公司。《咖啡种植项目合同》签订的 12000 公顷种植面积分布在丰沙里省 6 个县的 186 个村，涉及 22479 户老挝家庭和近 10 万人口。据执行总经理赵先生介绍，该公司已完成的 2533.3 公顷咖啡种植面积覆盖了丰沙里省 6 个县 126 个村寨，7000 多户老挝家庭。咖啡种植为近 3 万人解决了就业和生活问题，吸纳了烟农近 1 万人①。目前，从事咖啡种植的农民近 3 万人（非全职种植咖啡，部分种植咖啡的农民也种植水稻等其他农产品），其中，1 万人以前以种植烟草为主。

通过做出对社区居民的调研发现，CSD 咖啡公司在促进就业方面确实做出了较显著的贡献。一是 CSD 咖啡公司的三级管理模式中雇用了大量老挝员工。目前，公司共雇用老挝全职员工 68 人，占员工总数的 89.5%；除全职员工外，公司为加强与当地居民的沟通与合作，在已开展咖啡种植的村寨中聘用了大量村级管理员，村级管理员共 91 人。二是公司为当地居民提供了新的种植工作。以奔怒县波迈村为例，全村共有 47 户家庭，合计 220 人，村民基本依靠种植业维持生活，据波迈村副村长 Sonevong Dalakham 介绍，全村主要以种植咖啡为主，因为该村的咖啡种植得到了 CSD 咖啡公司的支持与合作。家住波迈村的 Chanban Phommavong 也从事咖啡种植，全家共种植咖啡树 3000 余棵。

为使当地居民更好地进行咖啡种植，以及提高老挝籍基层管理者的业务能力，CSD 咖啡公司对公司员工和咖啡种植农民有计划地进行了大量培训。在咖啡种植的技术培训方面，公司与云南省农业科学院亚热带经济作物研究所（以下简称热经所）签订了合作协议，由热经所为昌盛达咖啡公司提供咖啡种植的技术指导和支持，并聘请热经所研究人员作为技术主管，常驻 CSD 咖啡公司，负责员工与村民的技术培训等工作。据该研究人员介绍，公司制定了专门的技术培训手册，如《小粒咖啡栽培技术手册》《咖啡主要病虫害防治手册》等，培训内容涉及幼苗栽培、锄草施肥、修枝打叶、采摘鲜果等咖啡种植全过程。

CSD 咖啡公司的培训主要包括两个方面：一是针对公司全职老挝员工进行定期培训。由于这些员工基本上是公司的基层管理者，负责

---

① 据总经理赵先生介绍，丰沙里有种植罂粟的历史，部分农民以种植罂粟谋生。昌盛达咖啡公司是罂粟替代种植项目，公司的投资在一定程度上改善了当地种植罂粟的现状，为部分烟农提供了新的生活方式。

当地咖啡种植农民的培训与沟通，因此，公司对基层管理者制定了严格的培训制度。在对基层管理者的培训方面，不仅由专门技术人员定期对基层管理者进行技术培训，公司还从热经所聘请专家到公司进行培训。公司要求基层管理者必须完整掌握咖啡种植技术，并对培训效果进行定期考核，考核结果影响基层管理者的工资与岗位晋升。二是针对当地咖啡种植农民的培训。针对咖农的日常培训主要由公司基层管理者负责，而公司也会根据咖啡种植效果和种植进度进行有针对性的培训。

（2）收入效应。CSD 咖啡公司所在的 6 个县经济较为落后。资料显示[①]，丰沙里省人均 GDP 为 683 美元，而公司所在的 6 个县人均 GDP 为 350 美元左右，40% 的农户为贫困户，自种口粮不够吃，广大农民仍处于贫困状况。而咖啡种植则在很大程度上增加了咖农的收入，改善了咖农的生活条件。

以波迈村为例，Sonevong Dalakham 从 2014 年开始收获咖啡果，当年通过咖啡种植为家庭增加 610 多美元，而 2015 年收入为 854—976 美元。员工塞依南也于 2014 年开始收获咖啡果，共收获咖啡果 1 吨多，收入约为 695.97 美元，她表示 2015 年的收入应该会更多，咖啡种植极大地改善了家庭的生活条件。Chanban Phommavong 从 2013 年开始收获咖啡果，第一年仅收获 150 公斤，公司收购价为 0.24 美元/公斤，大概收入 36.63 美元；第二年共收获 1.5 吨左右，公司收购价为 0.34 美元/公斤，共收入 512.82 美元；她同样表示 2015 年的收成会更好，收入也会更多。

为确保咖农的收入，CSD 咖啡公司在收购咖啡时与当地政府需签订收购协议，虽然会按市场价收购与农民合作种植的咖啡鲜果，但公司会以最低保护价 1.5 元/公斤的价格保护农民的利益。截至 2014 年 12 月，公司已收购当地咖农的咖啡鲜果 250 余吨。据 CSD 咖啡公司估计，如果 12000 公顷咖啡基地项目在丰沙里省 6 个县成功实施，将使当地农民增收 3.6 亿元人民币（约合 5713.2 万美元），参与项目的 22479 户农民每户增收 2670 美元，使 6 个县 13 万以上的人口（占丰

---

① 《CSD 老挝咖啡项目简报》2014 年第 4 期。

沙里省总人口 75% 以上）脱贫走向富裕。在拉动丰沙里经济发展的同时，也增加了政府的财政和税收，这对老挝当地经济的发展无疑是个巨大的推动。

（3）环保效应。与其他投资项目不同，农业种植投资项目对环境的污染性较小。据总经理赵先生介绍，CSD 咖啡公司已经通过了当地的环境评估，他认为，咖啡种植的环境问题主要来源于两个方面：一是咖啡种植在一定程度上会造成植被破坏；二是化肥使用会造成一定的影响。

首先，在避免植被破坏方面，公司严格遵守当地的土地开发规定，不仅同老挝地方政府签订了相应的土地开发合同，并在当地政府的指导下制定了相应的开发规划。公司每年都会制订第二年的土地开发规划，根据当地植被覆盖情况来确定第二年的种植面积和种植区域，充分考虑当地的环境承载力。公司制定土地开发规划后，在老挝村、县、省三级审批通过之后才实施种植。

其次，在化肥使用方面，公司尽量使用有机肥和农家肥，由于当地环境保护制度严格，且农民本身很少使用化肥，因此公司无法提倡使用无机肥，有机肥的推广也难以进行，在很大程度上限制了咖农的咖啡产量。为解决上述问题，CSD 咖啡公司开始提倡使用农家肥。目前，公司计划在 6 个县的子公司设立大量小型加工点，咖啡收获以后就在附近村寨进行加工，然后利用加工后剩余的果皮进行堆肥，这样，不仅减少了化学肥料的使用量，而且也减少了肥料购买和运输等成本。

（4）社会捐赠效应。企业社会责任是近年来学术界重点关注的问题，中国对外投资企业的社会责任问题也受到了社会各界的关注。就 CSD 咖啡公司而言，虽然公司还在投资期，尚未产生明显的收益，但公司也致力于完成本公司应承担的社会责任，在当地进行了大量的公益慈善投资。

在调研的过程中，村民 Chanban Phommavong 表示，很感谢 CSD 咖啡公司给波迈村修了 3 千米的公路，极大地方便了村民出行。据 CSD 咖啡公司统计，公司在当地替代种植区免费修建道路长达 100 余千米，并捐赠当地政府数辆摩托车，出资支持丰沙里省、县级政府部门开展球赛等多种文化活动；同时，为提高当地民众的知识文化水平，公司大力扶持当地政府的教育事业，为当地学生捐赠学习用品，免费组织开展中文学习班及电脑培训，组织村级领导到中国咖啡产地参观学习，每月对咖啡重点村的村级技术员进行技术培训，培训内容除咖啡种植技术外，还包括邀请丰沙里禁毒委相关领导开展替代种植与禁毒讲座[①]。公司还立志于为老挝项目区捐建学校、村级办公楼、医院等公益事业，且开通大型的咖啡基地至交通干线全部公路。

3. 案例小结

通过本案例研究发现，CSD 咖啡公司在一定程度上实现了与当地经济、社会、环境的包容性发展。从当地发展角度来看，公司的投资不仅有助于解决当地农村闲置劳动力和农村闲置土地，也有助于提升当地居民的收入水平和农业种植技术水平，尤其是公司雇用老挝员工参与公司的管理与运作，也促进了部分农民劳动力向工人劳动阶级转变。从投资企业角度来看，CSD 咖啡公司的咖啡种植项目已得到大范围推广，早期种植的咖啡树开始收获鲜果，公司开始从投资期进入回报期。可以预见，只要公司和当地咖农、当地政府认真履行各自的责任，各方利益将得到协调发展。

但值得注意的是，咖啡鲜果收购价格受到国际期货市场的影响，在当前国际咖啡期货价格走低的情况下，如何确保咖农的收入，避免咖啡鲜果收入价格过低打击咖农的种植积极性，是 CSD 咖啡公司目前需要解决的问题。同时，CSD 咖啡公司尚未实现盈利，在企业亏损的情况下如何实现公司自身与当地环境保护、公益慈善之间协调发展，是 CSD 咖啡公司、当地居民和当地政府的相互包容。

（二）老挝 ZH 橡胶有限公司案例分析

1. 案例简介

ZH 橡胶有限公司是中国个人独资企业，下设勐南、勐宗丕两个

---

① CSD 咖啡公司的咖啡种植是替代种植项目，在替代罂粟种植方面取得了一定成果，并受到老挝当地政府表彰。2014 年 10 月 2 日，老挝国家禁毒委秘书长波鹏在丰沙里省禁毒委主任保利的陪同下到公司视察；2014 年 10 月 19 日，丰沙里政府授予 CSD 公司"替代种植先进企业"称号，表彰公司在禁毒工作中做出的贡献；2015 年 2 月 12 日，国际禁毒委与老挝禁毒委一行到公司调研视察，对公司的替代种植项目予以肯定。

橡胶种植农场。公司注册时间为 2006 年，主要从事天然橡胶种植及加工项目的实施。根据公司与老挝琅勃拉邦省政府签订的协议，公司原计划种植天然橡胶 5466.7 公顷。公司种植的天然橡胶已经部分开割，预计 2015 年全面开割。目前正在筹建年产 5000 吨的天然橡胶加工工厂，并已经获得老挝中央政府的橡胶加工厂建厂环境评估证书。同时，公司也获得老挝国家禁毒委员会颁发的"替代种植证"①。

与很多在老挝投资中资农业公司所采用的"3+2"模式（合同农业）不同，ZH 橡胶从成立之初就选择了完全独资的经营模式。所谓独资，就是由公司提供所有生产经营环节中所有资金和技术支持，向地方政府及农民租用土地，并雇用所在地周围的村民作为其员工。

自 2008 年开始，ZH 便开始大规模投入天然橡胶的种植，按照橡胶的生长规律，2013 年开始橡胶林逐步进入开割期，2014 年进入规模开割，2015 年可全面开割。按照 ZH 的经营计划，2013 年应开建橡胶加工厂并于 2014 年年末投产。但是，2013 年由于天然橡胶价格下跌、生产成本逐年上升、国际汇率变动等原因，ZH 橡胶并未如期开割。为避免亏损进一步扩大，ZH 橡胶加工厂的建设也处于停滞状态。

2. 案例分析

鉴于本书的研究目的，本案例同样从就业效应、收入效应、环境保护情况和社会捐赠效应四个方面，分析 ZH 橡胶公司对当地的影响。

（1）就业效应。由于 ZH 公司的橡胶林所在地为琅勃拉邦省下属的勐南县和勐宗丕县，都属于老挝北部山区。这里几乎没有大型工业，因此，当地农民找工作需要到琅勃拉邦省首府附近或者到更远的城市。自从 ZH 公司在这里开展项目以来，公司为当地常年提供超过 600 个工作岗位，农忙时用工需求超过 1000 人。当地农户表示，自从 ZH 公司开展经营活动以来，工作好找多了，村民再也不用到很远的

---

① 老挝北部有一定种植鸦片的历史，替代种植是指用其他农产品种植替代鸦片种植。对于有较大贡献的企业，老挝政府会颁发替代种植证，肯定并表扬企业在禁毒方面的作用。

城市工作，既能工作又能照顾家庭。更重要的是，独资模式使 ZH 公司在经营过程中很少与当地农民有经济或生产方面的纠纷。

ZH 公司租用土地的勐南、勐宗丕都属于山区农业县，全县人口绝大部分都属于农业人口，而在 ZH 公司工作的员工全部是当地农民。公司与员工签订了承包合同或劳动协议后，基本上形成了家庭式的劳作方式，即一名员工一旦与公司签订承包协议，就意味着这名员工的家庭会自己调配劳动力，以保证自己所承包的胶林符合公司的要求，同时也保证了家庭收入的稳定。例如，Hui Houey 村村长 Via Hau 一家，以 Via Hao 的名义承包了 3000 棵橡胶树，由他自己负责胶林的技术和大部分劳动，16 岁的儿子放假时会帮助锄草，他的妻子负责耕种林间套种的庄稼并打理家务。这种家庭式的劳作方式，既可以使当地农民在家附近工作，避免了搬家或家庭分居，同时可以合理配置家庭劳动力，以保证家庭收入最大化；大大降低了员工的流动性。近十年来，只要胶林管养合格通过验收，公司都及时按合同支付工资，从未拖欠。事实证明，几年来，ZH 公司所培养的当地技术员基本没有流失。

技能培训一直是 ZH 公司解决当地就业过程中重点关注的问题。从 2008 年开始，ZH 公司就开始大规模培训村民。公司对员工进行层级式的技术培训，即对所有员工进行基础种植培训，然后再挑选一定数量的初级技工进行中高级培训。中高级培训结束后挑选优秀高级技工到中国和泰国接受相关培训。高级培训结束后由高级技工再向中级和初级技工进行培训。综合考虑当地农民的受教育程度、工作热情及个人能力等因素，公司对各层级的培训都制订了相应的培训方案。

鉴于老挝劳动技能水平较低的现实情况，在非技术工作（如割草等）的培训方面，ZH 公司采用一名队长带一个队，统一培训的模式，使大多数当地员工掌握了割草技术。由于最初当地员工根本不能分清楚什么是杂草杂木，什么是橡胶树及套种庄稼，经常出现员工在割草时将橡胶树和套种作物当作杂草杂木砍掉的情况，公司也为此付出了一定的代价。但经过约半年的培训磨合，员工基本没有再出现此类情况。

针对中级和高级技术，ZH公司从前期已掌握初级技术的员工中挑选了一批学习能力强，善于表达并愿意帮助他人的员工，参加橡胶树育种、嫁接和割胶的培训班。这样的培训班在勐南县开办了两期，共培训中高级技术员76名。这76名技术员结合当地员工文化水平及劳动技能较低的实际情况，采用了"一对一""传帮带"的培训方式对其他初级员工进行培训。大多数技术员除为公司工作外，还利用在公司学到的技术在自家的林地里种植了橡胶树。

经过近八年的累积，掌握橡胶树种植中高级技术的当地员工已经达到200名，接受各项技术培训的员工达到100%，累计人数超过1500人次。同时，为了进一步提高胶农的苗木嫁接管理及割胶技能，公司提供了约0.33公顷育苗基地和1000棵橡胶树供员工练习相关技术。劳动技能的提高带动了周边农民自己开垦种植橡胶的积极性，为当地群众自食其力改善生活水平提供了技术支持。

（2）收入效应。在ZH公司工作的当地员工通常会有五类收入。

第一，工资收入是ZH公司员工家庭收入的主要来源。ZH公司采用将林场划分区域，鼓励员工以家庭为单位承包某一区域所有橡胶树的栽种、日常管理养护及收割橡胶。熟练的员工可以每人每年承包1000棵橡胶树的日常管理养护，而每棵树每年的养护费用为0.44—0.59美元。也就是说，一名熟练的员工如果承包1000棵橡胶树的管护，则每年可以得到4400—5900美元的工资。

第二，公司采用了套种技术，并给员工免费提供相应作物种子，例如薏米、玉米、旱稻。由员工进行套种，所有粮食收成归员工所有。由于胶林所处地区山高路远，交通不便，ZH公司在收获季节会专门派车到山上帮助员工将所收获的粮食运到员工家中或直接拉到市场上出售。

第三，割胶收入。根据ZH公司与员工签订的承包合同，员工所承包胶林自开割第一年起就可以与公司共享天然橡胶的收益。具体分成比例为：第一年员工获得所承包胶林割胶量的70%，公司得30%；第二年员工与公司分别获得割胶量的50%；第三年开始，公司获得70%，员工获得30%。

第四，土地租金。ZH 公司租用的土地分为两种类型：一种是直接向政府租用成片土地，另一种是根据需要向村民租用土地。土地租金一般为每公顷 1.59 美元/年。根据调研，ZH 公司从村民手中直接租用的土地基本都是未曾开垦过的荒山地，也有少量租用山地为粮食产量较低的山地，每年每公顷收益不超过 0.82 美元。

第五，免费种苗。只要是 ZH 公司的员工，或出租山地给 ZH 公司的村民均能从公司免费申领到橡胶苗木，从而减轻了当地橡胶种植户的经济负担。

ZH 公司在琅勃拉邦省的项目地涉及两个县，勐南县和勐宗丕县。我们调研的勐南县涉及 7 个村。以 Hui Houey 村为例，Hui Houey 人口为 364 人，共计 93 户。在 ZH 公司开展橡胶种植前，村民每户每年平均收入为 48.77 美元，村民户数只有 80 多户。ZH 公司开展种植经营活动后，当地农民家庭收入明显提高，年收入增长到 182.90 美元，同时村里人口增加。很多村民都修建了新房，购买了摩托车甚至汽车。

正如 Hui Houey 村村长 Via Hau 所说："我家以前的家庭月收入为 60.97 美元，现在可以达到 182.90—365.81 美元。村民收入提高了，掌握了橡胶种植技术，很多村民都重修了房子。"

（3）环保效应。虽然老挝是联合国公布的世界最不发达国家之一，但是，老挝政府历来非常注重环境保护。自 1979 年以来，老挝政府针对自然资源保护和环境问题完善了一系列法律和政策，通过了保护热带森林行动计划、国家环境保护行动计划等。其中，1999 年又相继颁布了环境保护的法律法规，包括《环境保护法》《水资源法》《森林采伐禁令》等。2013 年又重新对《环境保护法》进行了修订。此外，由于琅勃拉邦属于联合国教科文组织认定的世界文化遗产保护地，因此，琅勃拉邦省的环境保护工作还同时接受联合国教科文组织世界遗产办公室的监督。

因此，根据相关法律法规，所有企业在注册、开展经营活动前都必须通过环境评估，除通过环境评估外，企业还要接受每年六次的各级部门组织的环境监察。ZH 公司是琅勃拉邦省最早通过资源与环部评估的外资农业公司,也是唯一同时通过橡胶种植和橡胶加工两项环评的橡胶公司。据公司管理层介绍,公司用了大约一年的时间才通过环境评估,主要原因是根据法律规定,农业项目地的村级单位、县级环境资源部门、省环境与资源厅、国家环境与资源部都是评估方。村、县、省和国家四级评估方都可以对项目实施的任何一个环节提出任何疑问。由于实施项目的勐南县和勐宗丕县相关村都没有过橡胶种植经历,所以,对橡胶种植和加工的整个环节都有非常多的顾虑,公司只能一一作答,逐步打消村民顾虑,最终通过了环评。

橡胶种植对于环境的影响主要是造成水土流失隐患以及化肥农药污染。为了避免水土流失,ZH公司采用了鼓励员工套种农作物,在园区周围留30米宽的原生植被保护带等方法保持水土。同时,为了减少化肥农药的使用,ZH公司在种苗选择的过程中就注重选择抗害抗病的品种,同时依照相关法律法规,所使用的农药和化肥都通过国家环境资源部的检测及认证。

根据本课题组在勐南县对村民及橡胶林实地调研发现,由于采取了套种、原生植物保护带及种苗优选等方法,ZH公司的橡胶林并没有出现橡胶种植过程中容易产生的水土流失和农药化肥污染等情况。周边村民也表示橡胶林的生产活动对自己的农业种植及生活环境没有影响。

(4)社会捐赠效应。公司在园区及周边村寨修建道路200多千米,混凝土涵管桥梁两座以便开展经营活动,方便员工上下班,为周边村民出行提供便利条件。其中有12千米是专门为两个以前从未通公路的村子修建,这两个村的村民以往出行都只能靠步行,公路修通后不少村民购买了摩托车等现代交通工具,出行条件得到了极大的改善。公司在修建桥梁道路方面累计投入达16万美元。

ZH公司一直以来都非常关注当地卫生、教育及民生状况。公司开展经营活动近九年来,为勐南捐建学校校舍5间,合计支付5万美元;每年为勐南、勐宗丕两县小学捐赠价值1300美元的桌椅20套;为勐南县100多户人家架通了电线,并为每户捐赠5万基普购买家电；2013年水灾时为5户受灾严重的村民提供了两吨粮食；向当地两个派出所各捐赠一台电脑，提高了派出所的办公效率。

公司多年的付出与努力获得了当地群众的认可和支持，并获得多项省级和县级政府颁发的奖状。

3. 案例小结

ZH公司从成立之初就选择了独资模式，避免了与农户的纠纷，保证了橡胶种植和收割的质量，且保证了员工队伍的稳定性。公司一直遵守老挝当地相关法律法规，在公司运营过程中同时通过了老挝政府的天然橡胶种植和加工厂两个方面的环境评估。与此同时，企业注重自身对当地包容性增长的贡献，注重与当地社区的沟通，在其投资经营的近十年内，促进了当地就业和提高了村民的劳动技能，增加了村民收入，为当地修建学校、卫生院，赈灾，电器进家等。各项公益事业投入累计达25万美元。但是，由于国际天然橡胶价格持续低迷、通货膨胀率连年走高等客观因素，公司面临资金难以回笼等困境，为企业自身成长带来了巨大的隐患。

对外投资企业对当地包容性增长做出贡献的前提是企业自身的健康有序发展。企业自身如果无法实现盈利，不仅无法实现企业成长，更无法兑现对当地包容性增长的预期。

(三) 老挝WR水泥二厂及琅勃拉邦水泥厂案例分析

1. 案例简介

老挝水泥有限公司WR水泥二厂位于老挝北部万象省万荣县，该厂建于1998年，2000年正式投产，投资规模2.7亿元人民币（折合4286万美元），年产量20万吨。该生产线是老挝的第一条新型干法生产线，由其生产的"金牛"牌水泥，以较高的质量、具有竞争力的价格迅速占领首都万象水泥市场，产品覆盖老挝全国7个省19个市。公司连年被评选为中老两国经济合作示范企业。目前公司已成为老挝澜沧大道、老挝文化中心大厦、老挝国家体育馆、老挝总理府等重点工程的指定水泥供应商。

老挝琅勃拉邦水泥厂坐落在琅勃拉邦省南巴县南通工业园区，2005年建成投产。目前企业现有员工170人，老挝本地员工人数占总员工数的70%,整个厂矿的生产经营由中方进行管理。每年的水泥产量在35万吨左右,是老挝北部最大的水泥生产制造企业。

同样,由于WR水泥二厂与琅勃拉邦水泥厂的主要业务都是水泥的生产,且两个公司对老挝就业、收入等方面的影响具有较大一致性,因此,本项目将两个公司的案例进行合并分析。

2. 案例分析

鉴于本书的研究目的,本案例同样从就业效应、收入效应、环境保护情况和社会捐赠效应四个方面,分析老挝WR水泥二厂和琅勃拉邦水泥厂对当地的影响。

(1) 就业效应。由于老挝大部分的水泥生产企业主要集中在老挝南部和中部地区,因此使位于北部的WR水泥二厂和琅勃拉邦水泥厂在当地区域拥有较大的市场份额,与此同时,也给当地带来了巨大的就业机会。老挝WR水泥厂有员工460人,其中老挝员工445人,80%以上的员工工龄在10年以上,员工流失率非常低。而在琅勃拉邦水泥厂170名正式员工当中,近七成是老挝本地员工,因此,从企业人员的构成比例来看,两家企业都基本实现了生产管理的本土化经营。有企业周边村民表示,水泥厂在当地的生产经营使村里的青年劳动力不用再跑去离家很远的工厂进行工作,节省了时间和生活成本,对增加当地就业机会帮助很大。

通过对两家水泥企业实地调研发现,由于老挝当地员工在知识水平和技能掌握方面与企业要求存在差距,同时企业为实现高效运作以及在激烈的国际环境中获得更大的竞争优势,因此,两家水泥十分重视企业员工的在岗培训,始终把提升员工的工作技能作为公司的重要内容。琅勃拉邦水泥厂为了保证员工技能培训的质量和效果,采用传统的"师傅带徒弟"式的一对一技能传授,同时在培训周期上则采取每周一次,最大限度地实现技术人员本地化的企业目标。到目前为止,企业当中的很多关键技术岗位已经全部交由老挝当地员工来负责管理。

与琅勃拉邦水泥厂不同的是,老挝WR水泥二厂更加注重员工培训的专业化和多样化。据刘厂长介绍,公司每年的培训预算就高达2

亿基普老币（折合 2.47 万美元），同时公司将员工的培训模式分为三类：第一类是在工厂培训，第二类是在国内培训，第三类是在国外培训。每年培训的次数取决于工厂的需要，按各部门上报计划安排，每年最少有一百人接受技能培训，并以车间小组为单位开展技能比赛。公司技术组长 Beuasawat Sorphetmany 告诉我们，除了厂内的岗位培训，公司还会选派优秀技术工人去中国和泰国培训，同时也邀请来自中国和泰国的技术人员到工厂进行生产技能和管理技能的培训。工厂技术工人 Sayhalath 说，经过公司安排的培训，自己学到了有关水泥生产、相关机器设备操作的技术，很实用，并且自己的专业技能也得到了提高。

（2）收入效应。在员工的工资薪酬方面，两家水泥企业的各岗位薪资均高于老挝本地的水泥企业。琅勃拉邦水泥厂所在的 Nam ThuaNue 村村长表示，自 1980 年以来的相当长一段时间里，村里的人绝大部分都是农民，后来老挝政府允许中国在当地投资后，中国企业投产修建了水泥厂，这不仅为村里的青年人提供了巨大的就业机会，同时在水泥厂工作也使他们的工资收入较之前有了较大幅度的提高。生产线工人 Kher Yang 告诉我们，在没有来水泥厂工作之前，自己每月的收入在 110—125 美元，而现在的每月工资为 530 美元，并且每天的工作时长为 8 小时，很少出现加班的情况。

两家水泥企业不仅给当地员工支付应有的工作报酬，同时还设立了完整的工作奖励制度和员工福利制度。以老挝 WR 水泥二厂为例，企业除按时支付工资外，还设立了 6 个月的全勤奖励，以鼓励工作态度认真的员工。同时公司在老挝新年、国庆节等重要节假日都会给员工发放额外补贴。此外，公司还定期安排体检，为工人准备每年两套的劳保用品（包括工装、手套和帽子）。企业优厚的待遇和良好的工作环境，吸引了邻近五个村的居民到工厂工作。其中，距离公司最近的 Khan Mark 村有 234 户人家，有超过 60% 的村民在万荣水泥厂工作，实现了从农民到产业工人身份的转变。

（3）环境效应。工业生产活动必然伴随资源消耗和环境污染问题。因此，如何减少工业生产活动的资源能源消耗和环境污染物排放,从而降低生产活动对外部生态环境的污染,也是工业企业必然应该考虑的重要问题。一般而言,水泥生产会产生大量粉尘,不经处理的排放将对大气环境造成污染。为了使产生造成的环境污染降到最低,两家水泥企业在环保方面都投入了巨大的人力、物力和财力。

在琅勃拉邦水泥厂的整个生产过程中,原材料和燃烧材料破碎、粉磨、半成品煅烧和水泥成品储运等工序都会产生大量粉尘。为减少粉尘的排放,水泥厂在石灰石破碎、窑尾窑头、水泥磨等18个废气排放口(涵盖了整个生产流程),全部采用了脉冲袋式除尘器处理。脉冲袋式除尘器是一种成熟的粉尘处理工具,当含尘气体通过除尘器滤袋时,粉尘被吸附在滤袋上,而气体穿过滤袋经风口排出,脉冲控制仪发出指令,按顺序触发压缩空气喷吹系统,吸附在滤袋上的粉尘在气流冲刷下脱落至除尘器灰库收集,由链式输送机输送回收利用。通过使用脉冲袋式除尘器,不仅降低了水泥厂粉尘的排放,而且回收的粉尘还可以作为原材料被再次利用,也降低了生产成本,减少了生产活动对自然资源的消耗。

老挝WR水泥二厂在环保方面也进行了较大的投入力度。工厂的污水处理系统和除尘设备全部都是全天24小时运行,仅以上两项环保设备的维修保养费用就高达每年5.8万美元。同时,在原料开采环节,公司配备两台洒水车,在石灰石运输的沿途中不停洒水,最大限度地降低沿途扬尘对附近居民的影响。工厂附近的Khan Mark村副村长Phetpapha说,工厂产生的粉尘都飘向远离村子的山后面,并且每年都有环保部门官员来工厂检查,村子的环境质量一年比一年情况好转。

(4) 社会捐赠效应。在提升企业生产效益和员工薪资福利的同时,如何改善当地居民的生活条件,促进当地基础设施建设也成为两家水泥企业生产经营活动中共同关注的问题。琅勃拉邦水泥厂每年在公益事业方面的投入就有3.2万美元,用来为企业周边村落修建寺庙、公路和学校。WR水泥二厂自投产14年以来,累计捐赠金额达20亿基普老币(约合25万美元),2000—2014年主要捐赠种类及比例依次包括：学校28.7%、水泥25.5%、水管14.9%、电力7.1%、修路5.3%、现金捐赠4.7%，极大地改善了当地居民的生活环境。Khan Mark村是万荣水泥厂附近的村庄之一，副村长Phetpapha表示，工厂在村子里修建了学校，包括3个教室和1个办公室，并修建了水泥瓦屋顶，配备了电灯，同时还给孩子们买来了文具用品，让他们可以在更好的环境里成长。

3. 案例小结

通过对老挝北部两家水泥企业的案例研究发现，老挝WR水泥二厂和老挝琅勃拉邦水泥厂在生产经营过程中基本实现了与当地经济、社会、环境的包容性发展。从对当地的社会贡献程度来看，企业的生产经营不仅增加了周边村民的就业机会和收入水平，同时将生产带来的环境影响降到最低，保证当地居民的正常生产生活。另外，企业充分发挥自身应有的社会责任感，改善企业周边村落的基础设施，在带动和提升老挝当地整个经济发展水平的同时，进而实现与当地村民的融合与和谐共处。从企业自身的生产效益来看，两家企业仍旧保持了较高的利润增长率，以WR水泥二厂为例，2000—2015年，公司每年平均销售收入就高达2000万美元，开创了产品口碑和企业声誉的"双赢"局面。

通过对两家水泥企业的走访对比，不难发现，两家企业的成功还是有着几个共同的因素：第一，企业都注重诚信经营，保证产品质量。两家公司生产的水泥都严格按照国际标准，保证每一袋水泥的品质和规格，从不缺斤少两，进而给企业带来了口碑和品牌效应。第二，重视环境保护。公司严格按照要求建设厂房、组织生产，使用先进设备处理废水废气，并在工厂四周种植林木，实现"零排放"。第三，本土化管理。这也是两家水泥企业成功的关键因素，这首先体现在人员配备上，两家企业超过70%以上的员工都是老挝当地人。其次是积极与当地政府、企业合作，通过培训提高了当地员工的技术水平。最后，两家企业都为当地修建道路、援助学校，改善了当地基础设施，这不仅提升了企业的知名度，还为当地创造了收入，得到了附近村民和老挝政府的认可。

(四) 老挝 BN 酒店案例分析

1. 案例简介

琅勃拉邦 BN 酒店位于老挝琅勃拉邦省首府琅勃拉邦县。酒店按中国酒店业四星级标准投资建设，2013 年开业，经过 2015 年扩建后，酒店共有 128 间客房，员工 49 名，所有员工均具有高中以上文化水平，大部分具有本科以上学历，并至少懂一门外语。企业注册资本金 1000 万美元，截至 2015 年 8 月，实际投资额达 800 万美元。酒店除客房业务外还承接大中型宴会。

琅勃拉邦是老挝著名的古都和佛教中心，位于南康江与湄公河汇合处，距离首都万象有 500 多千米，是老挝现存的最古老的一个城镇，面积不到 1000 公顷，常住人口 10.3 万。由于完整地保存了老挝的佛教文化和传统习俗，琅勃拉邦于 1995 年 12 月被联合国教科文组织列入世界历史遗产名录。自此，琅勃拉邦县的旅游业开始蓬勃发展，该县也从一个深藏在老挝北部的小城逐渐成为世界旅游者的目的地。随着琅勃拉邦旅游人数的增加，近年来，到琅勃拉邦进行旅游业投资的外资企业也越来越多，琅勃拉邦 BN 酒店就是中资酒店业中较早投入运营的中型酒店企业。

2. 案例分析

本案例将从就业效应、收入效应、环保效应和基础设施及公益等四方面对西双版纳酒店进行考量。

(1) 就业效应。BN 酒店现有员工 49 人，除 1 名澳大利亚籍员工担任酒店总经理外，其余所有员工均为老挝籍员工，做到了员工的绝对本地化。此外，BN 酒店非常注重员工的职位晋升通道，酒店除澳大利亚籍的总经理和销售部经理外，其他部门经理和主管都是酒店自己培养提拔的。

虽然酒店并不能为当地提供大量的工作岗位，但由于服务质量是酒店业的生命线，酒店业对员工的培训相比其他行业要更加频繁。加强员工培训，提高员工的劳动技能是 BN 酒店提高服务质量的重要途径。酒店规定每个部门每月有一周为培训周，培训期间每人每天接受一小时培训，培训内容根据部门工作内容不同由部门经理确定，部门经理每月上报培训内容。虽然 BN 酒店的员工文化水平较高，但少有员工在大学修读酒店管理相关专业，因此，大多数员工并不具备相关技能。通过酒店提供的培训，员工掌握了相关业务知识，劳动技能得到提高。

（2）收入效应。酒店业是琅勃拉邦县的重要行业，行业平均工资水平为普通服务员 100—200 美元/月，主管级 150—300 美元/月，经理级 250—500 美元/月。BN 酒店的普通服务员试用期月工资为 150 美元，转正后根据工作能力和具体岗位工资增加到 200 美元左右。值得一提的是，BN 酒店员工的工资并不存在任何性别差异，工资完全根据员工语言能力、学习能力和服务能力来核定。除此之外，酒店与员工签署劳动合同，为员工购买相关社会保险，节假日给员工发放 20—80 美元不等的红包，加班发放每小时两美元加班费，女性员工享受带薪产假。

因此，BN 酒店在收入效应上的贡献是明显高于当地同行业水平的。但如前所述，BN 酒店的员工最低受教育程度为高中，大部分员工具有大学学历。如果从员工教育成本的角度来说，BN 酒店乃至整个琅勃拉邦酒店业的从业人员收入并不高，甚至不如同省一些农业项目中受教育程度不高的农业劳工。

（3）环保效应。酒店业对自然环境的影响主要是酒店经营过程中排放的生活污水和生活垃圾。琅勃拉邦是世界文化遗产保护地，BN 酒店业根据相关法律法规通过了环境评估，并每年接受环境厅和世界遗产办公室的相关检查。BN 酒店的建设完全依照中国四星级酒店的建设标准，酒店在环保设施方面的投入金额约为 10 万美元，主要用于建设化粪池、沉淀池、压缩罐、通风系统和餐厨独立操作间等设施的建设，每年这些设备的维护金额约为 1000 美元。此外，酒店每年还投入 850 美元，委托琅勃拉邦省环保厅清运酒店经营产生的所有生活垃圾。

BN 酒店的化粪池、沉淀池和压缩罐等都采用了欧洲设备，因此排放的生活废水能达到中水排放标准。由于当地基础设施薄弱，琅勃拉邦省并没有相应的污水处理厂，所以，包括 BN 酒店在内的所有酒店企业产生的废水都无法进行进一步处理，废水只能直排入沟渠，最后进入河流进行自然净化。同样，西双版纳酒店进行过初步处理的中水也只能直接排入沟渠，最终进入南康河。

（4）社会捐赠效应。BN 酒店 2014 年捐资 20 万美元修建了一条长 700 米、宽 12 米的水泥路。该条道路本为琅勃拉邦省政府规划道路，但因财政资金短缺，此前一直未动工。为感谢 BN 酒店为改善当地道路交通设施做出的贡献，琅勃拉邦将这条 700 米长的水泥路命名为"BN 大道"。同时，为了尊重当地民俗和宗教信仰，酒店还会对寺庙等进行布施。

3. 案例小结

随着老挝旅游业的发展和中国"一带一路"倡议的推进，越来越多的老挝企业和各国外资企业到琅勃拉邦省投资建设酒店。本研究团队在琅勃拉邦省两次调研，前后时间仅相隔半年，就有 3 家高级酒店建成准备投入运营。由此可见，酒店业在琅勃拉邦省的经济地位将进一步提升，而酒店业及其他服务业的服务水平和质量也将成为直接向世界各地游客展示老挝风情的窗口。

作为一家中资中型酒店，BN 酒店虽然在就业效应方面并没有提供大量就业岗位，但它员工本地化程度高，拥有相对完善的培训体系，因此，BN 酒店在提高当地从业人员劳动技能方面做出了积极的贡献。酒店员工收入在同行业中处于较高水平，男女同工同酬，因此，横向比较下，西双版纳酒店的收入效应较好。但如果综合考虑员工受教育水平和收入之间的关系，西双版纳酒店和当地所有其他酒店行业一样，收入效应没有农业项目的收入效应显著。从环保效应来看，BN 酒店履行了自己的社会责任，从酒店设计到实际运营都注重环保。但由于琅勃拉邦省基础设施薄弱，缺乏配套市政设施等客观原因，酒店所产生的废水经过酒店内部初步处理后无法进入污水处理厂，只能进行直接排放，因此，BN 酒店的经营活动对环境存在一定影响。从基础设施及公益的角度来说，BN 酒店自身体量较小，但也尽其所能为当地修建道路，承担了企业在公益方面的社会责任。

第七章　促进中国对大湄公河次区域投资包容性发展的政策建议

　　实证研究发现，中国对柬埔寨、老挝的直接投资在促进经济发展、创造就业和改善社会福利方面起到了较大作用。但是，在进一步促进劳动者的技能提升、提高企业生产效率等方面还任重而道远。此外，虽然中国对外直接投资企业在生产经营活动中积极采取有效的处理措施降低对当地环境的影响，但在有益于东道国经济发展的同时，还需要进一步权衡环境保护与产业发展之间的关系。而且，中国对外直接投资如何进一步促进东道国以农业为主的传统产业向现代工业转变，劳动力由农村传统部门向城市现代部门转变？如何进一步加强对东道国同行业本土企业的示范效应和人力资本培训—流动效应？如何建立与东道国不同行业间的产业关联，实现真正意义上的包容性发展，还需要中国政府与中国对外直接投资企业、东道国政府与东道国企业、当地员工和居民等多方利益相关者的协调努力。本章以柬埔寨和老挝为例，为包容性促进中国对大湄公河次区域投资提出相关对策建议。本书的相关结论与对策建议基于调查调研数据和资料分析，下一步拟扩大研究样本，深化主题研究。

第一节　东道国政府

一　提升教育水平，增强吸收能力

　　柬埔寨和老挝是大湄公河次区域国家中的欠发达国家，具体处于准工业化初级阶段（见表7-1）。该阶段初级产品生产占经济主导地位，资本及劳动力增加是经济增长主要推动力。产业结构以第一产业农业为主，制造业基础薄弱，基础设施亟待改善，本土企业的消化吸收能力较弱。如果说产业结构的调整和优化升级不是短期内可以达成的任务，人力资本素质的提升将能有效改善本土企业的消化吸收能力。新增长理论把技术看作经济系统的内生变量，强调了研发，人力资本和外部性的作用。只有增加行业技术和人力资本的积累，才能扩大技术溢出效应，促进经济的持续增长。

表 7-1　　　　　　　　钱纳里工业化阶段划分

人均 GDP（美元）	550—1240	1240—2480	2480—4960	4960—9300	9300 以上
工业化阶段	准工业化阶段	工业化初级阶段	工业化中级阶段	工业化高级阶段	后工业化阶段

资料来源：[美] 霍利斯·钱纳里等：《工业化和经济增长的比较研究》，格致出版社 2015 年版。

而柬埔寨和老挝教育事业发展缓慢，教育水平较为落后。以老挝为例，根据 2015 年联合国教科文组织公布的数据，老挝国内人口识字率已达到 79%，属于中等水平的范畴[①]。从老挝国内人口的受教育水平来看，2015 年，初中总入学率为 78.1%，而高等教育毕业人数占总人口的比重仅有 0.54%（参见《老挝教育和运动发展计划（2016—2020）》）。因此，受教育程度偏低已成为老挝员工不争的事实。

这一现状直接导致了中国企业在柬埔寨和老挝投资过程中很难找到符合企业用工需求的技术性劳动力，普遍存在下列问题：

（一）本土员工流动性较大，员工管理存在难度

目前在柬、老投资的中国对外直接投资企业当中，本地员工流动性大、工作不稳定是大部分中国对外直接投资企业负责人形成的共

---

① 联合国教科文组织统计研究所（UNESCO Institute for Statistics（UIS））网站，http://data.uis.unesco.org/Index.aspx?DataSetCode=EDULIT_DS&popupcustomise=true&lang=en#。

识，尤其是对于一些农产品种植、对季节依赖性较强的企业往往冲击更大。以位于老挝北部的橡胶种植企业为例，每年5—7月往往是企业的割胶旺季，由于产量增加使得种植企业通常会雇用大量的本地劳动力投入生产，而进入10月至第二年2月则属于收割淡季，而此时没有割胶任务的老挝员工通常会去其他行业打工维持生计。然而，由于工资待遇以及个人工作偏好等原因，来年可能会出现老挝员工的流失。因此，企业不得不每年重新寻找新的本地员工以满足正常生产的需求。此外，中国对外直接投资企业负责人反映较多的是当地劳动力的"契约意识"不高，有部分老挝员工在领取当期工资后就突然消失，这种行为往往给中国对外直接投资企业措手不及，对企业的正常生产经营和人员管理造成不同程度的影响。因此，为了尽可能地留住现有当地员工以降低企业招工成本，目前大多数老挝中资企业采取周薪制，即每周为当地员工发放当期工资，同时每年定期为员工发放各种实物福利，以此来调动员工的工作积极性。

（二）技能型本土劳动力短缺，企业用工成本提高

从投资的行业变化趋势来看，中国对外直接投资企业在柬埔寨、老挝投资的领域已由过去的矿产能源开采、水利电力、农产品种植，逐步扩展到加工制造、建筑、批发和零售贸易、酒店和餐饮等行业。大量从事农业相关工作的劳动者普遍受教育程度不高，劳动技能单一，职业技能欠缺，绝大部分没有参加过系统的职业培训，从而阻碍了这部分劳动力向第二、第三产业的转移，因此，对于在老挝投资第二、第三产业的中国对外直接投资企业来说，正面临着技能型人才的巨大缺口。尤其是对于加工制造业来说，由于在老挝当地招不到合适的技能型人才，企业不得不舍近求远，从中国国内高薪雇用专业技术人才到东道国工作。虽然在短时间内解决了人才短缺的问题，但从长远来看，对于利润不高的加工制造业企业将长期面临高额的用工成本。

（三）企业对东道国文化认知不足，"本土化"经营程度较低

由于语言、文化等社会因素存在差异，在柬埔寨和老挝投资的中国企业在进驻前并未深入细致地了解东道国的风俗与社会文化，而是沿用在中国的员工管理模式，导致出现了当地员工对中国对外直接投

资企业管理不满而离职的情况。例如，由于柬埔寨和老挝地处亚热带、热带地区，年平均气温在26℃以上，因此，为避开高温工作，当地工人习惯的上、下班工作时间都要比中国国内提前，然而，有些中资企业在不了解当地文化的情况下仍旧按照中国国内的习惯安排工作时间，使工人下班时间延长，造成柬埔寨和老挝员工误以为中资企业经常加班的假象。沟通不畅最终使当地员工存在的问题不能得到及时有效的反馈。

鉴于此，东道国政府应加大对教育的重视。针对当地劳动力素质与效率较低，缺乏技术、管理人才等特点，柬埔寨和老挝两国应增加对教育的投入，从以下几个方面提高教育质量：在农村地区普及基础教育，降低文盲率；加大对各级各类学校的建设并进行科学管理，提高各级各类学校的小学、初中、高中的升学率与毕业率；加大对教师的培训力度，提高教师工资；鼓励本国学生出国深造，并对留学深造回国从事教师行业的人才进行表彰与补贴。

同时，东道国政府可加强与中国政府在人才教育和职业技能方面的培训合作，为外国投资者提供熟练技术工人，解决国内技术工人供给不足，非技术工人相对过剩的问题；继续鼓励外资到两国投资办学，促进两国高等教育的发展。

二 加快基础设施建设，降低物流成本

基础设施的完善与否，直接关系到外商直接投资企业的运营成本问题，是投资者进行区位选择的重要因素。因此，柬埔寨和老挝政府应加快国内基础设施建设，为投资者创造良好的投资环境。

第一，加大政府对基础设施的投入力度。改造地区道路，使道路延伸到内陆，包括偏远地区，维护农村地区交通路网及铁路轨道运输；改善城市道路状况，发展城市交通路网，柬埔寨可以考虑建设轻轨，完善交通设施缓解城市交通拥堵压力；加快完成全国电网改造升级，提高电力传输能力，进一步降低电价。

第二，加大对基础设施建设项目的引资力度。尤其是对铁路建设、水电站等大型项目，应通过建设—经营—转让（BOT）模式与政府和社会资本合作（PPP）模式为项目进行融资，以弥补财政投入的缺口。

第三，对基础设施建设项目进行统一规划与监督。特别是对于基础设施建设项目周期长、耗资大、涉及范围广的项目，应当对这些项目进行统一规划和监督，防止重复建设及资金的浪费；对于基础设施建设项目周期短的项目，应当注重工程质量，提高基础设施使用寿命。

三　完善各项法律法规

柬埔寨和老挝政府应继续修订、完善各项与外国投资有关的法律法规，使其符合本国国情；建立健全司法体系，设立经济法庭，有效解决投资纠纷，保障外国投资者的合法权益；老挝在不断完善各项法律法规的同时，应注重修订程序的规范性，通过各种渠道增加透明度，使外资及时掌握法律法规及政策的变动情况。柬埔寨和老挝都存在腐败严重的问题，腐败阻碍经济发展，影响外资进入的信心。因此两国政府应加强反腐力度，加快制定、颁布新《反腐败法》，加大对腐败的惩治力度，通过国际合作的方式治理腐败。同时通过举办"国际反腐败日"宣传活动、加强学校反腐思想教育等，推动民众积极参与反腐败行动，建设廉洁、公正的社会。

四　完善招商引资政策

第一，继续鼓励外国投资者对两国支柱产业的投资。柬埔寨政府应加大力度鼓励外资继续投资农业、建筑业、制衣业与旅游业四大支柱产业，对外国投资者提供各项审批与税收优惠政策；老挝政府应继续加大对外商投资农业、工业、水电、旅游业等行业的支持力度。

第二，推动新兴产业与现代服务业的引资工作。为现代服务业、金融业，以及电子设备、信息技术、制药等技术密集型产业制定专门的优惠政策措施，吸引外商对这些产业进行投资。针对柬埔寨与老挝国内基础设施薄弱、教育医疗水平落后的特点，两国政府应积极鼓励外商对教育、医疗以及道路、电力等基础设施建设进行投资；进一步探索PPP模式，在公用事业、医疗卫生、教育文化等领域推出一批项目，鼓励社会资本参与建设。

第三，创新引资方式方法。加强国际项目的合作与交流，加强资源共享与信息沟通。积极开展经济特区、开发区产业引资、中介引资、展会引资、网上引资、点对点引资、精准引资等；以各类园区为先导，探索与企业对接推动引进重点项目，逐步形成产业集聚；推动各级相关政府部门与各省、各经济特区联合开展行业、产业链引资。

第四，推动引资、引技、引智有机结合。根据两国的发展需求，明确重点引进技术和人才，提升引资工作的技术导向性，推动引资与引技、引智有机结合。鼓励两国国内科研机构、企业与跨国公司联合建立研发中心或重点实验室，开展技术合作和基础性研发项目的研究。

第五，优化和提升招商引资结构。以重大项目、经济特区、开发区为依托，以产业结构转型升级为着力点，推动现代服务业、制造业、战略性新兴产业等的引资，增强外来投资对两国国内产业结构优化升级的战略推进效应；探索投资项目利益协商和共享机制及项目流转机制，推动企业有序转移和产业结构优化升级，促进引资区域协调发展。

五 加强招商引资服务

第一，继续推广实施"一站式"服务。两国政府应该将经济特区、开发区实行"一站式"服务，即为进入特区的投资企业提供投资申请、登记注册、报关、商检、核发原产地证明等各项服务扩展至全国，最大限度地为投资者提供便利，简化投资审批程序，为企业节省不必要的开支。

第二，提升相关政府部门的管理水平与行政执法能力。加大政务公开力度，保证投资者与社会公众对政府及其行为的知情权；加强对各级政府部门行政执法人员的业务培训工作，尤其是正确使用各项法律法规、严格执法等方面能力的培训；提高各级各部门政府执法的职业道德和工作责任心，提高其服务意识，杜绝不严格、不公正执法；适当为公务员加薪，逐渐减少甚至杜绝执法人员收受非官方支付的现象。

第二节 中国政府层面

一 加强对中国投资企业的行业引导

第一，针对柬埔寨和老挝的共同特征，中国政府应鼓励企业加大对以下行业的投资力度。继续扩大对两国基础设施建设的投资规模。

基础设施是两国政府优先发展的领域，而良好的基础设施也能降低外资企业的运输、运营成本，有利于促进外资对其他行业的投资。因此，中国应依托在道路、桥梁、铁路建设的技术与资金优势，积极争取两国道路、桥梁建设项目；加快中老铁路建设进度，推动与老挝铁路互联互通。

第二，继续加大对两国农业的投资力度。老挝和柬埔寨是传统的农业国，气候条件优越，适合种谷物、咖啡、甘蔗、木薯、橡胶等经济作物和热带水果。但是老挝技术、管理水平落后，劳动力效率较低，中国企业到两国投资农业可以充分发挥自身的技术、管理优势以及较高的劳动效率，依托两国丰厚的土地资源，实现较大效益。通过投资农业科技园等模式，指导当地农户及种植企业从事现代化生产，推动当地农业机械化进程，提高技术溢出效应。

第三，鼓励中国企业对两国教育行业进行投资。两国教育水平相对落后，尤其是老挝，这已严重影响了两国国内的经济社会发展。中国政府及相关部门应鼓励企业积极投资两国教育行业，以此来提升当地人口的受教育水平，培养企业急需的复合型人才。同时，针对两国急需翻译、技工、管理等专业人才，中国企业可通过开办培训学校、技术学校等机构的方式进行投资。

第四，适当加大对现代服务业的投资。依托两国丰富的自然资源与人文景观，鼓励中国企业利用国内成功经验，发挥自身优势，在两国投资旅游、餐饮、酒店等服务业。依托华为、中兴在老挝现有的基础，加大对通信业的投资。加强中国各类银行到柬埔寨和老挝开设分行的支持力度，这不仅能够促进当地金融业的发展，还能为当地中国企业提供更多金融服务，有效地解决企业融资难问题。

第五，鼓励新兴产业领域的企业到老挝投资。目前，柬埔寨和老挝在制药、技术分析测试等技术密集型行业还留有大量空白，两国政府也在这些领域制定了各种税收优惠政策。因此，中国政府积极支持从事新兴产业的企业"走出去"，尤其是鼓励其中的龙头企业到两国进行发展，进一步增强实力，促进新兴产业在当地的发展。

第六，依托老挝丰富的矿产资源及中国成熟的技术，促进与老挝钢铁、有色金属行业的产能合作。在老挝建设炼铁、炼钢、钢材等钢铁生产基地，加大对有色金属行业的投资，延伸下游产业链，开展铜、铝、锌、锡等有色金属冶炼和深加工，带动成套设备出口，推动老挝采矿业的发展。加大对老挝建材行业的投资力度。发挥国内行业骨干企业、工程建设企业的作用，以投资方式为主，结合设计、工程建设、设备供应等多种方式，建设水泥、平板玻璃、建筑卫生陶瓷、新型建材、新型房屋等生产线，提高老挝工业生产能力，增加当地市场供应。

第七，依托欧盟、美国等发达国家对柬埔寨的特殊贸易优惠政策及柬埔寨国内较低的劳动力成本，继续保持中国企业对柬埔寨制衣业的投资规模。充分挖掘柬埔寨经济发展的潜力及政府的行业鼓励政策，加大对建筑、房地产等行业的投资力度。整合优势资源，结合柬埔寨正在进行城市建设的契机，鼓励工程机械、农业机械、机床工具等制造及进出口企业对柬埔寨市场的开拓力度。

二 共同培养技术及管理人才

中柬、中老两国政府应加大双边教育领域的合作，由双边政府牵头，联合开展技能培训项目，中方派出教师与志愿者赴柬埔寨与老挝开展技术培训、传授管理知识，柬埔寨和老挝两国派出学生和业务骨干到中国各高校及培训机构学习先进的技术和管理知识，提高两国员工中技术及管理型人才的比重。采取由中国政府出资新建或对赴柬埔寨和老挝开办培训学校的中国企业进行补贴的方式，增加中国企业赴两国投资办学的数量与质量。支持双边高校之间的交流与学生交换，中国有关高校应加强对拥有专业技能和掌握东南亚小语种语言的复合型人才培养，为企业培养技术与管理人才和引进具有跨国经营管理经验的高级人才。政府相关部门应积极为企业牵线搭桥，通过举办专场招聘会的方式，鼓励有专长、懂语言的人到东道国工作。

三 借助各种展会举办投资推介会

中老、中柬两国政府及相关部门可借助南博会、广交会等大型博览会及边交会与各类专业会展，举办投资推介会，向中国企业宣传两国的重点鼓励投资的产业及具有市场前景的各类行业，使中国企业充分了解两国的投资环境、投资流程、审批程序与注意事项，以及各种税收、行业优惠政策。两国政府的相关职能部门还可以定期联合举办专门的投资推介会，加强对两国投资政策、投资环境的宣传，为引导更多中国企业"走出去"牵线搭桥。

四 加大政府对投资企业的扶持力度

中国政府应有针对性地采取多种措施，加大对投资企业的扶持力度，鼓励更多的中国企业到柬埔寨与老挝投资。发挥优惠贷款作用。根据国际产能和装备制造合作需要，着力支持在两国参与大型成套设备出口、工程承包和大型投资项目的中国企业。加大金融支持力度。发挥政策性银行和开发性金融机构的积极作用，通过银团贷款、出口信贷、项目融资等多种方式，加大融资支持力度。鼓励商业性金融机构按照商业可持续和风险可控原则，为两国的产能和装备制造合作项目提供融资支持，创新金融产品，完善金融服务。鼓励金融机构开展PPP项目贷款业务，提升铁路建设、水电项目等重大装备和产能的综合竞争力。

中国政府及其相关部门应积极引导海外企业充分利用中国出口信用保险公司开展的海外投资保险、融资租赁业务，为企业投资行为提供风险保障。中国政府职能部门加大对人民币贸易、投资跨境结算相关政策的宣讲，充分让企业了解政策和利用政策，规避贸易和投资过程中的汇率变动风险，降低企业成本。中国政府职能部门积极与两国政府部门磋商，在中国东盟自由贸易区域和澜湄合作框架下推动中柬、中老双边贸易投资便利化，在海关通关程序便利化方面实现单证统一，开展"一站式"窗口服务，设立共同查验区；在检验检疫便利化方面实施"谁进口，谁查验"的操作方式，降低多方查验带来的高成本；在贸易物流便利化方面，简化协调中柬、中老跨境交通规章、手续，促进贸易物流及相关设施的发展，从而提高货物运输效率、减少交易成本。

第三节 中国企业层面

一 进入前做好市场调查

部分中国企业没有进行任何前期调查的情况下来到柬埔寨与老挝，对当地各项法律法规、当地风俗缺乏了解，盲目投资、注册公司，导致项目审批不合格，甚至上当受骗，使自身利益遭受严重损失，也对中国企业的海外形象产生负面影响。因此，对于准备进入两国投资的中国企业，需要注意以下三个方面的问题。

第一，评估两国投资环境，即当地经济规模、商业成本等经济因素。

第二，认真研究当地法律法规、各项引资政策，同时深入调研当地行业行规；在柬埔寨投资还应尤其关注土地问题，投资者在签署土地使用合同或与柬埔寨公司共同分享土地所有者权益之前应核实土地所有者的所有权；在购买、租赁土地前，应该确保土地所有者拥有在政府部门注册的有效地契，如果没有地契，应该通过核查农业或土地办公室及支持性文件来确定土地性质，避免陷入土地纠纷。

第三，充分了解当地的文化、宗教信仰与习俗，避免因价值观、生活习惯不同等而产生劳资冲突。企业在进入柬埔寨与老挝后，应派专人收集相关法规、政策、信息，充分掌握政策变动情况，并通过跟踪新闻、咨询经济学家、体验社区生活来了解当地社会。这有利于中国投资企业自身的经营发展，其效益的提高能够促使企业扩大生产、经营规模，这又在一定程度上从增加投资资金方面促进老挝产业结构的发展。

二 积极协调劳资关系

中国企业在投资过程中，不能只关注企业效益与生产效率，还应尊重柬埔寨与老挝当地员工的信仰和习俗，避免引发劳资冲突。因此，中国企业及其管理人员应做到以下几点：

第一，尊重当地员工的宗教信仰与生活习惯，根据当地实际情况科学、合理安排工作与节假日时间，这样，不仅提高了当地员工的满意度，同时也避免招致工会与非政府组织的批评。

第二，加强与员工的沟通，通过设置意见箱、管理层定期与员工代表会谈等渠道，倾听员工的意见建议，只要他们的意见或建议合理合法，就要寻求解决方法；如果其意见建议不符合法律法规、不能解决，公司应及时向当事人说明，这样，可以减少工人向工会组织的投诉。

第三，改善工人的工作环境。中国企业应根据两国国情与工人的实际情况在管理方式上进行变通，制定规范化和人性化的管理制度，改善工作地点的各项硬件设施，并定期对员工进行安全、技能等各方面培训，应做到使员工有归属感，使他们能积极投入到工作中来。

第四，定期对当地员工进行培训。对新招聘的员工进行企业章程、管理制度、岗位职责等方面的入职培训；对企业内所有员工进行定期技术培训，提高员工的专业技术水平与工作效率，同时对部分优秀员工进行管理技能的培训，积极培养老挝当地的管理人才；结合当地员工文化水平较低的实际情况，可灵活运用培训手段，如采用"一对一""传帮带"的培训方式对初级员工进行培训。

同时，针对柬埔寨自身特点，充分认识柬埔寨的工会组织。中国企业应深入了解柬埔寨的《劳动法》《工会法》与工会组织，与企业内工会及行业工会进行定期建设性沟通；加强对企业、厂区管理，避免外部工会随意进入厂区，煽动员工。

三　重视与当地企业与民众合作

进入老挝投资的中国企业应高度重视本土化。应鼓励企业扎根当地、致力于长期发展，在用工、采购等方面，努力提高本地化水平。大量雇用本土员工，并对员工进行技术培训，这样不仅能够帮助老挝培养更多的技术型人才，还能一定程度上避免了从国内引进员工所需支付的高额工资。同时积极寻求与老挝本土相关企业的合作，发展产业群，延伸产业链，培育老挝本土上游和下游产业及相关支持产业的企业，通过自身的严格要求及对上下游企业的培训实现技术溢出，提高老挝相关本土企业的生产效率与产品的技术含量，从而在技术进步方面促进老挝产业结构的优化与发展。

尤其是在柬埔寨投资的中国企业应积极与项目所在地居民、非政府组织进行沟通，消除当地民众、非政府组织对中国企业的误解。中国对外直接投资企业应增强透明度，积极与两国当地民众、非政府组织以及媒体进行建设性沟通，开展社区发展等项目。商会、行业协会可定期组织中国对外直接投资企业与非政府组织进行会谈，相互加深了解，减少信息不对称，促进双方建立常规性沟通机制，寻求问题解决方式。

四　积极承担企业社会责任

中国企业在老挝进行投资的过程中，不仅要注重经济效益，还需回馈老挝社会，注重企业形象，提高企业在当地的影响力，只有这样，才能可持续发展。可以采取商会及行业协会牵头的方式，组织公益活动，如技术培训公益讲座，捐赠机械设备、办公用品、医疗用品等，为当地修建道路、学校、诊所，架设电线、网线，改善当地基础设施。这在改善公司生产经营条件的同时，也受到当地政府与民众的欢迎。

目前，中国企业虽然都在一定程度上为柬埔寨与老挝当地减贫、基础设施建设做出贡献，也制定了相应的社会责任政策，如每年向当地社区捐资助学，修建道路、桥梁等，但这些政策往往过于空泛、实际操作性不强，且很多企业仅局限于出资援建硬件设施，并没有后续跟进，缺乏管理。基层的社会和环境管理不仅仅是援建学校、医院、公路等基础设施，还需要进行一系列包含社区调研、公众咨询、社会和环境指标监控以及社会和环境管理计划实施等专业举措的工作。

因此，中国企业应当积极介入社区调研、公众参与、项目影响监控等环节，重视并提高在社会和环境影响方面的管理水平；引入环境和社会管理、农村发展、生态保护的专业人员，做到有专人专才负责相关事务。同时，应对自身在当地社区教育、医疗、基础设施等各方面所做出的贡献进行积极宣传。

五　严格遵守当地法律法规

中国企业在经营过程中及办理各项手续时，不盲目跟风向柬埔寨与老挝官员支付"小费",而是自我严格要求,按照规章办事。这样不仅企业在生产经营的过程中会不走或少走弯路,还能提高经营绩效,提升中国企业在当地的形象,并为即将进入两国市场的中国企业树立榜样,有利于中国企业顺利进入两国相关行业进行投资。老挝政府对资源型投资与环境保护格外重视,因此,对与此相关项目的审批与检查也非常严格。因此,对于资源投资型的中国企业来说,应在项目进行环境评估时积极配合老挝各级政府部门,认真进行项目申报,获得环评证书;在进行生产经营的过程中,认真接受环保部门的检查,严格执行老挝政府的各项法律法规,积极保护老挝的自然环境及资源。

六 充分发挥自身优势

中国对外直接投资企业在柬埔寨与老挝要实现长远发展,需要扩大规模,降低成本,充分发挥自身特点,培育产品的竞争力,加强品牌建设及标准化体系建设。有效发挥自身优势,把在国内市场上具有竞争力的产品和技术引向老挝市场。积极开展"工程承包+融资""工程承包+融资+运营"等合作,有条件的项目鼓励采用 BOT、PPP 等方式,大力开拓老挝市场,开展装备制造合作。同时应该不断提升企业创新能力,制定灵活的生产经营策略,实现生产销售多元化,根据两国的经济、产业发展水平及特点,生产出满足当地不同层次消费者需求的商品。

附 录

附录一 中国对外直接投资企业到柬埔寨投资动因

评分

动因类别	动因指标	合计	地区		产业			企业性质		企业类型			企业规模			
			金边	其他	第一产业	第二产业	第三产业	国有企业	非国有企业	母公司	子公司	分公司	独立	微型企业	小型企业	中型企业	大型企业
战略驱动	C3 发挥企业的技术和生产优势	5.06	4.85	5.59	5.00	5.28	4.46	6.36	4.93	6.00	6.00	5.19	5.00	4.25	5.61	4.53	*
	CC1 公司全球化扩张战略	4.55	4.28	5.22	6.07	4.07	3.75	5.76	4.32	7.50	6.05	4.07	2.29	3.25	4.40	5.27	5.00
	C2 发挥企业的管理和营销优势	4.27	4.16	4.54	3.93	4.35	4.11	6.14	4.07	5.33	4.64	5.19	4.02	3.00	4.69	3.31	*
	均值	4.63	4.43	5.12	5.00	4.57	4.11	6.09	4.44	6.28	5.56	4.82	3.77	3.50	4.90	4.37	5.00
市场驱动	C5 市场潜力大	6.75	7.01	6.10	8.57	6.77	6.22	6.82	6.74	5.33	6.27	5.56	7.50	6.83	6.77	6.18	*
	C19 柬埔寨经济发展潜力	5.52	5.83	4.78	6.50	5.12	6.45	6.82	5.38	5.33	5.74	7.78	5.22	5.66	5.99	4.72	5.00
	C7 开拓当地市场	5.15	5.54	4.20	4.29	4.97	5.89	6.36	5.02	3.50	4.26	5.56	6.22	5.75	5.82	3.82	5.00
	C8 协作者的带动	4.27	4.52	3.68	4.29	4.18	4.55	2.73	4.43	2.50	3.45	4.07	5.16	4.63	4.66	3.45	5.00
	C18 犯罪率低、社会稳定	4.12	3.57	5.44	2.86	4.47	3.39	3.03	4.31	6.00	4.09	3.89	4.18	3.38	4.21	4.39	5.00

续表

动因类别	动因指标	合计	地区		产业			企业性质		企业类型			企业规模			
			沿边	其他	第一产业	第二产业	第三产业	国有企业	非国有企业	母公司	子公司	分公司	独立	微型企业	小型企业	中型企业	大型企业
市场驱动	C6 开拓海外市场、建立出口基地	4.02	3.65	4.93	7.50	3.82	3.75	3.18	4.11	4.00	5.23	4.17	2.55	2.83	0.43	5.29	5.00
	C17 靠近出口港口	2.82	2.20	4.34	2.55	2.88	2.71	1.59	2.95	5.33	3.21	3.33	2.44	2.22	2.99	2.79	5.00
	C16 靠近机场、车站	2.05	1.78	2.71	1.36	2.25	1.65	3.64	2.18	5.00	2.75	5.00	1.83	4.56	1.29	3.43	5.00
	均值	4.34	4.26	4.52	4.74	4.31	4.33	4.27	4.39	4.62	4.38	4.92	4.39	4.48	4.02	4.26	5.00
成本驱动	C9 本地劳动力便宜	6.00	5.63	6.91	3.93	6.31	5.63	4.32	6.18	5.00	6.41	4.81	5.64	6.25	5.60	6.49	5.00
	C11 降低成本	4.02	3.74	4.71	1.79	3.84	5.11	3.64	4.06	4.00	4.14	4.44	3.80	3.68	3.99	4.86	5.00
	C10 土地厂房租金低	2.97	2.92	3.09	3.57	3.05	2.59	3.50	3.09	4.67	2.65	3.89	3.53	3.03	2.82	3.19	5.00
	C12 节约运输成本	1.94	1.90	2.04	1.43	1.67	2.86	2.25	1.91	4.00	1.99	2.50	2.39	3.16	1.70	2.14	5.00
	C13 为海外子公司供货	1.60	1.27	2.43	2.86	1.43	1.79	1.82	1.72	2.00	1.95	3.61	0.85	1.83	1.03	2.70	*
	均值	3.31	3.09	3.84	2.72	3.26	3.60	3.11	3.39	3.93	3.43	3.85	3.24	3.59	3.03	3.88	5.00
政策驱动	C15 柬埔寨的投资和贸易优惠政策	4.57	4.10	5.74	2.50	5.09	3.57	4.77	4.55	6.00	5.23	4.72	3.35	1.88	4.22	6.35	5.00
	C14 中国的投资和贸易政策	1.97	1.85	2.25	2.07	2.15	1.43	2.27	2.06	*	2.60	3.33	1.59	2.38	1.98	1.82	*
	C20 政府间合作项目或意向	1.75	2.10	0.91	1.07	1.66	2.21	3.86	0.76	3.50	1.11	2.78	1.60	0.88	1.84	0.87	*
	均值	2.76	2.68	2.97	1.88	2.97	2.40	3.63	2.46	4.75	2.98	3.61	2.18	1.71	2.68	3.01	5.00

附录二 　　　　　　　　　　中国对外直接投资企业到老挝投资动因

评分（老挝）

动因类别	动因指标	合计	地区 万象	地区 其他	产业 第一产业	产业 第二产业	产业 第三产业	企业性质 国有企业	企业性质 非国有企业	企业类型 母公司	企业类型 子公司	企业类型 分公司	企业类型 独立	企业规模 微型企业	企业规模 小型企业	企业规模 中型企业	企业规模 大型企业
战略驱动	C3 发挥企业的技术和生产优势	5.71	6.03	5.00	6.67	6.48	4.45	6.52	5.48	4.25	6.49	7.14	4.93	4.43	5.58	6.86	5.00
战略驱动	C2 发挥企业的管理和营销优势	4.63	4.79	4.27	4.79	4.45	4.81	5.87	4.27	3.50	5.52	6.43	3.47	3.86	4.29	6.39	5.00
战略驱动	C1 公司全球化扩张战略	3.70	4.22	2.50	3.54	4.16	3.16	6.85	2.78	1.50	5.99	5.00	1.07	3.45	2.46	6.49	5.00
	均值	4.68	5.01	3.92	5.00	5.03	4.14	6.41	4.18	3.08	6.00	6.19	3.16	3.91	4.11	6.58	5.00
市场驱动	C5 市场潜力大	7.06	7.15	6.85	5.83	6.71	7.88	7.39	6.97	7.25	6.82	7.19	7.43	7.05	7.00	7.11	5.00
市场驱动	C18 犯罪率低、社会稳定	6.52	6.69	6.44	6.46	6.50	6.56	6.96	6.39	5.75	6.58	5.00	6.57	2.13	2.20	3.95	5.00
市场驱动	C19 老挝经济发展潜力	5.75	5.87	5.48	5.00	5.20	6.69	6.09	5.63	4.25	6.51	6.25	5.42	5.00	5.42	7.37	5.00
市场驱动	C7 开拓当地市场	5.05	5.21	4.68	2.50	4.71	6.25	5.87	4.81	6.25	4.95	6.25	4.93	5.11	4.50	6.32	5.00
市场驱动	C8 协作者的带动	3.66	3.47	4.11	3.75	3.16	4.28	1.70	4.21	4.50	2.93	2.81	4.51	4.17	4.00	3.15	*

续表

动因类别	动因指标	合计	地区-万象	地区-其他	第一产业	第二产业	第三产业	国有企业	非国有企业	母公司	子公司	分公司	独立	微型企业	小型企业	中型企业	大型企业
市场驱动	C6 开拓海外市场、建立出口基地	2.55	2.71	2.18	2.50	2.94	2.06	3.93	2.18	2.22	3.72	1.56	1.90	2.13	2.20	3.95	5.00
	C16 靠近机场、车站	1.83	2.17	1.05	1.19	1.75	2.13	1.48	1.93	2.00	1.96	1.25	2.22	1.43	1.96	1.94	5.00
	均值	4.64	4.79	4.34	4.03	4.50	5.00	4.98	4.54	4.41	4.93	4.56	4.52	3.87	3.92	5.05	5.00
成本驱动	C10 土地/厂房租金低	3.42	2.36	5.89	6.04	3.00	3.19	2.84	3.59	3.75	3.19	3.93	3.36	2.62	3.47	3.61	5.00
	C9 本地劳动力便宜	3.26	2.50	5.02	5.06	3.19	2.81	3.04	3.32	3.00	3.33	5.42	3.14	2.38	3.54	3.03	5.00
	C11 降低成本	1.93	1.62	2.66	2.92	1.79	1.81	0.22	2.00	2.00	2.17	2.17	2.22	1.55	3.33	1.91	*
	C12 节约运输成本	1.19	1.14	1.29	1.25	1.37	0.93	2.02	1.92	2.00	1.63	2.86	1.05	1.43	1.14	3.61	5.00
	C13 为海外子公司供货	0.46	0.52	0.32	0.21	0.64	0.31	1.00	1.30	2.50	0.67	2.50	0.86	0.53	0.57	1.58	5.00
	均值	2.05	1.63	3.04	3.10	2.00	1.81	1.82	2.43	2.65	2.20	3.38	2.13	1.70	2.41	2.75	5.00
政策驱动	C14 中国的投资和贸易政策	4.09	3.84	4.68	7.5	4.49	2.56	3.47	3.31	2.00	5.27	3.91	2.64	3.45	3.25	3.49	5.00
	C15 老挝的投资和贸易优惠政策	4.00	3.51	5.16	7.08	3.68	3.50	4.46	3.88	2.00	4.79	5.94	3.26	2.84	3.79	5.39	*
	C20 政府间合作项目或意向	2.73	2.96	2.18	2.50	2.95	2.51	6.02	1.79	1.50	4.10	4.38	1.06	2.38	1.80	5.26	5.00
	均值	3.61	3.44	4.01	5.69	3.71	2.86	4.65	2.99	1.83	4.72	4.74	2.32	2.89	2.95	4.71	5.00

参考文献

[1] [老挝]布盖欧:《邻国经济、外国企业 FDI 与老挝经济发展》,博士学位论文,华东师范大学,2013 年。

[2] 毕先玲:《FDI 与民营资本的技术溢出效应研究》,《数学的实践与认识》2013 年第 17 期。

[3] 曹华:《中国引资战略选择——在"双缺口"模型失效情况下》,《山西财经大学学报》2007 年第 7 期。

[4] 戴枫:《要素禀赋框架下的 FDI 与我国地区收入差距分析——基于动态面板模型的 GMM 检验》,《国际贸易问题》2010 年第 5 期。

[5] 杜健:《基于产业技术创新的 FDI 溢出机制研究》,博士学位论文,浙江大学,2006 年。

[6] 崔家玉:《中国对外直接投资的动因》,《大连海事大学学报》(社会科学版) 2010 年第 9 期。

[7] 陈立龙:《FDI 技术溢出机理及影响因素探析》,《物流科技》2014 年第 2 期。

[8] 崔民选、张存萍:《我国企业规模效益比较与评价》,《中国工业经济》1998 年第 5 期。

[9] [英] J. H. 邓宁:《贸易、经济活动的区位和跨国企业:折衷理论方法探索》,工作论文,1977 年。

[10] 陈西:《FDI 技术溢出效应及其影响因素分析》,硕士学位论文,中国海洋大学,2010 年。

[11] 丁晓强:《不同来源地 FDI 影响我国产业结构升级的差异性分析》,硕士学位论文,安徽财经大学,2015 年。

[12] 邸玉娜:《包容性发展的理论框架、测度与战略——中国经济发

展方式转变研究》，博士学位论文，南开大学，2014年。

[13] 方珏：《FDI对华东地区就业的影响研究》，硕士学位论文，南京财经大学，2015年。

[14] 高贵现：《我国对非直接投资现状与动因》，《商业研究》2015年第57期。

[15] 高立永：《FDI对我国三次产业就业影响研究》，硕士学位论文，苏州大学，2009年。

[16] 龚洪：《中国FDI对泰国经济增长的影响研究》，硕士学位论文，山东大学，2014年。

[17] 邹鲁清：《在"包容性发展"中全面提高"社会质量"》，《企业家天地》（下旬刊）2012年第8期。

[18] 郭继光：《中国企业对老挝的直接投资及其影响》，《东南亚研究》2013年第5期。

[19] 葛顺奇、李诚邦：《社会责任：跨国公司必须跨越的一道门槛》，《国际经济合作》2003年第9期。

[20] 郭沛、张曙霄：《中国碳排放量与外商直接投资的互动机制——基于1994—2009年数据的实证研究》，《国际经贸探索》2012年第5期。

[21] 郭波、吴平、穆鹏：《中国近年来FDI迅猛增长的原因与动因分析》，《经济研究导刊》2011年第5期。

[22] 贺圣达：《东南亚地区战略格局与中国—东盟关系》，《东南亚南亚研究》2014年第1期。

[23] 黄君洁：《评价包容性增长指标体系的构建》，《上海行政学院学报》2013年第3期。

[24] 韩新：《外商直接投资对我国就业的影响研究》，硕士学位论文，东华大学，2015年。

[25] 胡孝权：《企业可持续发展与企业社会责任》，《重庆邮电学院学报》（社会科学版）2004年第2期。

[26] 黄继越：《FDI引资政策对国民福利的影响》，《世界经济情况》2007年第11期。

［27］蒋殿春、夏良科：《外商直接投资对中国高技术产业技术创新作用的经验分析》，《世界经济》2005 年第 8 期。

［28］金素、陆凯旋：《江苏 FDI 与经济增长的关系分析——基于 1985—2006 年数据的实证研究》，《审计与经济研究》2008 年第 2 期。

［29］靖学青：《产业结构高级化与经济增长——对长三角地区的实证分析》，《南通大学学报》（社会科学版）2005 年第 3 期。

［30］李东红、王文龙、金占明、汤玲玲：《多重制度逻辑下企业社会责任对海外运营的支撑效应——以聚龙公司在印尼的实践为例》，《国际经济合作》2016 年第 12 期。

［31］李成刚：《FDI 对我国技术创新的溢出效应研究》，博士学位论文，浙江大学，2008 年。

［32］李晨阳：《2010 年大选之后的中缅关系：挑战与前景》，《和平与发展》2012 年第 2 期。

［33］李锦、扈献文：《国内扭曲、外商直接投资与福利恶化》，《山东工商学院学报》2007 年第 4 期。

［34］聂飞、刘海云：《FDI、环境污染与经济增长的相关性研究——基于动态联立方程模型的实证检验》，《国际贸易问题》2015 年第 2 期。

［35］蓝虹：《中国海外投资对东道国环境和社会的影响》，《中央财经大学学报》，2013 年 7 期。

［36］［越南］李美金：《越南对外贸易、外商直接投资与经济增长实证研究》，硕士学位论文，重庆交通大学，2014 年。

［37］刘阳春：《中国企业对外直接投资动因理论与实证研究》，《中山大学学报》（社会科学版）2008 年第 48 期。

［38］刘晓朋：《服务业 FDI 对我国服务业就业的影响研究》，硕士学位论文，中国海洋大学，2011 年。

［39］李子豪、刘辉煌：《FDI 对环境的影响存在门槛效应吗：基于中国 220 个城市的检验》，《财贸经济》2012 年第 9 期。

［40］罗茜：《FDI 与收入分配》，《经济与管理研究》2008 年第 12 期。

[41] 雷瑞:《中国与东南亚国家制度距离对农业投资模式及绩效影响研究》,博士学位论文,云南大学,2017年。

[42] 刘叶:《FDI、环境污染与环境规制》,博士学位论文,中央财经大学,2016年。

[43] 刘渝琳、曹华:《防范"贫困化增长"的FDI甄别机制与评价指数的构建——论我国引资政策的合理设计》,《数量经济技术经济研究》2007年第5期。

[44] 刘则渊、方玉梅:《国际直接投资理论分析框架探析》,《大连理工大学学报》(社会科学版)2004年第2期。

[45] 马帅帅:《我国汽车制造业FDI的就业效应研究》,硕士学位论文,江苏大学,2009年。

[46] 毛日昇:《出口、外商直接投资与中国制造业就业》,《经济研究》2009年第11期。

[47] 戎梅、文照明:《国际直接投资(FDI)动因的理论综述》,《中国井冈山干部学院学报》2014年第2期。

[48] [越南]阮氏薇二:《FDI对越南胡志明市经济发展影响研究》,硕士学位论文,广西大学,2013年。

[49] 任文颖:《江苏服务业FDI技术溢出效应的影响因素研究》,硕士学位论文,南京航空航天大学,2014年。

[50] 盛斌、吕越:《外国直接投资对中国环境的影响:来自工业行业面板数据的实证》,《中国社会科学》2012年第5期。

[51] 尚丹蕾:《FDI非均衡分布对中国区域经济不平衡增长的影响研究》,硕士学位论文,青岛科技大学,2012年。

[52] 宋德勇、易艳春:《外商直接投资与中国碳排放》,《中国人口·资源与环境》2011年第1期。

[53] 隋洪光:《FDI对东道国经济增长可持续性的作用路径分析》,《理论学刊》2013年第6期。

[54] 谭熙熙:《出口、外商直接投资在中国的就业效应分析》,《财经界》(学术版)2012年第6期。

[55] 唐维维:《基于"国民福利"的外商直接投资的理论与实证分

析》，硕士学位论文，重庆大学，2009 年。

[56] 田虹：《从利益相关者视角看企业社会责任》，《管理现代化》2006 年第 1 期。

[57] 田虹：《企业社会责任及其推进机制》，北京经济管理出版社 2006 年版。

[58] 谭熙熙：《出口、外商直接投资在中国的就业效应分析》，《财经界》（学术版）2012 年第 6 期。

[59] 王红明：《老挝 FDI 的效应研究》，硕士学位论文，广西大学，2016 年。

[60] 魏婕、任保平：《中国经济增长包容性的测度：1978—2009》，《中国工业经济》2011 年第 12 期。

[61] 王向阳：《FDI 技术溢出对高技术企业技术创新的影响研究》，博士学位论文，吉林大学 2009 年。

[62] 文宁：《我国中小企业对外直接投资绩效评价指标体系研究》，博士学位论文，辽宁大学，2014 年。

[63] 王全景：《海外投资提升了企业社会责任——基于动态性视角的实证检验》，《国际贸易问题》2018 年第 8 期。

[64] 王书杰：《中国企业海外直接投资的绩效研究》，博士学位论文，中共中央党校，2016 年。

[65] 尉一冰：《印度利用 FDI 对经济增长影响的实证分析》，硕士学位论文，云南财经大学，2018 年。

[66] 小岛清、邵鸣：《亚洲的直接投资主导型经济增长》，《南洋资料译丛》1997 年第 2 期。

[67] 徐波：《中国开展对西欧直接投资的动因分析》，《南开经济研究》2001 年第 3 期。

[68] 徐磊：《中国服务业竞争力分析》，硕士学位论文，东北财经大学，2006 年。

[69] 徐磊：《中国就业与中国 FDI 流入量的协整分析》，《内蒙古财经学院学报》2006 第 1 期。

[70] 徐涛：《FDI 外部性与国内就业主渠道》，《河北经贸大学学报》

2005 年第 2 期。

[71] 阎大颖、洪俊杰、任兵:《中国企业对外直接投资的决定因素:基于制度视角的经验分析》,《南开管理评论》2009 年第 12 期。

[72] 杨博琼、陈建国:《FDI 对东道国环境污染影响的实证研究:基于我国省际面板数据的分析》,《国际贸易问题》2011 年第 3 期。

[73] 杨朝均:《FDI 对我国制造业绿色工艺创新的影响及溢出效应研究》,博士学位论文,哈尔滨工程大学,2013 年。

[74] 杨杰、卢进勇:《外商直接投资对环境影响的门槛效应分析:基于中国 247 个城市的面板数据研究》,《世界经济研究》2014 年第 8 期。

[75] 杨亚平:《FDI 技术行业内溢出还是行业间溢出——基于广东工业面板数据的经验分析》,《中国工业经济》2007 年第 11 期。

[76] 袁其刚、朱学昌、王玥:《〈对外投资国别产业导向目录〉对企业 OFDI 行为的影响及其生产率效应的检验》,《国际贸易问题》2016 年第 6 期。

[77] 余永定:《FDI 对中国经济的影响》,《国际经济评论》2004 年第 2 期。

[78] 原小能、宋杰:《外商直接投资企业的外溢效应:基于外资企业问卷调查的研究》,《世界经济》2007 年第 12 期。

[79] 张爱美、郭静思、吴卫:《融资约束、对外直接投资与企业绩效》,《工业技术经济》2019 年第 1 期。

[80] 周佰成、朱斯索、秦江波:《包容性增长:社会经济发展的新范式》,《当代经济研究》2011 第 4 期。

[81] 卓凡超:《东盟国家引进中国 FDI 与其经济增长关系的实证研究》,硕士学位论文,云南师范大学,2017 年。

[82] 张晶晶:《政治关联对中国企业海外并购绩效影响的研究》,博士学位论文,浙江大学,2015 年。

[83] 张纪凤:《中国对外直接投资动力机制探讨》,《现代经济探讨》2014 年第 11 期。

[84] 邹鲁清:《在"包容性发展"中全面提高"社会质量"》,《企

业家天地》（下旬刊）2012 年第 8 期。

[85] 张亚非：《安徽省服务业 FDI 对其经济增长影响的实证研究》，硕士学位论文，南京航空航天大学，2013 年。

[86] 张雨微：《中国对外直接投资与承包工程的东道国环境效应研究》，博士学位论文，西北大学，2017 年。

[87] 张幼文等：《要素流动——全球化经济学原理》，人民出版社 2013 年版。

[88] 赵春明：《跨国公司与国际直接投资》，机械工业出版社 2012 年版。

[89] 周杰琦、汪同三：《外商直接投资、经济增长和 CO_2 排放——基于中国省际数据的实证研究》，《北京理工大学学报》（社会科学版）2014 年第 3 期。

[90] 周祖城：《企业社会责任：视角、形式与内涵》，《理论学刊》2005 年第 2 期。

[91] Abler, David G., Rodríguez, A. G. and Shortle, J. S., "Parameter Uncertainty in CGE Modeling of the Environmental Impacts of Economic Policies", *Environmental and Resource Economics*, Vol. 14, No. 1, 1999, pp. 5 – 94.

[92] Aitken, B., Harrison, A. and Lipsey, R., "Wages and Foreign Ownership: A Comparative Study of Mexico, Venezuela, and the United States", *Journal of International Economics*, Vol. 40, 1996, pp. 345 – 371.

[93] Aitken, B. J. and Harrison, A. E., "Do Domestic Firms Benefit from Direct Foreign Investment? Evidence from Venezuela", *American Economic Review*, Vol. 89, No. 3, 1999, pp. 605 – 618.

[94] Akbar, Y. H. and Mcbride, J. B., "Multinational Enterprise Strategy, Foreign Direct Investment and Economic Development: The Case of the Hungarian Banking Industry", *Journal of World Business*, Vol. 39, No. 1, 2004, pp. 89 – 105.

[95] Albina Tretyakava, "Fuel and Energy in the CIS", Paper delivered

to Ecology Conference, sponsored by the America Enterprise Institute for Public Policy Research, Airlie House, Virginia, April 19 – 22, 1990.

[96] Alfaro, L. and Chanda, A., " FDI and Economic Growth: The Role of Local Financial Market", *Journal of International Economics*, Vol. 64, 2004, pp. 89 – 112.

[97] Alina Kudina and Christos Pitelis, "De – industrialisation, Comparative Economic Performance and FDI Inflows in Emerging Economies", *International Business Review*, Vol. 23, 2014, pp. 887 – 896.

[98] Altenburg, T., "Linkages and Spillovers between Transnational Corpoorations and Small and Nedium – sized Enterprises in Developing Countries: Opportunities and Policies", Paper delivered to the UNTED Special Round Table YNC _ SME Linkages for Development, Bangkok, February, 2000.

[99] Amighini, A., Rabellotti, R. and Sanfilippo, M., "China's Outward FDI: An Industry – level Analysis of Host – country Determinants", *Frontiers of Economics in China*, Vol. 3, 2013, pp. 309 – 336.

[100] Archanun Kohpaiboon, "Foreign Direct Investment and Technology Spillover: A Cross – industry Analysis of Thai Manufacturing", *World Development*, Vol. 34, No. 3, 2006, pp. 541 – 556.

[101] Ariffin, T. and Abdullah, H., "Institutional Quality as a Determinant for FDI Inflows: Evidence from ASEAN", *World Journal of Management*, 2010.

[102] Armstrong, H. W. and Balasubramanyam, V. N., "Domestic Savings, Intra – National and Intra – European Community Capital Flows, 1971 – 1991", *European Economic Review*, Vol. 40, No. 6, 1996, pp. 1229 – 1235.

[103] Athukorala, P. and Menon, J., "Exchange Rates and Strategic

Pricing: The Case of Swedish Machinery Exports", *Oxford Bulletin of Economics & Statistics*, Vol. 57, No. 4, 1995, pp. 533 – 46.

[104] Athukorala, P. and Menon, J., "Developing with Foreign Investment: Malaysia", *The Australian Economic Review*, 1995, pp. 9 – 12.

[105] Aviral Kumar Tiwari and Mihai Mutascu, "Economic Growth and FDI in Asia: A Panel – Data Approach", *Economic Analysis & Policy*, Vol. 41, No. 2, 2011.

[106] Balasubramanyam, V. N., Salisu, M. and Sapsford, D., "Foreign Direct Investment and Growth in EP and IS Countries", *The Economic Journal*, Vol. 106, No. 434, 1996, pp. 92 – 105.

[107] Baomin Dong and Guixia Guo, "Model of China's Export Strengthening Outward FDI", *China Economic Review*, Vol. 27, 2013, pp. 208 – 226.

[108] Birdsall, N. and Wheeler, D., "Trade Policy and Industrial Pollution in Latin America: Where Are the Pollution Havens?", *The Journal of Environment & Development*, Vol. 2, No. 1, 1993, pp. 137 – 149.

[109] Blackman, A. and Wu, X., "Foreign Direct Investment in China's Power Sector: Trends, Benefits and Barriers", *Energy Policy*, 1999, Vol. 27, No. 12, 1999, pp. 695 – 711.

[110] Blalock, G., *Technology from Foreign Direct Investment: Strategic Transfer though Supplies Chains*, Dissertation at Haas School of Business, University of California, Berkeley, 2002.

[111] Blomstrom, M. and Kokko, A., "Multinational Corporations and Spillovers", *Journal of Economic Surveys*, No. 12, 1998, pp. 247 – 277.

[112] Burke, L. and Logsdon, J. M., "How Corporate Social Responsibility Pays off", *Long Range Planning*, Vol. 29, No. 4, 1996, pp. 495 – 502.

[113] Buckley, P. J. and Mark, C., "The Future of the Multinational Enterprise", *Crm Magazine*, 2008.

[114] Chakraborty, C. and Nunnenkamp, P., "Economic Reforms, FDI, and Economic Growth in India: A Sector Level Analysis", *World Development*, Vol. 36, No. 7, 2008, pp. 1192 - 1212.

[115] Chen, K. M., Rau, H. H. and Lin, C. C., "The Impact of Exchange Rate Movements on Foreign Direct Investment: Market - oriented Versus Cost - oriented", *Developing Economies*, Vol. 44, No. 3, 2006, pp. 269 - 287.

[116] Cheng Zhang and Bingnan Guo, "The Different Impacts of Home Countries Characteristics in FDI on Chinese Spillover Effects: Based on one - stage SFA", *Economic Modelling*, Vol. 38, 2014, pp. 572 - 580.

[117] Chiara Franco, "Exports and FDI Motivations: Empirical Evidence from U. S. Foreign Subsidiaries", *International Business Review*, Vol. 22, 2013, pp. 47 - 62.

[118] Christophe Roux - Dufort, "Is Crisis Management (Only) a Management of Exceptions?", *Journal of Contingencies and Crisis Management*, Vol. 15, No. 2, June 2000, p. 32.

[119] David Baldwin ed., *Neorealism and Neoliberalism: The Contemporary Debate*, New York: Columbia University Press, 1993, p. 106.

[120] De Gregorio, J., "Economic growth in Latin America", *Journal of Development Economics*, 1992, Vol. 39, No. 1, 992, p. 59 - 84.

[121] De Mello, "Foreign Direct Investment in Developing Countries and Growth: A Selective Survey", *The Journal of Studies*, 1997, pp. 1 - 34.

[122] Dunning, J. H., *Multinational Enterprises and the Global Economy*, Addison Wesley Publishing Company: Reading, MA, 1993.

[123] Dunning, J. H., "Location and the Multinational Enterprise: A Neglected Factor?", *Journal of International Business Studies*,

Vol. 29, No. 1, 1998, pp. 45 – 66.

[124] Dilek Temiz and Aytac, "FDI Inflow as an International Business Operation by MNCs and Economic Growth: An Empirical Study on Turkey", *International Business Review*, Vol. 23, 2014, pp. 145 – 154.

[125] Dongsheng Zhou and Shaomin Li, "The Impact of FDI on the Productivity of Domestic Firms: The Case of China", *International Business Review*, Vol. 11, 2002, pp. 465 – 484.

[126] Driffield, N. L., Munday, M. and Roberts, A., "Foreign Direct Investment, Transactions Linkages, and the Performance of the Domestic Sector", *International Journal of the Economics of Business*, Vol. 9, 2002, pp. 335 – 351.

[127] Elsadig Musa Ahmed, "Are the FDI Inflow Spillover Effects on Malaysia's Economic Growth Input Driven?", *Economic Modelling*, Vol. 29, 2012, pp. 1498 – 1504.

[128] Ernst, C., "The FDI – employment Link in a Globalization World: The Case of Argentina, Brazil and Mexico", *Employment Strategy Paper*, Vol. 17, 2005, pp. 1 – 45.

[129] Rural Development Outcomes and Drivers: An Overview and Some Lessons, *EARD Special Studies*, Asian Development Bank, 2008.

[130] Frankel, J. A. and Rose, A. K., "Is Trade Good or Bad for the Environment? Sorting out the Causality", *Review of Economics and Statistics*, Vol. 87, No. 1, 2005, pp. 85 – 91.

[131] Frank Barry, "FDI and Industrial Structure in Ireland, Spain, Portugal and the UK: Some Preliminary Results", *Annual Conference on the European Economy*, 1999.

[132] Fu, X. and Balasubramanyam, V. N., "Exports, Foreign Direct Investment and Employment: The Case of China", *World Economy*, Vol. 28, No. 4, 2005, pp. 607 – 625.

[133] Gábor Hunya, "Restructuring through FDI in Romanian Manufac-

turing", *Economic Systems*, Vol. 26, 2002, pp. 387 – 394.

[134] Ganesh Rauniyar and Ravi Kanbur, "Inclusive Growth and Inclusive Development: A Review and Synthesis of Asian Development Bank Literature", *Independent Evaluation Department*, Vol. 8, 2009.

[135] GIZ (Deutsche Gesellschaft für Internationale Zusammenarbeit GmbH) 2014, Enterprise Survey 2011, Volume 1: Main Report, GIZ – HRMDE, Vientiane Capital.

[136] Graham, E., "Southeast Asia in the US Rebalance: Perceptions from a Divided Region", *Contemporary Southeast Asia*, Vol. 35, No. 3, 2013, pp. 58 – 71.

[137] Gregorio, J. D., "Economic Growth in Latin America", *Journal of Development Economics*, Vol. 39, No. 1, 1992, pp. 59 – 84.

[138] Griffith, R. and Simpson, H., "Characteristics of Foreign – owned Firms in British manufacturing", *Nber Chapters*, 2004, pp. 147 – 180.

[139] Haufler, A. and Wooton, I., "Country Size and Tax Competition for Foreign Direct Investment", *Journal of Public Economics*, Vol. 71, No. 1, 1999, pp. 121 – 139.

[140] Hertel, *Global Trade Analysis*, New York: Cambridge University Press, 1997.

[141] Howard Bowen, "Social Responsibilities of the Businessman", *America*, 1953.

[142] Husian, I. and Jun, K. W., "Capital Flows to South Asian and ASEAN Countries: Trend, Determinants and Policy Implications", *Policy Research Working Paper Series*, 1992.

[143] Huiming Zhu, Lijun Duan, Yawei Guo and Keming Yu, "The Effects of FDI, Economic Growth and Energy Consumption on Carbon Emissions in ASEAN – 5: Evidence From Panel Quantile Regression", *Economic Modelling*, Vol. 58, 2016, pp. 237 – 248.

[144] Hunya, G. and Dobrinsky, R., *Economic Growth in Bulgaria and Romania*, Physica-Verlag HD, 2002.

[145] Husted, B. W. and Allen, D. B., "Strategic Corporate Social Responsibility and Value Creation among Large Firms: Lessons from the Spanish Experience", *Long Range Planning*, Vol. 40, No. 6, 2007, pp. 594–610.

[146] Ifzal Ali and Hyun H. Son, "Defining" and Measuring Inclusive Growth: Application to the Philippines, PhD. Dissertation, Economics and Research Department, 2007.

[147] Ifzal Ali and Juzhong Zhuang, "Inclusive Growth toward a Prosperous Asia: Policy Implications", PhD. Dissertation, Economics and Research Department, 2007.

[148] Jill, Harrison W. and Pearson, K. R., "Computing Solutions for Large General Equilibrium Models Using GEMPACK", *Computational Economics*, Vol. 9, No. 2, 1996, pp. 83–127.

[149] Jiyun Cao and Arijit Mukherjee, "Foreign Direct Investment, Unionised Labour Markets and Welfare", *International Review of Economics and Finance*, Vol. 58, 2018, pp. 330–339.

[150] Jansen, K., "The Macroeconomic Effects of Direct Foreign Investment: The Case of Thailand", *World Development*, Vol. 23, No. 2, 1995, pp. 193–210.

[151] Jensen, V. M. H., *Trade and Environment: The Pollution Haven Hypothesis and the Industrial Flight Hypothesis: Some Perspectives on Theory and Empirics*, University of Oslo, Centre for Development and the Environment, 1996.

[152] Julia Kubny and Hinrich Voss, "Benefitting from Chinese FDI? An Assessment of Vertical Linkages with Vietnamese Manufacturing Firms", *International Business Review*, No. 23, 2014, pp. 731–740.

[153] Justin Yifulin and Juzhong Zhuang, "Inclusive Growth toward a

Harmonious Society in the People's Republic of China: An Overview", *Asian Development Review*, Vol. 25, No. 1 - 2, 2010, pp. 1 - 14.

[154] Multinational Enterprises, International Trade, and Productivity Growth: Firm - level Evidence from the United States", University of Nottingham, GEP Research Paper 03/03. , 2003.

[155] Kang, Y. , Jiang, F. , "FDI Location Choice of Chinese Multinationals in East and Southeast Asia: Traditional Economic Factors and Institutional Perspective", *Journal of World Business*, Vol. 47, No. 1, 2012, pp. 45 - 53

[156] King, L. P. and Váradi, B. , "Beyond Manichean Economics: Foreign Direct Investment and Growth in the Transition from Socialism", *Communist and Post - Communist Studies*, Vol. 36, No. 1, 2002, pp. 1 - 21.

[157] Kinoshita and Yuko, "R&D and Technology Spillovers via FDI: Innovation and Absorptive Capacity", Paper delivered to Discussion Paper, CEPR, London, 2001.

[158] Klasen, S. , "Measuring and Monitoring Inclusive Growth: Multiple Definitions, Open Questions, and Some Constructive Proposal", Paper delivered to Asian Development Bank, 2010.

[159] Klause Knorr and James N. Rosenau, *Contending Approaches to International Politics*, Princeton, NJ: Princeton University Press, 1969, pp. 225 - 227.

[160] Kokko, A. , Foreign Direct Investment, Host Country Characteristics, and Spillovers, Doctoral Dissertation, Stockholm School of Economics, 1992.

[161] The Impact of Chinese Outward Investment: Evidence from Cambodia and Vietnam Germany: German Development Institute, Discussion Paper No. 16/2010, 2010.

[162] Kugler, M. , "The Sectoral Diffusion of Spillovers from Foreign Di-

rect Investment, Mimeo", University of Southampton, 2001.

[163] Lall, S., "Vertical Inter-firm Linkages in LDCs: An Empirical Study", *Oxford Bulletin of Economics and Statistics*, Vol. 42, 1980, pp. 203 – 226.

[164] Lessmann and Christian, "Foreign Direct Investment and Regional Inequality: A Panel Data Analysis", *China Economic Review*, Vol. 24, No. 1, 2012, pp. 129 – 149.

[165] Lipsey, R. and Sjoholm, F., "Foreign Direct Investment and Wages in Indonesian Manufacturing", *Journal of Development Economics*, Vol. 73, No. 1, 2001, pp. 415 – 422.

[166] Low, P. and Yeats, A., "Do 'Dirty' Industries Migrate? In International Trade Division", *International Economics Department, The World Bank*, 1992, pp. 89 – 103.

[167] King, L. P. and Varadi, B., "Beyond Manichean Economics: Foreign Direct Investment and Growth in the Transition From Socialism", *Communist and Post-Communist Studies*, No. 35, 2002, pp. 1 – 21.

[168] Lutz, S. and Talavera, O., "Do Ukrainian Firms Benefit from FDI?", *Economic Change & Restructuring*, Vol. 37, No. 37, 2003, pp. 77 – 98.

[169] MacDuffe, J. and Helper, S., "Creating Lean Suppliers: Diffusing Lean Production through the Supply Chain", *California Management Review*, Vol. 39, 1997, pp. 118 – 152.

[170] Magnus Blomstrom and Fredrik Sjoholm, "Technology Transfer and Spillover: Does Local Participation with Multinationals Matter?", *European Economic Review*, Vol. 43, No. 4 – 6, 1999, pp. 915 – 923.

[171] Mani, M. and Wheeler, D., "In Search of Pollution Havens? Dirty Industry in the World Economy, 1960 to 1995", *Journal of Environment & Development*, Vol. 7, No. 3, 1998, pp. 215 – 247.

[172] Marie M. Stack, Geetha Ravishankar and Eric Pentecost, "Foreign Direct Investment in the Eastern European Countries: Determinants and Performance", *Structural Change and Economic Dynamics*, Vol. 41, 2017, pp. 86 - 97.

[173] Maurice Kugler, "Spillovers from Foreign Direct Investment: Within or between Industries?", *Journal of Development Economics*, Vol. 80, 2006, pp. 444 - 477.

[174] McKinley, T., "Inclusive Growth Criteria and Indicators: An Inclusive Growth Index for Diagnosis of Country Progress", Paper delivered to Asian Development Bank, 2010.

[175] Michelle Greenwood, "Stakeholder Engagement and the Responsibility Assumption", *Business and Economics*, 2006.

[176] Michael Hübler, "Technology Diffusion under Contraction and Convergence: A CGE Analysis of China", *Energy Economics*, Vol. 33, 2011, pp. 131 - 142.

[177] Mounir Belloumi, "The Relationship between Trade, FDI and Economic Growth in Tunisia: An Application of Autoregressive Distributed Lag Model", *Economic Systems*, Vol. 38, 2014, pp. 269 - 287.

[178] Ouch, C. and Saing, C., "Assessing China's Impact on Poverty Reduction in the Greater Mekong Sub - region: The Case of Cambodia", Papar delivered to Phnom Penh: CDRI, 2011.

[179] Rauniyar, G. and Kanbur, R., "Inclusive Development: Two Papers on Conceptualization", The Paper delivered to ADB Perspective, 2010.

[180] Pazienza, P., "The Relationship between Co2 and Foreign Dirct Investment in the Agriculture and Fishing Sector of Oecd Countries: Evidence and Policy Considerations", *Intellectual Economics*, Vol. 9, No. 1, 2015, pp. 55 - 66.

[181] Saignaleuth Souphphone, "Characteristic of FDI in Lao PDR and Its

Effect on Growth Enterprise Performance", *Kobe University*, 2013.

[182] Seymou Matin Lipset and Cay Maks, *It Didn't Happen Hee: Why Socialism Failed in the United States*, N Y: W. W. Norton & Company, 2000, p. 266.

[183] Shao, Y. F. and Guang – Hong, H. E., "*Foreign Direct Investment and Economic Growth in China*", E. Elgar, 1999.

[184] Shahbaz, M., Samia Nasreen, Faisal Abbas and Omri Anis, "Does Foreign Direct Investment Impede Environmental Quality in High –, Middle –, and Low – income Countries?", *Energy Economics*, No. 51, 2015, pp. 275 – 287

[185] Sinani, E. and Meyer, K. E., "Spillovers of Technology Transfer from FDI: The Case of Estonia", *Journal of Comparative Economics*, Vol. 31, No. 3, 2004, pp. 445 – 466.

[186] Son, I. A. A. H., "Defining and Measuring Inclusive Growth: Application to the Philippines", 2007.

[187] Stephan Klasen, "Measuring and Monitoring Inclusive Growth: Multiple Definitions, Open Questions, and Some Constructive Proposals", Paper delivered to *ADB Sustainable Development Working Paper Series*, December, 2010.

[188] Stephen Frost, "Chinese Outward Direct Investment in Southeast Asia: How Big are the Flows and What does It Mean for the Region?", *Pacific Review*, Vol. 17, No. 3, 2006, pp. 323 – 340.

[189] Steve Loris and Gui – Diby, "Impact of Foreign Direct Investments on Economic Growth in Africa: Evidence from Three Decades of Panel Data Analyses", *Research in Economic*, Vol. 68, 2014, pp. 248 – 256.

[190] Steven Flank, Reconstructing Rockets: The Politics of Developing Military Technologies in Brazil, Indian and Israel, Ph. D. dissertation, MIT, 1993.

[191] Sutter, R., "The Obama Administration and US Policy in Asia",

Contemporary Southeast Asia, Vol. 31, No. 2, 2009, pp. 189 – 216.

[192] Syrquin, M. and Chenery, H. B., Patterns of Development, 1950 to 1983 / [M] // Patterns of development, 1950 to 1983. World Bank, 1989: e867 – e867.

[193] Tajul Ariffin Masron and Abdul Hadi Zulkafli, "Spillover Effects of FDI within Manufacturing Sector in Malaysia", Procedia – Social and Behavioral Sciences, Vol. 58, 2012, pp. 1204 – 1211.

[194] Tam Bang Vu and Ilan Noy Sectoral, "Analysis of Foreign Direct Investment and Growth in the Developed Countries", Int. Fin. Markets, Inst. and Money, Vol. 19, 2009, pp. 402 – 413.

[195] Terry McKinley, Inclusive Growth Criteria and Indicators: An Inclusive Growth Index for Diagnosis of Country Progress, 2010.

[196] FDI Policies for Development: National and International Perspectives, Report of UNCTAD World investment, 2003.

[197] United Nation Register of Conventional Arms, Report of the Secretary General, UN General Assembly Document A/48/344, October 11, 1993.

[198] Usui, N., "Policy Adjustments to the Oil Boom and Their Evaluation: The Dutch Disease in Indonesia", World Development, Vol. 24, No. 5, 1996.

[199] Usui, N., "Dutch Disease and Policy Adjustments to the Oil Boom: A Comparative Study of Indonesia and Mexico", Resource Policy, Vol. 23, No. 4, 1997, pp. 151 – 162.

[200] Vu, T. B. and Noy, I., "Sectoral Analysis of Foreign Direct Investment and Growth in the Developed Countries", Journal of International Financial Markets Institutions & Money, Vol. 19, No. 2, 2009, pp. 402 – 413.

[201] Wang Jian Ye and Blomström, M., "Foreign Investment and Technology Transfer: A Simple Model", European Economic Review, Vol. 36, No. 1, 1992, pp. 137 – 155.

[202] Williamson, O. E., *The Economics of Discretionary Behavior: Managerial Objectives in a Theory of the Firm*, Englewood Cliffs, NJ: Prentice – Hall, 1964.

[203] Williamson, O. E., *Market and Hierarchies: Analysis and Anti – trust Implications*, New York: Free Press, 1975.

[204] W. N. W. Azman – Saini and Siong Hook Law, "FDI and Economic Growth: New Evidence on the Role of Financial Markets", *Economics Letters*, Vol. 107, 2010, pp. 211 – 213.

[205] World Bank, "What is Inclusive Growth", *PRMED Knowledge Brief, Washington DC: Economic Policy and Debt Department*, 2008.

[206] XiaoYing Li and XiaMing Liu, "Foreign Direct Investment and Economic Growth: An Increasingly Endogenous Relationship", *Worm Development*, Vol. 33, No. 3, 2005, pp. 393 – 407.

[207] Zakarya, G. Y. and Mostefa, B., "Factors Affecting CO_2 Emissions in the BRICS Countries : A Panel Data Analysis", *Procedia Economics & Finance*, Vol. 26, 2015, pp. 114 – 125.

[208] Zarsky L. Havens and Halos, "Untangling the Evidence about Foreign Direct Investment and the Environment", *Foreign Direct Investment and the Environment*, 1999, pp. 47 – 74.

[209] Zeb Aurangzeb and ThanasisStengos, "The Role of Foreign Direct Investment (FDI) in a Dualistic Growth Framework: A Smooth Coefficient Semi – parametric Approach", *Borsa—Istanbul Review*, Vol. 4, 2014, pp. 133 – 144.

[210] Zhao Qiong and NiuMin Yu, "Influence Analysis of FDI on China's Industrial Structure Optimization", *Procedia Computer Science*, Vol. 17, 2013, pp. 1015 – 1022.

[211] Zhuang, J. and Ali, A., "Inequality and Inclusive Growth in Developing Asia, Introduction to a Book Publication", Paper delivered to ADB, 2009.

后　记

在写下"后记"两个字的时候，心里倍感轻松。昨天给加拿大国际发展研究中心项目官员埃德加博士（Dr. Edgard RODRIGUEZ）发邮件告知著作即将出版，他的回复一如既往地迅速和鼓舞人心："祝贺！这是对你坚持不懈的最好证明！"一瞬间，眼前出现 2014 年、2015 年和研究团队在柬埔寨和老挝开展中国投资企业调研的日日夜夜。每个清晨的工作就是从打电话预约开始的，被拒已经是家常便饭；有的不愿意被打扰的企业，甚至将走入工厂大门的调研团队赶出……然而，更温暖的记忆来自云南驻柬埔寨和老挝商务代表处、中国商会和各省商协会，更不用说那些一聊三个小时的老总们，分享在异国的创业故事，感慨祖国的日益强大，痛惜因文化差异产生的经营纠纷……就是在这样的畅聊中，在东南亚国家平均 35 度的高温下，我们完成了一份又一份的境外中资企业调查问卷，收获了一份份沉甸甸的友情。

在著作出版之际，首先要感谢的是先生的支持。境外调研一去十几天，家里两个两岁幼儿的照顾任务全部交到先生手里。还记得柬埔寨的最后一次调研，一头是正在发烧的两个孩子，一头是先期到达金边的小伙伴告知企业信息告急，团队马上面临无米下锅的局面。无奈之下，拉上行李箱准备去机场，先生带着孩子去医院，眼睁睁地看着车子从身边缓缓开走，那一份撕裂和无力，至今刻骨铭心。

其次要感谢的是境内外课题研究团队。感谢加拿大国际发展研究中心亚洲事务部原主任杜伊文博士（Dr. Evan Due）的坚持和鼓励，让我忐忑地接下了这项研究任务；感谢老挝团队负责人普佩博士（Dr. Phouphet KYOPHILAVONG）和柬埔寨团队负责人宋沛先生（Mr. Sophal CHAN），你们的敬业和严谨，确保了老挝和柬埔寨本土企业调研的顺利完成；你们的谦逊和夸赞，让我顺利完成了一次多国科研团队负责人的历练。感谢中国团队杨朝均副教授、樊文苑老师、文淑惠教授的参与和支持，在技术路线调整、调研方案协调、调研纪录片制作的各个关键环节，有来自你们身体力行的实干和绞尽脑汁的智力支持！

感谢云南大学的杨先明教授、梁双陆教授和陈瑛教授，是你们无私的帮助和指导，才使我顺利地完成了这项庞大而艰巨的研究工作！感谢司机兼翻译的老挝留学生江楠（Mr. Lemthong CHIEMSI-SOURATH）、柬埔寨留学生林苏文（Mr. Nhel SOVIET），参与调研的马世杰、陈雁、祁海泉、孟祥瑞等中国硕士生同学，相信这一份异国的工作经历记录了你们硕士生涯中最难忘的一笔！感谢对书稿撰写过程中提供支持的李宁、王梦娇、刘泽宇、张艺泉、常晓慧、龙鼎文、卫盼盼，是你们的认真和细致，才使著作相关数据和文献得以及时更新。最后，当然要感谢中国社会科学出版社的编辑老师们，是你们的耐心和等待，给予我更多自我修订和完善的时间。

境外调研虽然发生在五年前，但近年来的回访告诉我们，同样的故事还在发生。东道国营商环境的优化、人力资本素质的改善和政府治理水平的提高，并非一日之功，而制度距离和文化差异引起的投资纠纷不绝于耳。包容性发展需要更加多元化的研究视角。一本书，是一个句号，也是一个新的开始。

熊彬于　怡锦苑

2020 年 6 月 16 日